S. CRISTIAN TROISI

POÉTICA DE LA MEMORIA
Itinerario en la crítica, construcción del sentido y proyecciones literarias del recuerdo

UNIVERSIDAD DE MÁLAGA
2024

La colección Estudios y Ensayos de la Editorial de la Universidad de Málaga ha sido distinguida con el Sello de Calidad en Edición Académica - Academic Publishing Quality (CEA-APQ).

COLECCIONES

© UMA Editorial. Universidad de Málaga
Bulevar Louis Pasteur, 30 (Campus de Teatinos)
29071 - Málaga
www.umaeditorial.uma.es

© S. Cristian Troisi

Imagen de la cubierta: Detalle de «Rama de almendro con flores en un vaso y un libro» de Vincent van Gogh. Óleo sobre lienzo (1888).

Diseño de colección: M.ª Luisa Cruz. UMA Editorial
Maquetación: Aurora Álvarez Narváez. UMA Editorial

ISBN: 978-84-1335-384-5
Depósito Legal: MA 2881-2024

Impresión: Podiprint
Impreso en España - Printed in Spain

Esta obra también está disponible en formato electrónico.

In memoriam, *a mi padre y mi madre, Gerlando y Rosa,*
quienes han sido y siguen siendo pilares de mi vida
y fuente inagotable de amor,
cuyo recuerdo llena mi alma e inspira mi camino.

A Claudia y Julian,
luz en la oscuridad y consuelo en el desconcierto.

A todos ustedes,
con eterna gratitud y cariño.

Índice

Prólogo

En el ámbito de los estudios sobre la memoria, hemos querido añadir este trabajo, que surge como una investigación intensa y multifacética del fenómeno en el ámbito literario, donde convergen disciplinas eclécticas como la filosofía, la teoría literaria y la fenomenología, entre otras. A través de las distintas secciones que lo componen, este estudio abarca cómo la memoria, a través de sus múltiples significantes, confiere sentido a la representación narrativa en los contextos literarios y culturales que busca desentrañar.

Dividido en tres grandes partes, sugiere un recorrido lógico y conceptual por los fundamentos, las dimensiones sociales e históricas y los contextos literarios de la memoria. Cada capítulo representa un peldaño hacia una comprensión integral de cómo recordamos, olvidamos y transformamos la vida en sus facetas sensoriales, sensitivas y emotivas en una *narratio*.

En la primera parte, titulada *Fundamentos teórico-literarios de la Memoria*, se presentan los fundamentos teóricos y conceptuales más pertinentes y requeridos para abordar formalmente este fenómeno. A través de un recorrido temporalmente diacrónico entre figuras filosóficas clave como Platón, Aristóteles, Bergson, Husserl y Ricoeur, se exponen conceptos cruciales que fundamentan la investigación del fenómeno como la anamnesis, la memoria voluntaria e involuntaria, y la interacción entre tiempo, espacio y memoria. Se llega hasta la contemporaneidad, en la cual el fenómeno mnemónico se fusiona con las dinámicas socio-culturales, destacándose la tensión entre archivo y remembranza en la formación de identidades colectivas e individuales al abordar la relación entre canon literario y memoria cultural.

La segunda parte, *Historicidad y dimensiones sociales de la memoria literaria*, analiza las dinámicas colectivas de la memoria, ampliando de hecho y evidenciando los aspectos socio-culturales. El diálogo entre la memoria individual y la colectiva se enmarca como rasgo peculiar de nuestra contemporaneidad. En esta óptica, se inserta el análisis de las perspectivas de San Agustín y Maurice Halbwachs, y se enriquece con las reflexiones críticas sobre los «lugares de la memoria» de Pierre Nora y las teorías sobre la memoria comunicativa y cultural de Jan y Aleida Assmann. Esta sección termina con una reflexión necesaria, en la época en la que vivimos, sobre el impacto de los medios de comunicación y la tecnología digital en los procesos mnemónicos, planteando o sintetizando interrogantes sobre la preservación, el olvido y la creación literaria en la era digital.

La tercera parte, *La memoria y los contextos literarios*, concluye el trabajo y se adentra en casos específicos de la representación mnemónica en lo literario. En este recorrido, nos movemos entre los más sugestivos autores que han declinado la memoria en la literatura, así completando un itinerario que va desde los laberintos mnemónicos de Borges hasta las geografías del recuerdo de Claudio Magris, pasando por las reflexiones poéticas de Luis Cernuda y J. M. Caballero Bonald. Esta sección evidencia cómo los escritores configuran sus obras como espacios creativos de exploración y resignificación de la memoria.

La naturaleza de la memoria, su función y su representación en el ámbito literario son las múltiples facetas que este trabajo, modestamente, aspira no solo a iluminar, sino también a estimular. Asimismo, anhela desarrollar un espíritu crítico capaz de provocar nuevas preguntas y reflexiones. En un tiempo en el que los desafíos tecnológicos avanzan a una velocidad supersónica, reconfigurando constantemente cada ámbito cultural, deconstruyendo y volviendo a moldear nuestra manera de recordar, este análisis intenta conferir a la literatura un espacio privilegiado que, a lo largo de los siglos, nos ha ofrecido y que también hoy en día nos brinda herramientas fundamentales para comprender y resignificar nuestra relación con el pasado.

I Parte

1. Fundamentos teórico-literarios de la Memoria

1.1. Metodología

La memoria representa un campo de investigación extenso e intrincado, fundamental en la vida humana, pues define nuestra identidad individual y colectiva. Enfermedades como el Alzheimer afectan a la memoria privándonos de un soporte seguro y dejándonos desprotegidos y sin capacidad para planificar el futuro. La memoria es esencial para comprender el mundo y conservar nuestra identidad. Su estudio, por lo tanto, abarca múltiples disciplinas.

¿Qué sería vivir sin recuerdo o sin la posibilidad de recordar? Vivir sin recuerdos y sin memoria sería inadmisible o, mejor dicho, en efecto sería una vida diferente a la que conocemos. Resulta verosímil plantearnos que viviríamos en un caos aún mayor del que percibimos diariamente. Consideramos la falta de memoria como casi una condena para los seres humanos, más de una vez nos habrá pasado el olvidar algo importante y esto nos ha dejado una sensación desagradable en nuestra mente. Aun así, es evidente que el olvido también cumple una función vital al permitirnos seleccionar y priorizar nuestros recuerdos, con la posibilidad de reemplazar informaciones viejas por otras nuevas de más utilidad.

La hipermnesia, por otro lado, se revela como la imposibilidad de olvidar, un fenómeno que fue descubierto por primera vez por el neurólogo ruso Aleksandr Luria, que en la introducción de *The Mind of a Mnemonist*, escribe:

> This brief account of a man's vast memory has quite a history behind it. For almost thirty years the author had an opportunity systematically to observe a man whose remarkable memory was one of the keenest the literature on the subject has ever described. During this time the enormous amount of

material which was assembled made it possible not only to explore the main patterns and devices of the man's memory (which for all practical purposes was inexhaustible), but to delineate the distinct personality features this extraordinary person revealed[1] (Luria, 1968, p. 3).

Este estudio sobre la vasta memoria de un hombre permitió no solo explorar los principales patrones y técnicas de su memoria inagotable, sino también revelar y delinear los rasgos distintivos de la personalidad de esta persona extraordinaria. Este hombre era desventurado y actuaba de forma desordenada ya que su habilidad para recordar le provocaba estar abrumado y el sufrimiento al no poder borrar la sobrecarga de información. Esta condición le impedía llevar a cabo la lectura de un libro o estructurar su pensamiento de forma lógica y abstracta.

Este estudio se encamina en un recorrido denso de incógnitas en la intrincada relación entre la memoria y la literatura, adoptamos para ello una perspectiva que integra compendios de diversas disciplinas. Se analizarán teorías de filósofos como Platón, Aristóteles, San Agustín, Bergson, Husserl, Halbwachs, Jan Assmann y Aleida Assmann, así como las obras de Pierre Nora y Paul Ricoeur con el objetivo de analizar esta conexión. Este conjunto de teorías ofrece recursos valiosos y necesarios para comprender cómo la memoria se irradia y se preserva en la literatura; asimismo nos proporcionarán herramientas útiles para delinear un marco teórico que estructure este libro.

La literatura es un contenedor activo de memorias, donde se evocan épocas pasadas y se configuran identidades, en ella está refleja-

---

1   «Este breve relato sobre la vasta memoria de un hombre tiene bastante historia detrás. Durante casi treinta años, el autor tuvo la oportunidad de observar sistemáticamente a un hombre cuya extraordinaria memoria era una de las más agudas que la literatura sobre el tema haya descrito jamás. Durante este tiempo, la enorme cantidad de material que se reunió hizo posible no sólo explorar los principales patrones y dispositivos de la memoria del hombre (que para todos los efectos prácticos era inagotable), sino delinear los rasgos distintivos de la personalidad de esta persona extraordinaria reveló» (Todas las traducciones de citas originales en este trabajo son traducciones propias).

do el recorrido de la humanidad. Según expone Aleida Assmann, la memoria en la literatura se divide en dos elementos: uno «estático» y el otro «dinámico», que podemos decir, *ars* (arte retórico) y *vis* (fuerza dinámica). *Ars* es la capacidad mnemotécnica de almacenar y reproducir información aferente a la retórica, de la que nos habla Cicerón en su *De Oratore* cuando contempla la legendaria figura de Simónides de Ceo; mientras que *vis* representa la energía creativa que reconstruye la memoria en el presente (A. Assmann, 2002).

El enfoque interdisciplinario, que va deconstruyendo los diversos elementos que componen la memoria y su derivación tangible, el recuerdo, e incluye estudios sociales, históricos, psicológicos y culturales, es indispensable para intentar desarrollar una explicación integral del fenómeno mnemónico. Los recursos literarios que se presentan de forma reiterada a través de la intertextualidad, el palimpsesto, los flashbacks y el monólogo interior permiten observar la creación y presentación de la memoria en diferentes culturas. Estos serán los medios para analizar el fenómeno. Sin duda, asimismo, examinaremos la conmixtión de la memoria con otros medios y recursos electrónicos, y evaluaremos su impacto en la representación y persistencia de la memoria en la literatura.

1.1.1. *Definición y alcance*

La memoria es un elemento fundamental en nuestra vida al definirnos como individuos. Distintas enfermedades pueden privarnos de la memoria y dejarnos vacíos e indefensos al ocultar nuestra mirada hacia atrás de forma perenne y, por supuesto, no nos permiten ninguna programación futura. La memoria es una herramienta indispensable para descifrar el mundo y para comprenderlo; su simple falta nos quita la esencia y nos condena a ser náufragos en busca de nuestra identidad.

La memoria es un fenómeno complejo que involucra diversos aspectos inherentes al ser humano. En este trabajo, nos interesa destacar las características más estrictamente relacionadas con la literatura y con lo literario en general. La transversalidad brinda una perspectiva que abarca de forma interdisciplinar todos los aspectos, o al menos los componentes más destacados, que la constituyen. Necesitamos movernos más allá, expandiendo nuestra visión, para lograr nuestra meta, un concepto reflejado en las palabras de Aleida Assmann: «Il fenomeno della memoria, nella molteplicità dei suoi aspetti, non è solo interdisciplinare, nel senso di non poter essere oggetto di studio di una sola disciplina, ma anche controverso e contradittorio all'interno delle singole discipline che se ne occupano»[2] (A. Assmann, 2002, p. 17). La memoria al contener múltiples significantes no puede entenderse completamente desde una única perspectiva o marco teórico, siendo por su naturaleza transversal, compleja y diversa al desafiar constantemente las categorías establecidas y, por lo tanto, dificulta el alcance de explicaciones unívocas o interpretaciones claras.

Varias trayectorias apoyan técnicas correctas y avanzadas para comprender mejor conceptos clave y conceptos relacionados con la memoria. Por ello, no limitamos nuestra perspectiva al enfoque teórico-literario, sino que abordamos un enfoque amplio e integral que incluye diferentes métodos e ideas, sin olvidarnos de mostrar la relación entre texto y memoria al estudiar las teorías de los autores ya citados. Sin duda, monumentos, cines, cementerios, teatros, iglesias, etc., son depositarios de los recuerdos. Además, el vínculo sutil pero evidente entre la memoria y la literatura se revela como un campo de estudio fascinante, ya que existe una conexión íntima entre estos dos aspectos fundamentales de nuestra vida. Esta investigación conlleva un camino extremadamente intrincado, dado que las narrativas literarias, tanto escritas como orales, se erigen como espejos multifacéticos que reverberan de manera fragmentaria pero firme, almacenadas en los lugares que actúan como depositarios del recuerdo. Estas narrativas están inscritas de manera indeleble en rituales litúrgicos, tanto religiosos como laicos, así como en fiestas y celebraciones, construyendo y preservando así la memoria indi-

---

2   «El fenómeno de la memoria, en la multiplicidad de sus aspectos, no sólo es interdisciplinar, en el sentido de que no puede ser objeto de estudio de una sola disciplina, sino también controvertido y contradictorio dentro de cada una de las disciplinas que lo abordan».

vidual y colectiva. Por lo tanto, la literatura representa en sí misma la remembranza que vuelve desde lejos y que describe el presente confiriéndole poeticidad al convertirlo en hecho literario absoluto. En cuanto contenedor activo de rememoraciones, no sólo sirve como un magnífico medio para evocar la resonancia de épocas pasadas, sino que también desempeña un papel vital en la configuración de identidades, entretejiendo intrincadamente el rico lienzo de encuentros históricos, culturales, emotivos y afectivos que han moldeado la esencia del alma humana a lo largo de los siglos.

La memoria, entonces, se convierte en un bastión de la literatura, un pilar oculto que sustenta su esencia. Basta con pensar que sin ella estaríamos perdidos en el océano de la vida, sin puntos de referencia, sin la posibilidad de anclarnos a una roca segura, sin raíces para alimentarnos y crecer, sin aquel bagaje tan importante que nos guía, aquella indispensable brújula que nos ayuda a encontrar el camino a casa. Esta ausencia nos privaría de nuestra identidad personal, de nuestras raíces, de nuestra esencia más íntima, de nuestro ser. Desde el momento en que el hombre ha empezado a manifestar un interés específico hacia este fenómeno, se ha descubierto que está formado por muchos componentes casi alquímicos y, entre sí, de muchas maneras contradictorias o paradójicas, según señala Ricoeur, por ejemplo, al hablar de la aporía relacionada con la imagen del recuerdo en su obra *La memoria, la historia y el olvido* (2004). Esto depende del punto de vista desde el cual se analice.

Dentro del contexto de nuestra discusión, es pertinente destacar una discrepancia fundamental en términos de función. Una primera división de la memoria la encontramos en el ámbito literario, ya que se bifurca en dos direcciones opuestas que distinguen su naturaleza «voluble». La memoria se puede entender como arte en un sentido puramente retórico, es decir, como un componente de los cinco partes distintivas de la retórica clásica: *inventio, dispositio, elocutio, memoria* y *actio.* Por lo tanto, se considera una capacidad que se puede alcanzar, enseñar y aprender. Esto pertenece a la esfera de la memotécnica.

Por otro lado, ya sabemos que la memoria no es un puro «archivo», no es estática, sino que posee una fuerza e ímpetu desbordantes; es un caudal de remembranzas adormecidas, listas para resurgir siguiendo las impetuosas corrientes del río de los recuerdos. Cada sujeto, de forma individual, experimenta esta fuerza inexplicable que funda nuestra identidad. Aleida Assmann cataloga estas distintas funciones de la memoria como *ars* y *vis*. *Ars* dice Assmann: «Il percorso della memoria descritto dalla parola *ars* vorrei definirlo "archiviazione", per ricomprendere nel termine ogni processo meccanico che miri all'esatta riproduzione del dato immagazzinato»[3] (A. Assmann, 2002, p. 29). Los soportes materiales que permiten archivar nos brindan la posibilidad de comprender de manera manifiesta el proceso de registrar en el tiempo actos que de otra forma perderíamos. Esta definición se torna manifiestamente comprensible cuando escribimos una carta o cualquier mensaje, ya que tenemos la certeza absoluta de que, una vez llegada a su destino, transmitirá al destinatario la totalidad del mensaje y no solo una parte. Del mismo modo, todo lo que almacenamos en los archivos del ordenador, tras cualquier intervalo de tiempo, permanecerá inmutable, preservando con fidelidad inquebrantable su contenido (*Ibid*).

Mientras que la *vis* no es un contenedor hermético sino un poder inmanente, una energía con sus propias leyes, un flujo que se despliega en el presente y se enraíza en el pasado en lo más recóndito de la memoria. En este caso hablamos de una memoria activa que reconstruye de forma deformada fragmentos de la realidad que se dislocan en diferentes dimensiones temporales, alteraciones imponderables de acontecimientos que se entremezclan con lo imaginario, mentiras que generan nuevas verdades o verdades que generan nuevas mentiras. El fragmento del poema «Paréntesis» de Caballero Bonald aborda el impacto del recuerdo en la configuración de nuestra historia personal:

> ¿Sabes tú por ventura qué voz se contradice con la voz adversaria? La hostilidad persiste debido a sus treguas. O de

---

3   «El camino de la memoria descrito por la palabra *ars* me gustaría llamarlo «archivado», para incluir en el término cualquier proceso mecánico que tenga como objetivo la reproducción exacta de los datos almacenados».

esa fortuita agresión del recuerdo que arrasa filialmente tu sigilosa historia personal. Acúsate tan sólo de haberlo deseado: son los lastres, las rémoras que arrastras desde que miras, oyes, examinas a esos desconocidos con los que convives. (Caballero Bonald, 2014, p. 242).

Por lo tanto, como se afirma en este fragmento, aunque los recuerdos puedan disimular una aparente inofensividad mezclada con una aleatoriedad, tienen una fuerza incontenible que puede quebrantar nuestra identidad y devastar nuestra historia personal de manera profunda y casi inevitable. El hombre puede perderse en ellos y ahogarse en una espiral sin salida. Los pensamientos que acompañan la evocación o búsqueda de la memoria, en términos de Ricoeur, se tornan contradictorios y nos acechan, y en cada silencio, pausa o tregua, los enfrentamientos entre memoria y realidad nos persiguen, permitiendo su reaparición. Conforme a las afirmaciones de A. Assmann tenemos la definición de *vis*:

> Il ricordo soggettivo procede in modo essenzialmente ricostruttivo: si origina sempre al presente e pertanto comporta inevitabilmente una dislocazione, una deformazione, un'alterazione, uno slittamento, un rinnovamento del dato ricordato, che dipendono dalle circostanze temporali in cui esso viene richiamato alla memoria. Nell'intervento di latenza il ricordo soggettivo non occupa un deposito sicuro, ma subisce un processo di trasformazione. Il concetto di *vis* dimostra pertanto che, in queste circostanze, la memoria non deve essere concepita come un contenitore ermetico che salvaguardia il dato, ma piuttosto come un potere immanente, come energia dotata di leggi proprie[4] (A. Assmann, 2002, p. 30).

---

4 «El recuerdo subjetivo procede de un modo esencialmente reconstructivo: se origina siempre en el presente y, por tanto, conlleva inevitablemente una dislocación, una deformación, una alteración, un desplazamiento, una renovación del dato recordado, que dependen de las circunstancias temporales en que se trae a la memoria. En la intervención de la latencia, la memoria subjetiva no ocupa un depósito seguro, sino que experimenta un proceso de transformación. El concepto de *vis* demuestra así que, en estas circunstancias, la memoria no debe concebirse como un contenedor hermético que salvaguarda el dato, sino más bien como un poder inmanente, como una energía dotada de sus propias leyes».

Esa energía generadora es la que se despliega en el acto creativo, desbordante tanto consciente como inconscientemente, que nos ahonda y profundiza en nuestra conciencia literaria, llevándonos a una integral e íntima exploración de nosotros mismos y del conato creativo que caracteriza la misma conciencia literaria. Es un vértigo sin pausas que nos lleva a través del tiempo y del espacio sin metas precisas. Se trata de una experiencia abrumadora, sin rumbo fijo.

El recuerdo no es una réplica exacta del pasado, no es una fotografía, sino una reconstrucción influenciada tanto por la afección que esta imagen genera como por el presente al que se reconecta. Esto implica un cambio constante en el recuerdo; cada vez que recordamos, de alguna forma lo reinventamos, dándole nuevas formas y perspectivas al contenido que buscamos o evocamos. Todo se conforma en nuestra percepción del presente o al imaginar el futuro. Durante los periodos de latencia, cuando los recuerdos todavía son una maraña neuronal y no son activamente evocados, no permanecen inmutables, sino que se mantienen en una forma embrionaria y no definida. En definitiva, los recuerdos se concretan cuando la máquina de la rememoración se pone en marcha y, en este proceso, experimentan transformaciones que afectan a su contenido y significado. La memoria actúa como una fuerza o energía inherente con sus propias leyes de funcionamiento, lo cual subraya su naturaleza mutable y dinámica, este es el *vis* que cita Assmann. Por lo tanto, podemos intuir que la memoria opera de forma autónoma y sigue dinámicas propias fruto de procesos de configuración y reconfiguración. Desde una perspectiva filosófica, se desafía la noción de la verdad objetiva del pasado al mostrar cómo el recuerdo es moldeado por el presente. Además, el físico Julian Barbour plantea que, desde una perspectiva científica, si pudiéramos observar el universo de manera tridimensional en cada instante, veríamos los objetos en posiciones claramente definidas. De este modo, lo que realmente importa es el «ahora», considerando el tiempo como una serie de instantes. En este sentido, el «ahora» abarca todas las posibles disposiciones del universo, que en sí mismas son perfectamente estáticas y atemporales (Barbour, 2003, p. 3).

La psicología pone de relieve la importancia de entender cómo las experiencias actuales y las emociones influyen en nuestros recuerdos:

> What effect does a remarkable capacity for memory have on other major aspects of personality, on an individual's habits of thought and imagination, on his behavior and personality development? What changes occur in a person's inner world, in his relationships with others, in his very life style when one element of his psychic makeup, his memory, develops to such an uncommon degree that it begins to alter every other aspect of his activity?[5] (Luria, 1968, p. 4).

Este enfoque reconceptualiza la memoria como un fenómeno en constante evolución, influenciado por el presente y regulado por sus propias leyes intrínsecas. Las palabras de Luria plantean algunas preguntas interesantes sobre cómo la memoria emocional captura el estado de ánimo y la vida de una persona. Veamos cómo los diferentes recuerdos afectan el comportamiento humano. La memoria es una biblioteca viva de experiencias y puede convertir a una persona en un guardián del pasado al condicionar su personalidad ligándola estrechamente a un cúmulo de información e ideas. Esta habilidad proporciona una comprensión profunda y la capacidad de aprender de experiencias pasadas. Sin embargo, también puede ser debilitante mentalmente, ya que el peso de muchos recuerdos puede actuar de freno, como si cada paso estuviera controlado por la sombra del pasado.

La memoria profunda permite pensar mejor y recordar cosas que otros pueden considerar triviales. Esta facultad es útil en campos que requieren más esfuerzo, como la ciencia o la historia. ¿Pero

---

5   «¿Qué efecto tiene una notable capacidad de memoria sobre otros aspectos importantes de la personalidad, sobre los hábitos de pensamiento e imaginación de un individuo, sobre su comportamiento y el desarrollo de su personalidad? ¿Qué cambios se producen en el mundo interior de una persona, en sus relaciones con los demás, en su propio estilo de vida, cuando un elemento de su constitución psíquica, su memoria, se desarrolla hasta un grado tan poco común que empieza a alterar todos los demás aspectos de su actividad?».

qué pensar? La creatividad suele prosperar en los huecos recónditos del cerebro, en el espacio entre realidades, donde la mente es libre de soñar y crear cosas nuevas. La cantidad de información que conlleva un exceso de memoria bloquea esta libertad y limita a las personas en la información, sin dejar espacio para la creatividad y la innovación. El comportamiento y el desarrollo de una persona se ve muy afectado por ello. Un individuo con una memoria excepcional puede ser muy cuidadosa al pretender que todo esté en su lugar y aparezca ordenado en su mente; pero este comportamiento también es estresante en términos de crecimiento personal, se puede considerar como una brújula y una cadena que, previamente aprendida, controla y limita su capacidad para desarrollarse y cambiar.

La pregunta más interesante planteada por Luria es el impacto de los diferentes recuerdos en los mundos internos, las relaciones y las vidas de las personas. Podemos imaginar un mundo interior donde cada recuerdo es una joya preservada que tiene su propia página imborrable. Este mundo puede ser tan vasto y maravilloso como un museo de arte, donde las pinturas son tan hermosas que no puedes apartar la vista y perderte en ello. Recordar todo lo que sucedió en el pasado, sin duda, puede generar expectativas y conflictos que otros tal vez no comprendan. Por tanto, la vida puede cambiar para adaptarse a esta realidad, encontrando estabilidad y medios para controlar su constante movimiento.

1.1.2. Enfoques metodológicos

El alcance del estudio de la memoria y su íntima relación, tanto extrínseca como intrínseca, con la literatura abarca diversos aspectos fundamentales. Cada uno de estos elementos es una parte importante de la metodología y la comprensión de la memoria, con el objetivo de revelar y enfatizar varios de sus aspectos. En esta línea, reflexionamos sobre la interpretación acerca de la naturaleza de la memoria en los libros y, más aún, sobre cómo se recuerda la escritura en los libros, cómo se comparan los recuerdos y cómo la escritura cataliza la mnemónica, que alcanza a ser un simulacro de esta asombrosa situación. Asimismo, la literatura representa un abanico interminable de recuerdos que son individuales y al mismo tiempo colectivos.

El objeto mnemónico y su transposición a la literatura es un tema que recurrentemente aparece en los textos literarios. Muchos de los personajes que transitan por las páginas de la lírica o la narrativa comparten con los lectores sus recuerdos, donde se conservan episodios felices, traumas, acontecimientos aparentemente irrelevantes y verdades dormidas en las hendiduras de la memoria. Desde el punto de vista temático se representa la memoria como el tema dominante o uno de los temas preponderantes que estimulan reflexiones profundas englobando rasgos filosóficos. Sin embargo, la memoria no se limita a ser ese tema tan fascinante, ese protagonista de entramados teórico-filosóficos reveladores de pretéritos ocultos; su papel a veces se vuelve más preponderante, empujando con fuerza en la conciencia literaria y reclamando su rol de autora, o por lo menos de coautora de textos. Así llegamos a la definición de Vincenzo Consolo, gran escritor italiano, que afirma perentoriamente que la memoria se eleva casi metonímicamente como la finalidad misma de la literatura: «Questa credo che sia la funzione della letteratura, quella di memorare»[6] (Consolo, 1993, p. 27).

La memoria siempre ha tenido que enfrentarse con su poderoso enemigo, el olvido, luchando contra él diariamente para sobrevivir y afirmar dignamente su existencia con cada medio a su disposición. Es una lucha desigual, ya que el olvido tiene una fuerza superior que arrastra cada recuerdo envolviéndolo en una oscura nebulosa. Además, hay que reconocer al olvido como una fuerza terapéutica; en muchos trastornos actúa terapéuticamente como una solución decisiva. Basta con pensar en las depresiones, y otros casos, en los que el olvido a veces es un bálsamo que cura y nos permite seguir adelante. Al mismo tiempo, el olvido se hace indispensable como soporte de la memoria, ya que actúa como un elemento selectivo, eliminando información que de otra forma sería una sobrecarga inútil para nuestro cerebro. Esta cualidad selectiva

---

6   «Esta creo que es la función de la literatura, la de recordar».

también está presente en el hecho literario. Esa dualidad entre memoria y olvido es, a la vez, complementaria, es decir, la relación entre ambas partes, según una visión oriental, se vuelve necesaria, como el *yin* y el *yang*. Elementos complementarios que no necesariamente tiene que contraponerse. El uno no excluye al otro, sino que coexisten en un fluir perpetuo, donde cada uno, con su propio lucimiento y singularidad, enuncia en su código los talantes esenciales y profundos del humano vivir. La complementariedad es un concepto que Niels Bohr, físico danés, forjó por primera vez. Bohr ofreció una conferencia que marcó el surgimiento de esta idea en la recién desarrollada teoría cuántica. Con motivo de la conmemoración de la muerte del físico italiano Alessandro Volta, tuvo lugar en 1927, una conferencia en la ciudad de Como donde se explicitan esta teoría. Sus teorías se encuentran en los ensayos *Teoría atómica y descripción de la naturaleza* (1988, Madrid: Alianza) y *Física atómica y conocimiento humano* (1964, Madrid: Aguilar). Por supuesto, los diversos contextos históricos se articulan en esta variable fundamental, que se debe considerar al abordar la memoria y su conexión con la literatura, dado que estos contextos influyen en los relatos dentro del ámbito literario y en la forma en que los eventos históricos son interpretados y narrados literariamente. Un claro ejemplo de esto puede ser la novela histórica, que podemos entender en clave literaria como una indagación y recuperación de un pasado. Como ya hemos visto, la memoria posee la cualidad de cruzar el tiempo trascendiendo el ahora y la inmediatez al ser ella parte del tiempo por tener un vínculo con el pasado:

> El presente o el porvenir serían en ella elementos que de igual modo atestiguan esa, su naturaleza temporal. Como la imaginación, la memoria es un nombrar en ausencia, es una forma de darle un lugar a algo que ya no existe, o que quizás haya muerto; pero a diferencia de la imaginación, la memoria intenta recuperar algo que ha acontecido, algo que «tuvo efecto» en otro tiempo y en otro lugar (Pimental, 2003, p. 187).

La novela histórica, casi siempre, manifiesta la intención de escudriñar dentro de lo creativo, buscando claves e indicios para interpretar la historia, teniendo en cuenta su naturaleza dinámica y penetrando en la verdad a través de sus hendiduras. Estos son sentidos trascendentales para la interpretación del ser humano y de la actualidad, encapsulados en lo que fue. Autores destacados como Arturo Pérez-Reverte, Ildefonso Falcones, Santiago Posteguillo, Matilde Asensi, Javier Cercas, Umberto Eco, Andrea Camilleri y Vincenzo Consolo, entre otros, han contribuido en sus obras a constituir una nueva manera de concebir la novela histórica, que ha experimentado un período de notable esplendor en la actualidad, algo que empezó a finales del siglo pasado. Hibridándose con otros géneros y regenerándose constantemente, la novela histórica ha conocido un renacimiento.

La vida y la sociedad detrás de la cortina literaria están en la novela histórica contemporánea, que narra entremezclándose con la realidad diaria y desempeñando un papel crucial en la interpretación de los hechos históricos, ofreciendo una perspectiva alternativa del hecho histórico y estableciendo una continuidad en el tiempo. Esta relación puede abordarse de diversas maneras: en primer lugar, aceptando que los protagonistas de las novelas se conviertan en testimonios vivos; y, en segundo lugar, reconociendo que la literatura, de manera intrínseca, siempre ha sido el soporte que traslada la memoria.

Además, la memoria se erige como un poderoso componente cultural que se difunde en la sociedad a través de la literatura, arte que actúa como espejo de nuestro entorno y configura la identidad de comunidades y regiones geográficas. El pasado cultural, por ende, se perpetúa y transmite mediante la literatura, abarcando la exploración de identidades culturales y sociales.

En resumen, mediante un enfoque teórico transversal y multidisciplinario que abarca estudios sociológicos, históricos, psicológicos, informáticos, culturales y, por supuesto, literarios, ampliaremos nuestra visión al considerar horizontes lejanos y diferentes. La intención es brindar un estudio objetivo con una perspectiva integral y exhaustiva del argumento. A través de un análisis comparativo que atraviesa géneros literarios, épocas, historias y culturas, al identificar patrones recurrentes, dotaremos a nuestra teoría de diversas visiones que determinarán un conjunto de coordenadas que nos ayudarán a alcanzar una comprensión global del fenómeno mnemónico interconectado con lo literario.

Otro aspecto importante es la interacción mediante el uso de otros medios de comunicación o soportes electrónicos para la construcción o el almacenamiento de la memoria, así como la manera en que la memoria, a través de la literatura, entabla un diálogo con estos diversos recursos y formas de expresión cultural. Esto abarca diferentes estratos sociales, desde lo culto hasta lo más popular, con el fin de comprender cómo se representa y se perpetúa el recuerdo en diversos contextos mediáticos. Además, analizamos cómo estas representaciones interactúan y se entrelazan con las narrativas literarias para construir o reconstruir significados, ya sea a través de elementos etéreos o concretos.

1.2. Claves de la Memoria y Reminiscencia para Platón y Aristóteles

En la Grecia antigua, cuna de la cultura occidental, se empieza a indagar sobre el fenómeno tan complejo como es lo mnemónico. La memoria es a la vez *archivo*, es decir, un depósito donde dejar y recoger informaciones, o *fuerza* creadora y dinámica, recuerdo de un mundo inteligible al que pertenecemos y al que siempre volvemos. A lo expuesto previamente, se debe añadir la oposición entre memoria y escritura, la cual determina la transición de una cultura oral a una escrita, con todas las implicaciones y dificultades que pueden surgir de dicho cambio. En *Fedro*, Platón introduce una noción interesante: la escritura representa una amenaza para la memoria. Argumenta que, si toda la información se transcribe en libros, el ejercicio de la memoria se verá comprometido y eventualmente se detendrá.

En sus *Diálogos*, Platón presenta su teoría sobre los dos mundos y las *Ideas*, que existen en un ámbito paralelo, y reflexiona sobre el concepto de conocimiento como recuerdo de algo que ya existe. Esta perspectiva proporciona una visión crucial sobre el papel de la memoria en la formación del conocimiento. Por el contrario, Aristóteles adopta un punto que podríamos definir más «pragmático», al tratar la memoria en su *Parva Naturalia* con una inclinación hacia un empirismo cauteloso. Cosa que, se reitera en sus obras *Poética* y *Retórica*, donde, además, nos anima a profundizar en nuestra comprensión de cómo los componentes mnemónicos se entrelazan en la trama de la creación literaria. De manera profunda, examinamos el fenómeno mnemónico y su relación con el hecho literario. Platón y Aristóteles, para profundizar en nuestra investigación, ofrecen herramientas, dado que este análisis requiere una comprensión detallada de cómo la memoria y la literatura se entrelazan. Es esencial recurrir al legado filosófico. Necesitamos recursos conceptuales que nos ofrecen los filósofos griegos, permitiéndonos sacar a la luz su complejidad y disipar la confusión que a menudo envuelve el fenómeno. Esta dualidad, a la que nos orientamos, permite abordar de forma más auténtica lo que se puede definir una «confluencia» entre memoria y literatura, entendiendo cómo estos conceptos se influyen mutuamente y contribuyen a enriquecer el hecho literario. Este proceso de investigación no solo nos ayuda a dirimir, si bien no completamente, la aporía mencionada, sino que también nos consiente navegar con mayor claridad en las complejas aguas de la teoría literaria y la filosofía de la memoria.

1.2.1. *Platón y la* anamnesis

Cuando hablamos de Platón y de la memoria no podemos prescindir de la dualidad que presenta en *Fedro*, donde exhibe una noción fascinante de memoria y escritura. Asimismo, se presenta un documento de valor documental dado que señala un importante pasaje histórico y cultural. Hasta aquel entonces la sociedad estaba todavía en un estadio primordial donde la cultura, la literatura y, en general, las ideas circulaban por sendas enraizadas en la oralidad. Todo conocimiento llegaba de forma aérea por medio de la palabra, cuando los aedos y maestros tenían el papel fundamental de «archivo» y, al mismo tiempo, reinterpretaban los componentes constituyentes de lo que hoy podemos llamar memoria cultural. La cultura se propagaba gracias a su menester y a su infatigable peregrinar.

Como mencionamos antes, Platón propuso que el acto de escribir supone un peligro para la memoria, siguiendo las ideas de su maestro Sócrates, quien veía la escritura como enemiga de la autenticidad y la verdad, afirmando que, si todo conocimiento estaba registrado en libros, entonces la memoria sustantiva. Los ejercicios de entrenamiento se verán afectados y eventualmente cesarán. Según Platón, el recuerdo siempre se refiere a aquello que el alma conocía antes de su existencia y luego cae en el olvido.

Platón, en su sapiencia, discierne con meridiana claridad que la memoria se erige como el reconocimiento de una impronta, elucidando así la intricada relación entre la memoria y la imaginación, al concebir la memoria como el reconocimiento de una imagen. El legado platónico se puede entender desde la metáfora del sello en la cera planteada por Sócrates en el *Teeteto*:

> Sócrates: —Pues bien, digamos que es un don de Mnemósine la madre de las Musas. y que si queremos recordar algo que hayamos visto oído o que hayamos pensado nosotros mismos, aplicando a esta cera las percepciones y pensamientos, los grabamos en ella, como si imprimiéramos el sello de un anillo. Lo que haya quedado grabado lo recordamos y lo sabemos en tanto que permanezca su imagen. Pero lo que se borre o no haya llegado a grabarse lo olvidamos y no lo sabemos (Platón, 1988, p. 276).

Platón sostiene que lo que hemos visto, oído o pensado, imprimen un sello o dejan una huella que grabamos en una especie de tablilla de cera en nuestra mente. Mientras la imagen permanece estáticamente intacta en la cera, podemos revivir los recuerdos y volver a experimentar lo vivido. Sin embargo, si la imagen del recuerdo o de la experiencia sufre alteraciones en el proceso de grabación o simplemente se borra, desmemoriamos esa información y perdiéndose en el abismo del olvido. Esta metáfora planteada por Sócrates bien ilustra la idea platónica de que la memoria depende de la durabilidad y claridad de las impresiones que se forman en nuestra mente.

Al analizar la memoria, no podemos dejar de lado la reflexión que Platón nos presenta en Fedro sobre la contraposición entre memoria viva y memoria externa. Un bienquisto inventor egipcio, Theuth, dialoga con el rey Thamus, y presenta el invento de la escritura como una herramienta de conocimiento y memoria. Sin embargo, Thamus responde con escepticismo, argumentando que la escritura no fortalecerá la memoria, sino que la atenuará al fomentar la subordinación a fuentes externas en lugar de cultivar la habilidad de recordar y preservar esta capacidad interna. Thamus sostiene que la escritura no representa un mero remedio para la memoria, sino más bien un simple recordatorio sin ninguna otra función. Conjuntamente, advierte sobre el peligro de que aquellos que confíen en la escritura parezcan sabios sin poseer verdadero conocimiento, lo que dificultará su trato y los hará ignorantes en realidad (Platón, 1975, 274-275).

A propósito de la dicotomía memoria y escritura, el filósofo francés Derrida propone una tesis que recorre casi la misma trayectoria al plantear que una vez que las palabras están escritas, el escritor se relaja y puede despreocuparse de retenerlas en su mente, dado que confía en un elemento externo a la memoria y en que los signos escritos permanecerán y llevarán su mensaje a lugares inesperados. Esta confianza en la escritura puede llevar a una especie de letargo de la memoria, donde la capacidad de recordar se ve disminuida por la dependencia en la escritura como medio de preservación y transmisión del conocimiento:

> ¿Se puede decir sin un anacronismo conceptual —y por lo tanto sin cometer una falta grave de lectura— que los *típoi* son los representantes, los suplentes físicos de lo psíquico ausente? Más bien habría que pensar que las huellas escritas no atañen ni siquiera al orden de la *físis* porque no están vivas (Derrida, 1997, pp. 156-157).

Mas específicamente Derrida usa la metáfora del «fármaco» de la escritura como algo que hipnotiza la memoria insinúa que la escritura, aunque constituya un método excelente para la preservación de conocimiento, logra un efecto narcótico y procura que la memoria se retire de su papel laborioso y activo en la búsqueda de lo autentico. La memoria, embrujada por los «guardianes» de los signos escritos, se deja llevar por el delirio de persistencia y fidelidad que estos prometen, de esta manera se permite que el olvido y el desconocimiento se infiltren sibilinamente en la mente humana.

> Si creemos, pues, al rey fiándonos de su palabra, es a esa vida de la memoria a lo que el fármacon de la escritura vendría a hipnotizar: fascinándola, haciéndola salirse entonces de sí y adormeciéndola en el monumento. Confiando en la permanencia e independencia de sus tipos (típoi), la memoria se dormirá, no se mantendrá más, no se afanará ya por mantenerse tensa, presente, lo más próxima posible de la verdad de los seres. Fascinada por sus guardianes, por sus propios signos, por los tipos encargados de la guardia y vigilancia del saber, se dejará tragar por Lecé, invadir por el olvido y el no-saber (Derrida, 1997, p. 157).

Este filosofo reafirma la tensión socrática entre la oralidad y la escritura, un tema clásico en la filosofía y la teoría de la comunicación. La escritura, aunque tiene el gran mérito de facilitar la transmisión de conocimiento y de preservarlo a lo largo del tiempo, como el agua salobre del mar podría igualmente erosionar la viva práctica del recuerdo al encomendar la responsabilidad del saber a los «signos» escritos y apartar gradualmente a la memoria de su rol central, esto es reduciendo o paralizando la comprensión directa y vivencial de nuestro entorno. Este fenómeno podría llevar a una dependencia excesiva en los textos, donde la memoria personal y colectiva se relaja y pierde su vigor en el acto de recordar, dejando espacio al olvido y a la ignorancia, según el proceso descrito:

Muchos siglos después de los griegos, Alfonso de Baena (1375-1435) reconocerá el poder de la escritura al argumentar que sin su existencia la sabiduría, el ingenio y la memoria de la humanidad estarían limitados en su capacidad efímera de recordar el pretérito. Sugiere que las escrituras permiten a las personas conocer los hechos y las ciencias del pasado, sin los cuales no tendrían ningún conocimiento. Alfonso de Baena, como hemos visto, destaca la importancia de la mirada retrospectiva en esa grieta que aquellos que registraron los acontecimientos históricos nos abrieron, y, asevera que todos están en deuda con ellos, ya que, gracias a sus escritos, se puede acceder a conocimientos que de otra manera se perderían:

> Onde si los homes pararen bien mientes al proque nasce de las escripturas, conoscerán que por ellas son sabidores de todos los fechos e de todas las sciencias, e que de todo ello non sopieran ningua cosa, si cuando murieron aquéllos que eran bivos a la sazón e tiempo que passaron los grandes fechos non los dexaran por escripto, para que los sopiesen los otros que eran por venir. Por la cual razón, todos los homes son adebdados de amar a todos aquéllos que lo tal fezieron e ordenaron, pues que saberán por ellos muchas cosas que non supieran por otra manera (Baena, 1986, p. 70-71).

1.2.2. Aristóteles y la memoria

Un concepto fundamental para abordar de manera correcta el problema de la memoria es una definición que nos da Aristóteles en *Parva Naturalia* (tratados sobre la naturaleza), donde muchos reconocen o han querido ver la notoria teoría de la asociación. En esta obra encontramos el tratado «De la memoria y de la reminiscencia», que representa un «tesoro» inestimable ya que se teoriza sobre lo que es esencialmente la memoria y cómo funciona realmente. En este tratado sobresale cómo la doctrina peripatética fue precursora de los estudios sobre la memoria, pues consigue analizar y sacar la esencia del fenómeno mnemónico.

El filósofo griego explicita un concepto fundamental: «la memoria es del pasado». Por tanto, la memoria adquiere una dimensión temporal precisa. En efecto, la marca temporal desarrolla un papel importante en la compresión de este fenómeno y abre un nuevo horizonte a la comprensión de su problemática. Aristóteles añade al concepto platónico «la presencia de lo ausente», la condición temporal que representa el factor discriminante entre la memoria y la imaginación ya que es un elemento fundamental que no comparten.

Cuando recordamos, sacamos de la memoria objetos, cosas, personas, sensaciones y estados de ánimos que vuelven a presentarse en nuestra mente formando una pintura que toma forma y se concreta como en el concepto platónico. De la misma manera, esto ocurre cuando imaginamos, donde, en este caso, interviene un proceso que es creativo al manipular informaciones contenidas en la memoria y dándole nuevas formas se logra construir una nueva realidad. Al imaginar, el ser humano convierte elementos ya percibidos, reformula de manera creativa una realidad inédita al reconstruirla de forma alternativa. A la vez la imaginación se divide en dos tipos según su función: existen, por lo tanto, la reproductiva y la creativa. La primera utiliza imágenes percibidas a través de los sentidos, se vale de la memoria y dependiendo del estímulo sensorial recibido se puede hablar, a su vez, de imaginación visual, auditiva o motora. Mientras que la imaginación creadora puede utilizar elementos de la imaginación reproductora o no, y permite crear nuevos mundos, una realidad *ex novo*. Oponiéndose al concepto platónico de reminiscencia, afirma que:

> La reminiscencia no es ni una readquisición ni una adquisición de memoria. Pues, cuando alguien aprende o experimenta por primera vez, ni recupera la memoria de nada en absoluto —ya que la memoria tampoco había actuado antes en absoluto— ni la adquiere desde el principio; y es que hay memoria cuando sobreviene el estado o la afección, de suerte que no se da cuando se produce la experiencia. Además, en el instante indivisible y reciente en que se produce por primera vez, se halla ya presente en quien la sufre esta afección, es decir, el conocimiento científico, si es que hay que llamar «conocimiento científico» al estado o a la afección, a más de que nada impide rememorar también por accidente algunas cosas que conocemos (Aristóteles, 1987, p. 242-243).

Aristóteles enfatiza que la reminiscencia y la memoria son de naturaleza distinta. Hay que olvidar para recordar. A través de mecanismos específicos, es decir, una secuencia natural de procesos que residen en el alma o de hechos asociados a lo que deseamos recordar, llegaremos a recordar. La reminiscencia implica un lapso temporal de tiempo donde la experiencia o el conocimiento científico se olvida, manteniendo al mismo tiempo la disposición para ser recordado. La dimensión temporal planteada por Aristóteles se afirma cuando dice que «la memoria es del pasado» y cobra importancia en la definición y resolución del problema, completando el legado platónico y añadiéndole este imprescindible componente. El filósofo griego dice que por el recuerdo percibimos no sólo la representación de las cosas ausentes sino el propio tiempo; el pasado adquiere una importancia fundamental en la comprensión de la fenomenología de la memoria. No recordamos ahora, sino cuando en un momento dado, lejos en el tiempo, sentimos o experimentamos lo que se forma en el recuerdo y allí se queda:

> El recordar en sí no se produce hasta que no ha pasado un tiempo, pues se recuerda ahora lo que se vio o experimentó antes; lo que ahora se experimenta no se recuerda ahora. Además, es evidente que es posible recordar, no cuando se ha rememorado ahora, sino cuando desde el principio se ha sentido o experimentado (Aristóteles, 1987, p. 243).

En este punto tenemos dos legados: uno platónico y otro aristotélico. Según los filósofos griegos, la memoria es una imagen que reside en el alma sensible; hasta que permanezca esta imagen sabemos y recordamos. El no saber implica heurísticamente el presente, el ahora; mientras lo que sabemos se refiere al pasado.

1.3. *Habito* y *recuerdo*: Henri Bergson

Henri Bergson, filósofo francés extremadamente notable por el concepto de «duración». Analiza de forma detallada la memoria evidenciando la oposición entre hábito y memoria; o, mejor dicho, la memoria corporal, asociada al hábito, y la memoria auxiliada por la conciencia; y donde subraya la diversidad entre dos tipos de memoria: la memoria consciente implica una evocación intencional de experiencias pasadas; y contrario al hábito, que es la repetición automática de acciones previamente aprendidas. Por tanto, la memoria, con sus facetas de hábito y recuerdo, aúna las dos caras de la misma moneda que se presentan diferentes entre sí. En consecuencia, la primera es la reiteración de acciones aprendidas conscientemente que cumplen mecánicamente y que se convierten en rutinarias, mientras que la segunda abarca una evocación consciente y una viva representación de imágenes. Para Bergson, la memoria como hábito se puede reconducir desde lo esquemático, por otra parte, la memoria como recuerdo está repleta en detalles visuales. Esto describe la memoria corporal como casi instintiva y anónima, fundamentada en la reproducción de acciones automáticas. En contraste, la verdadera memoria, aquella que recuerda, supone una evocación consciente y detallada de los eventos pasados. Esta metafórica excavación en la relación entre memoria e imaginación, destaca que la memoria consigue suplir a la imaginación y ofrecer un sucedáneo en la ilusión de recordar. La memoria tiene una naturaleza multifacética, afirma el filósofo, teniendo que compartir su naturaleza entre la intimidad personal y lo colectivo. Lo que conduce a la especulación sobre quién posee la memoria, examinando la dicotomía entre la individual y la colectiva; en esta reflexión se profundiza en que la memoria no es solo un recurso personal sino también un patrimonio compartido que moldea nuestra identidad colectiva.

1.3.1. La especificidad de la memoria: Hábito (Memoria automática) y Recuerdo (Memoria profunda)

En este punto, debemos añadir los polos que pertenecen a la red de fenómenos mnemónicos que fundamenta el pensamiento bergsoniano: el hábito y la memoria. Con más precisión, debemos considerar la relación que el hábito y el recuerdo establecen con la memoria, ligándose a ella. En este caso, para diferenciarlas, debemos considerar su relación con el tiempo. El hábito es un proceso de repetición casi automático, es una experiencia vivida anteriormente que se vuelve a vivir como presente y se reitera de manera inconsciente; mientras que la memoria hace referencia a un aprendizaje anterior, implicando una especie de rememoración consciente. Así nos lo explica Bergson:

> Así volvemos, tras de un largo rodeo, a nuestro punto de partida. Digamos que hay dos memorias profundamente distintas: la una, fija en el organismo […] Hace que nos adaptemos a la

situación presente, y que las acciones sufridas por nosotros se prolonguen por sí mismas en reacciones bien realizadas, bien simplemente nacientes, pero siempre más o menos adecuadas. Hábito más que memoria, representa nuestra experiencia pasada, pero no evoca la imagen. La otra es auténtica memoria extensiva a la conciencia, retiene y alinea uno tras otro todos nuestros estados a medida que se producen, dejándole a cada hecho su sitio y señalándole su fecha, moviéndose realmente en el pasado definitivo y no como la primera en un presente que recomienza sin cesar (Bergson, 1977, p. 85).

En el pensamiento bergsoniano, como evidenciamos, existe una relación importante entre el hábito y la memoria. Se identifica «la memoria del cuerpo, constituida por el conjunto de los sistemas sensoriales-motores que el hábito tiene organizados, es por tanto una memoria casi instantánea a la que la verdadera memoria sirve de base» (Bergson, 1977, p. 86). Esto significa que la memoria «innata», basada en hábitos y acciones repetitivas que de forma inconsciente vamos aprendiendo, actúa de manera casi automática y rápida. Sin embargo, esta memoria instantánea no podría existir sin el soporte de la verdadera memoria, que implica una rememoración consciente y la posibilidad de realizar un aprendizaje previo. Así, mientras el hábito es casi instintivo, ya que facilita la acción inmediata y automática, la memoria profunda otorga a estas acciones un contexto en el cual actuar y un significado. Esto establece una conexión inconsciente que integra la experiencia pasada individual, siempre filtrada por lo colectivo, con el comportamiento presente.

Este pensador nos aclara de manera inequívoca las dos formas en que se manifiestan las memorias al subrayar el parentesco entre la lección aprendida de memoria y nuestros hábitos. Al hablar de una lección aprendida de memoria, distingue, como se indicó antes, entre la memoria como hábito, que forma parte del presente (una acción que podría considerarse innata, como escribir y caminar), y su recuerdo, que no presenta estas características de innato, siendo más bien todo lo contrario:

> El recuerdo de la lección, en tanto aprendida de memoria, posee *todos* los caracteres de un hábito. Como el hábito se

37

adquiere por la repetición del mismo esfuerzo. Como el hábito ha exigido primero la descomposición, luego la recomposición de la acción total. Como todo ejercicio habitual del cuerpo, en fin, es almacenado en un sistema que imprime un impulso inicial en un sistema cerrado de movimientos automáticos que se suceden en el mismo orden y ocupan el mismo tiempo. Por el contrario, el recuerdo de esa lectura particular la segunda o la tercera, por ejemplo, no posee *ninguno* de los caracteres de hábito [...] Y, de hecho, la lección, una vez aprendida, no lleva sobre si ninguna marca que traicione su origines y la archive en el pasado, ella forma parte de mi presente (Bergson, 2006, p. 98).

A la memoria que repite se le opone la memoria que imagina. Por tanto, estas dos partes fundamentales de la memoria se hacen indispensables para vivir. Sin embargo, en las siguientes afirmaciones resulta claramente evidente cómo la memoria imaginativa es aquella capaz de elaborar las experiencias pasadas, contextualizarlas en el presente y hasta proyectarlas al futuro, es la que construye y, en algunos casos, se puede sobreponer a la memoria que repite. Esta capacidad de la memoria que imagina permite suplantar a la memoria que repite, es decir, al hábito. Por otro lado, la memoria-hábito nunca podría sustituir a la memoria que imaginativa: «De estas dos memorias, una que *imagina* la otra que *repite,* la segunda puede suplir a la primera y a menudo incluso dar la ilusión de ella» Y «el recuerdo espontáneo es inmediatamente perfecto; el tiempo no podrá añadir nada a su imagen sin desnaturalizarla; conservará para la memoria su lugar y su fecha» (Bergson, 2006, p. 96-97). Mientras que la lección aprendida es 'actuada más que representada', o sea, el recuerdo de esa lectura concreta es una representación, y no más: «El recuerdo de esta lectura determinada es una representación, y sólo eso; se sostiene en una intuición del espíritu que puedo alargar o acortar a mi antojo; le asigno una duración arbitraria: nada me impide abarcar todo de golpe, como en un cuadro» (*Ibid*). En definitiva, «para evocar el pasado en forma de imágenes hay que poder abstraerse de la acción presente, hay que saber otorgar valor a lo inútil, hay que querer soñar. Quizás, solo el hombre es capaz de un esfuerzo de este tipo» (*Ibid*).

En la primera parte de la obra de Ricoeur, *La memoria, la historia, el olvido*, podemos deducir que la memoria y el hábito se diferencian en un punto fundamental: el hábito es una actuación hacia un solo cauce sin discernimiento; en esta fase el recuerdo se queda exteriormente sin participación emotiva, no implica afección. El hábito en la memoria es una acción básica, un mecanismo de recuerdo automático que no necesariamente requiere el apoyo de la rememoración; en contraste, el recuerdo en la memoria es una representación que necesita rememoración, una acción completa, un movimiento que abarca diferentes niveles de conciencia y requiere una dinámica que implica la voluntad que activa una acción cognitiva. Los hábitos y los recuerdos encarnan dos extremos epistemológicos de nuestras actividades cotidianas, y a través de ellos percibimos y comprendemos el mundo. En otras palabras, estos fenómenos, desde simples representaciones hasta reconstrucciones o sueños, son tareas de memoria que funcionan a diferentes niveles como reconstituyentes, permitiéndonos percibir simultáneamente a las personas y el mundo que nos rodea. Citando a Bergson, Ricoeur nos dice que «el esfuerzo de rememoración consiste en convertir una representación esquemática, cuyos elementos se interpenetran, en una representación llenas de imágenes, cuyas partes se yuxtaponen» (Ricoeur, 2004, p. 50).

No tenemos otro trámite con el pasado que no sea vinculado con la memoria. Cada referencia al pasado pasa por la memoria, que es el único acceso que nos permite volver atrás, a ella, y se relaciona inevitablemente el objetivo, el afán mal celado, la exigencia de ser fiel al pasado. En este sentido, Ricoeur, *La memoria, la historia, el olvido*, nos explica cuál es la pretensión verdadera de la memoria:

> Si se puede criticar la memoria, su escasa fiabilidad, es precisamente porque nuestro único recurso para significar el carácter pasado de aquello de lo que declaramos acordarnos. Nadie pensaría en dirigir semejante reproche a la imaginación, en la medida en que esta tiene por paradigma lo irreal, lo ficticio, lo posible y otros rasgos que podemos llamar no posicionales (Ricoeur, 2004, p. 40).

La memoria como hábito, la *memoria-hábito*, es esquemática; la segunda, los recuerdos, la *memoria-recuerdo*, son una representación llena de imágenes; se trata aquí de «descender del esquema hacia la imagen», como si estuviéramos involucrados en un proceso de producción del imaginario o simplemente de imágenes. Primero aprendemos simplemente a ver, a relacionarnos instintivamente con los fenómenos y las cosas; esta visión es superficial, no pretende servirse plenamente de nuestras posibilidades cognitivas y se queda al margen dado que no interiorizamos lo que observamos, una mirada que queda fuera de nuestro dominio. Ver es un acto instintivo que no produce ningún tipo de interpretación, no hay un proceso psíquico que implique introspección o reflexión, todo está afuera de nuestra esfera personal. La mirada es firme, se fija en un punto, y la perspectiva también es única, así es imposible desarrollar la idea de «el otro», porque el cambio de perspectiva requiere un horizonte amplio con diferentes niveles de conciencia y múltiples miradas.

Wittgenstein sostenía que la memoria es involuntaria, pero el acto de rememorar es algo voluntario, algo que pertenece al concepto de *anamnesis* aristotélica. Otra sugestiva reflexión sobre este aspecto nos viene de Blaza García:

> Este primer par de conceptos, que podíamos tomarlo también como un par oposicional en relación al primer par señalado por Ricoeur, sólo especifica los modos por los cuales podemos conocer, reconocer y comprender algo. El *ver*, que es el modo básico por el cual reconocemos y tenemos una sola mirada del fenómeno observado, define una continuidad en nuestro reconocimiento de las cosas, y dirige nuestra atención y aprehensión de los fenómenos hacia un sólo sentido. El *ver* es una acción básica de nuestras potencialidades cognoscitivas que no genera interpretación, ya que, esto último, es decir, las posibilidades de comprender y reconocer de múltiples formas un objeto (en el caso de Ricoeur, de rememorar un pasado de múltiples formas), sólo existe donde se da la *visión de aspectos*, es decir, en el poder ver algo de diferentes modos. Contrario al *ver*, el *ver aspectos* se aproxima a un proceso de interiorización en el cual se colocan en tensión imágenes diferentes

de un fenómeno. Por el contrario, en el simple *ver*, mi imagen, o mi recuerdo, están en tensión directa con el objeto, se contrastan con él, y son exteriorizados (Balza García, 2004, p. 4).

En este fragmento el autor destaca cómo desde la perspectiva preceptiva se presenta la distinción crucial entre una percepción superficial y directa y otra enriquecida por la multiplicidad de perspectivas. En este sentido, la capacidad de «ver aspectos» no solo amplía nuestra comprensión, sino que también facilita una interpretación más rica y matizada del mundo que nos rodea. Esta capacidad se convierte en un ejercicio barroco de complejidad y profundidad, donde la percepción se vuelve una danza de significados y matices, transformando la mera observación en una experiencia cognitiva y estética profunda.

El «ver», entendido como el modo básico por el cual reconocemos y tenemos una percepción unificada del fenómeno observado, se erige como una acción primordial de nuestras potencialidades cognoscitivas, una que no engendra interpretación. La interpretación, por el contrario, es el dominio de la «visión de aspectos», donde radica la posibilidad de comprender y reconocer un objeto desde múltiples formas, permitiendo la rememoración de un pasado en diversidad de maneras, tal como señala Ricoeur.

Por otro lado, el «ver aspectos» representa una acción mas profunda que se aproxima a un proceso de interiorización de la percepción, permitiendo la coexistencia y confrontación de múltiples perspectivas y dimensiones y en el cual se colocan en tensión diversas imágenes de un fenómeno. Este proceso es diametralmente opuesto al simple «ver», donde la imagen o el recuerdo están en tensión directa con el objeto, contrastándose exteriormente con él.

En suma, el «ver» y el «ver aspectos» configuran nuestra relación con el conocimiento y la realidad. El «ver», es monolítico y directo, y el «ver aspectos», es una profundización del enredo humano, un sondeo de lo arcano interior de los fenómenos, ambos conjuntamente revelan el abanico multicolor del camino humano, tal y como laberinto del conocimiento. Este contraste nos lleva a valorar no solo lo que directamente vemos, sino cómo lo vemos, y cómo esa visión prismática y llena puede contribuir a la construcción de un campo epistemológico de lo que del mundo y de nosotros mismos comprendemos.

De fundamental importancia es distinguir ¿de quién es la memoria? ¿A quién pertenece la experiencia mnemónica? La memoria es algo íntimo y personal que se muere con nosotros. Estas preguntas generan inequivocablemente una aporía que crea una dicotomía ardua de resolver. ¿Cuál es el carácter eminente de la memoria? Al analizar este aspecto del fenómeno mnemónico concluimos que la memoria puede ser de dos tipos: individual y colectiva. Podemos considerarla como una experiencia eminentemente subjetiva, personal e íntima, o bien con su identificación como un fenómeno de envergadura común que evidencia aspectos colectivos y públicos; en definitiva, una memoria que en algunos sentidos se puede definir compartida.

1.4. La mirada fenomenológica de Husserl sobre la memoria

En su trabajo *Lecciones sobre el tiempo*, Husserl indaga la fenomenología del recuerdo desde una perspectiva temporal al establecer una distinción fundamental entre el recuerdo y el tiempo, dos elementos de la memoria que son fundamentales en su teoría. Esta está enfocada sobre un atento análisis de la memoria y escruta con minuciosidad las manifestaciones del recuerdo, íntimamente ligadas a la constitución de la temporalidad al distinguir primariamente entre dos formas disímiles de recordar: el recuerdo primario, también conocido como retención, y el secundario o rememoración.

En el estudio fenomenológico de la memoria, Edmund Husserl emprende una exploración profunda del proceso del conocimiento, ofreciéndonos una representación trascendental para aproximarnos a una comprensión integral y exhaustiva del fenómeno mnemónico, donde la memoria se erige sumariamente como un pilar fundamental en la economía mental del ser humano. Este filosofo escruta y se adentra en una investigación detallada de la complejidad mnemónico-estructural y nos guía a través de un análisis hacia las más profundas funciones de la memoria en su relación con la conciencia y el tiempo, desvelando así los misterios más recónditos de nuestra mente.

Dentro de este análisis se articulan dos actos principales para entender la fenomenología de la memoria: la percepción (*Wahrnehmung*) y la memoria como recuerdo (*Erinnerung*). Husserl define la percepción como el acto mediante el cual, intencionalmente y por medio de la conciencia, conseguimos alcanzar una captación inmediata y directa del presente, constituyendo el ahora puro, básico para lograr el conocimiento. En contraste, la memoria como recuerdo que retoma el concepto aristotélico de reminiscencia, es decir, como ya vimos en el apartado sobre el filósofo griego, que la memoria y el recuerdo, en particular, pertenecen al tiempo por traer al presente una vivencia, en su sentido más amplio, desde un tiempo pasado. De esta manera, advertimos como parte del recuerdo la no-presencia inmediata y de la ausencia momentánea que elaboramos conscientemente.

El primero en establecer esta estrecha relación entre el recuerdo y la percepción fue el filósofo inglés John Locke, al señalar que recordar involucra la percepción de algo a través de la memoria, con la conciencia de una «anterioridad», es decir, que ese algo forme parte de un bagaje experiencial o de percepción precedente (Locke, 1984, p. 98). En su trabajo, Husserl sigue el desarrollo del pensamiento de Locke, lo que le hace sostener que coexiste entre la percepción y la memoria una constante interacción que se vincula con la realidad y da lugar a lo que se percibe como una experiencia coherente y unificada. Además, Husserl describe cómo en la percepción lo que percibimos no se limita al momento presente, sino que abarca un conjunto ideal de momentos en el tiempo que se encuentran retenidos en el pasado y que se proyectan anticipadamente hacia el futuro. Como la misma palabra sugiere, la retención (*retentio*) se puede catalogar como la capacidad de conservación inmediata de la conciencia del pasado, mientras que la protención (*protentio*) se proyecta hacia el incógnito futuro y revela con anticipación de lo que está por venir (Otero, 2022, pp. 130-131).

El recuerdo secundario (*Wiedererinnerung*) o rememoración, se debe entender como una memoria que es viva y activa que no se puede limitar a una mera reproducción de lo pasado: tiene una función de construcción que forma una conjunción de nuestra experiencia temporal de manera intencionada y proporciona un espacio temporal donde el pasado puede volver a nuestra conciencia (Otero, 2022, p. 53). La memoria entendida como recuerdo representa una continuidad fundamental en lo que atañe a nuestra experiencia individual y colectiva. Es el pilar de la construcción y la constitución de la identidad del yo, que se refleja en la sociedad. Esto determina una continuidad temporal imprescindible en nuestra vida.

Por tanto, Husserl distingue entre el objeto inmanente perdurable y su aparición temporal. Los puntos de una continuidad existen solo dentro de un transcurso total y los modos transcursivos de un objeto temporal inmanente tienen un punto de inicio. La retención es un acto intencionado que permite la modificación permanente y continua del ahora, manteniendo lo producido y contribuyendo al proceso temporal continuo hacia el pasado. La percepción forma parte del flujo absoluto de la conciencia donde la experiencia del acto y la sensación tienen lugar. En este continuo, cada punto ulterior es una retención con respecto a cada punto anterior. La retención es una conciencia original del pasado, unida a cada fase presente de la impresión y una certeza imborrable de la misma, como si fuera recién presente pasado. Su peculiaridad radica en ser «conciencia de horizonte», condición de posibilidad de toda objetividad que permite la protención, la rememoración y toda reproducción en general.

1.4.1. Principios fenomenológicos

El proceso de rememoración es un proceso de modificación permanente y continuo. La retención representa el ahora-pasado del proceso perceptivo y también el ahora-presente de la rememoración. Es actual, pero no en un tono de actualidad tangible, sino en algo que ha sido filtrado por la reproducción al ser conciencia momentánea de lo transcurrido, de lo representado como pasado.

La rememoración, considerada como recuerdo secundario, implica una conciencia del recuerdo que se manifiesta como una síntesis o relación, según lo describe Husserl como «algo remite a algo distinto». Esta relación puede ser una ordenación universal simultánea en un mismo presente de datos sensoriales entre sí, o una ordenación sucesiva entre dos presentes diferentes. Tanto los datos sensoriales como los objetos de experiencia externa pueden recordar o remitir a otros datos u objetos de experiencias anteriores.

En la percepción, el recuerdo establece una relación entre lo percibido y lo no percibido en un mismo presente, donde la presencia real se complementa con presentificaciones en un modo puramente pasivo. Esta inclusión de elementos pasados y futuros en el presente se logra mediante la retención (retiene lo que ha sido) y la protención (supone lo que será). Estos elementos son fundamentales para definir las impresiones, ya que toda impresión implica tanto componentes de retención (post-presentación) como de protención (pre-presentación). Asimismo, tanto en la percepción de lo externo como en la apercepción del otro se da el recuerdo, ya sea en un mismo presente o en momentos diferentes.

La diferencia entre retención y rememoración radica en su naturaleza y función dentro del proceso perceptivo. La rememoración implica la posibilidad del cumplimiento intuitivo de las representaciones vacías de la retención y, como repetición, permite la evidencia del cumplimiento establecido a través de la repetición misma. Aunque la rememoración implica reproducción, se relaciona con la retención en una síntesis de recubrimiento o coincidencia, donde el recuerdo fresco o retención se superpone con la reproducción del mismo como dado en el ahora.

La rememoración, como repetición, proporciona evidencia del cumplimiento de la retención, lo que la convierte en la fuente esencial de apodicticidad en la identidad del yo y de los objetos a lo largo del tiempo. La retención en la percepción establece la base de la vida con la forma necesaria del tiempo pasado, mientras que la retención en la rememoración posibilita la constitución de objetos y la subjetividad en el presente pasado.

Según Husserl, la reproducción y el reconocimiento son necesarios para el sentido de la objetividad, y estas capacidades son atribuidas a la rememoración más que a la percepción directa. La retención, al mantener lo que se presenta a la percepción en la rememoración, retiene la presencia pasada de lo percibido y hace consciente la dimensión temporal del presente pasado. La rememoración, como vivencia inmanente autónoma, reproduce el proceso perceptivo, mientras que la retención es parte dependiente del proceso perceptivo originario y también del proceso perceptivo modificado en la rememoración.

1.4.2. Desarrollos analíticos

Analizando el fenómeno mnemónico cabe destacar la importancia del aspecto eidético de derivación husserliana en cuanto es cardinal para comprender la capacidad de conocer y ver la esencia fenomenológica que separa la memoria de la imaginación; por eso, focalicemos nuestra atención en los conceptos de presentificación y la presentación.

El concepto de *presentificación* (*Vergegenwärtigung*), que Husserl nos introduce en sus precisas lecciones, indica todos los momentos de la vida mental que tienen lugar en el presente y se muestran en el presente, pero se refieren a algo que ya no está, que se ha pasado, o todavía tiene que presentarse, o no puede estar presente; sin embargo, siendo pensado en el ahora, en el presente, se presentifica. Podemos decir que la *Bild* es la presentificación indirecta de iconografías como cuadros, estatuas, fotografías, etcétera. La percepción es la presentación del objeto, mientras que la imaginación es la presentificación de un objeto ausente.

La oposición crucial, explica Husserl, es lo que se encuentra entre la presentación (*Gegenwärtigung*) y la presentificación (*Vergegenwärtigung*), a la que tenemos que añadir la diferencia que coincide conceptualmente con la percepción (*Wahrnehmung*) y la fantasía (*Phantasie*) y la que a ciencia cierta localizamos también entre la sensación (*Empfindung*) y el fantasma (*Phantasma*). Estas díadas están atravesadas desde la dicotomía realidad, o sea, presentación, percepción, sensación que se contraponen a la irrealidad que se despliega como presentificación, fantasía y fantasma (Zippel, 2011, p. 34).

1.5. Aspectos de la memoria voluntaria e involuntaria

Según Walter Benjamin, la memoria es una serie de fragmentos, un complicado rompecabezas que se compone de inconscientes residuos de verdades que funcionan, cada uno, como pequeños accesos a nuevas dimensiones y desconocidas que cambian nuestra forma de ver las cosas. Estas puertas, llenas de potencial creativo, crean rupturas en el continuo espacio-temporal y proporcionan destellos de comprensión que van más allá de las interpretaciones habituales. Benjamin explica que la memoria es un constante regreso, un ciclo en el cual el pasado no solo es revivido, sino que también revitaliza nuestra comprensión del presente. En su naturaleza prismática, la memoria, en su constante romería, descompone y filtra relámpagos de luz de una mixtura de saber y vivencia, mostrando lo no evidente, lo desapercibido en lo oculto y conexiones inesperadas entre diversos momentos de la experiencia humana. Al analizar la obra proustiana, Walter Benjamin hace hincapié en las diferencias entre la memoria involuntaria, activa y fragmentada, y la memoria voluntaria, estructurada y racional. Mientras la primera es afectada por estímulos sensoriales y revela aspectos ocultos, la segunda se centra en recuperar conscientemente recuerdos específicos. Al surgir de forma inesperada, esta memoria involuntaria se opone firmemente al paso del tiempo y al olvido, posibilitando el resurgimiento del pasado en el presente. Para Benjamin, la historia es más que solo una sucesión de eventos registrados, es un entramado dinámico de recuerdos personales y compartidos. La memoria involuntaria cuestiona la versión oficial de la historia al brindar interpretaciones más ricas y diferentes que la memoria voluntaria no puede ofrecer. De esta manera, Benjamin hace evidente que la memoria no solamente almacena eventos pasados, sino que también juega un papel activo en la formación de nuestra identidad y en la constante interpretación de nuestro entorno.

1.5.1. Sobre el concepto de Walter Benjamin

Walter Benjamin explora la memoria y la percibe como un intrincado mosaico de fragmentos de verdades, que funcionan como pequeñas puertas espacio-temporales. Estas puertas nos proyectan hacia dimensiones nuevas y desconocidas, alimentando y estimulando nuestra creatividad. En su visión, estas hendiduras mnemónicas actúan como chispas, generando destellos de códigos que se entrelazan y superponen, brindando nuevas y más amplias claves de lectura e interpretación. Benjamin nos invita a considerar la memoria como un eterno retorno, un ciclo en el que nos proyectamos a través del pasado constantemente hacia el futuro. La disposición aparentemente aleatoria de los recuerdos no es un mero caos, sino una red sutil que nos permite descubrirnos más profundamente. Esta disposición nos ofrece pistas y signos que facilitan una comprensión más rica y matizada de lo humano. En este recorrido a través de las hendiduras de la memoria, Benjamin sugiere que no solo miremos al pasado, sino que también abramos ventanas hacia nuevas posibilidades y significados. En todo este continuo y constante proceso de retrospección y prospección, la memoria se convierte en un cuerpo prismático dinámico que juega un importante papel en alcanzar una comprensión más profunda de nosotros mismos y del mundo. Queda evidente cómo la memoria refracta la luz del conocimiento y la experiencia para convertirse en una herramienta vital en la construcción de nuestra identidad y en la interpretación de la realidad humana, cuando revela facetas ocultas y conexiones sorprendentes. Ese recorrido nos lleva a percibir la memoria como un fenómeno privado con una dimensión única y particular. Al romper las barreras mentales y cronotrópicas, la memoria trasciende su naturaleza efímera y se eleva a una dimensión de atemporalidad, proyectándose hacia la eternidad. Durante este proceso de transformación, la memoria se libera de los confines del tiempo y el espacio, mostrando su capacidad de existir en un estado eterno. Al ser fuerza fluida y dinámica, la memoria interactúa activamente con nuestras percepciones del tiempo y el espacio, abriendo así nuevas vías de interpretación y comprensión cuando trasciende estas limitaciones. Este fenómeno, que existe fuera de los límites del tiempo, ilustra cómo la memoria puede servir como un puente temporal, permitiendo que todos los recuerdos coexistan en el mismo momento y espacio como entidades potenciales listas para ser descubiertas y reinterpretadas. En consecuencia, revela las profundas conexiones que vinculan diversas experiencias y momentos dentro de la existencia humana: «El lenguaje ha indicado de modo inequívoco que la memoria no es un instrumento de exploración del pasado, sino su escenario. Ella es el medio de lo vivido igual que es el medio donde las ciudades muertas yacen sepultadas» (Benjamin, 1996, p. 486). Se hace patente el proceso de excavación arqueológica donde la memoria no es el solo protagonista de este proceso sino una parte que se combina de forma sibilina con la experiencia en si misma. Es como el polvo que recubre los objetos del coleccionista y los esconde de la simple vista dejándolos así en el olvido, hasta que emerge en un juego de desvelamiento que rompe entre lo real y lo imaginario. Ese ejercicio de descubrimiento de ninguna forma es lineal, el relato es fragmentario, es una narración que hay que reconstruir, una continua búsqueda de informaciones. Benjamin retoma el juego proustiano:

> El que un buen día ha empezado a abrir el abanico del recuerdo, ése siempre encuentra nuevas piezas, nuevas varillas, ninguna imagen le es suficiente, pues se ha percatado de que podría desplegarse, de que en los pliegues es donde reside lo auténtico (*das Eigentliche*): aquella imagen, aquel sabor, aquel tacto por el que hemos desplegado todo eso; y entonces va el recuerdo de lo pequeño a lo más pequeño, de lo más pequeño a lo ínfimo, y cada vez se hace más fuerte aquello con lo que se encuentra en estos microcosmos (Benjamin, 1996, p. 191).

El caleidoscopio de vivencias que supone la experiencia no se limita a la memorización de eventos específicos, asimila también datos acumulados de manera subrepticia e influye en el tejido profundo de la memoria. Este enfoque destaca que la experiencia no es meramente un registro meticuloso de hechos, sino un continuo proceso de acumulación y reflexión que modela tanto la esfera individual como la colectiva. El hecho es que la experiencia, ya sea en la vida privada o colectiva, es un hecho tradicional que no consiste enteramente en eventos fijados precisamente en la memoria, sino en eventos que se acumulan y fluyen en la memoria, a menudo inconscientemente (Benjamin, 1980, p. 90).

La experiencia humana es, por tanto, un fenómeno profundamente arraigado en la naturaleza de la existencia, tanto en el ámbito privado como en el colectivo.

La experiencia no expresa simplemente datos y eventos recordados con una cierta precisión, sino una fusión involuntaria e invisible de hechos y sensaciones que operan de manera inconsciente combinando el vivir y el recordar. Por lo tanto, la experiencia, como una tradición, implica reconocer una conexión intergeneracional donde las vivencias personales actuales están intrínsecamente vinculadas con las experiencias de nuestros antepasados. Por ejemplo, los cuentos familiares y las historias contadas por los ancianos nos rodean desde nuestra primera niñez, así como, las costumbres autóctonas y las continuas enseñanzas que la vida nos ofrece de forma sutil, todo se mezcla en una amalgama que forma una red de impresiones que nos influencia en la vida cotidiana y se entrelazan para formar una red compleja de condicionantes que moldean nuestra percepción y comportamiento. De tal manera, la tradición es una transferencia de conocimientos compleja e intrincada que se compone de costumbres explícitas, formas de expresarse y pensar el mundo, que nos llegan codificadas y que absorbemos de manera involuntaria desde la infancia.

Además, la experiencia no involucra sucesos concretos y recordados con precisión, ya que estos se trascienden y se diluyen en la memoria subrayando la relevancia de la parte inconsciente que compone la vida; lo que resalta la importancia de estos elementos no conscientes en nuestra mente. Nos movemos en la vida siguiendo un mapa inconsciente que determina nuestras decisiones de forma involuntaria, este plano está influenciado por experiencias pasadas que no siempre recordamos de manera voluntaria. El flujo de datos acumulados a lo largo de nuestra existencia va acumulándose en la memoria y nos ofrece una brújula para navegar en la vida. Por lo tanto, podemos afirmar que la experiencia se va alimentando de lo que recordamos, de forma más o menos precisa, y provoca una serie de decisiones que determinan el presente.

Todo puede desencadenar una oleada de recuerdos, cada pequeña cosa, un olor, una foto, un gesto, etc., nos pueden llevar repentinamente a sitios y tiempos lejanos de forma más o menos consciente. Ese conjunto de percepciones y sentimientos compone unos complejos escenarios que emergen de manera inesperada y construyen el conjunto que nos forja como individuos y como elementos la sociedad a la que pertenecemos. Este enfoque nos lleva a pensar que para comprender la historia y, por lo tanto, nuestra cultura, debemos considerarla como una experiencia dinámica, no solo como una serie de eventos documentados. La historia es un conjunto vivo de memorias individuales y colectivas compuesto por fiestas, ritos, tradiciones populares, cuentos orales que a menudo se encuentran a los márgenes de la historia «oficial» así como la conocemos.

En conclusión, la representación benjaminiana de la experiencia, como una tradición que incluye datos de la historia con sus registros oficiales y elementos ciertos de la vida real acumulados de manera inconsciente, nos ofrece una visión escrupulosa de la complejidad existencial en la que se hacen evidentes, si bien de forma efímera, los vínculos entre el individuo, la memoria colectiva y la influencia del pasado en el presente.

1.5.2. *Síntesis de la memoria voluntaria e involuntaria*

Walter Benjamin, iluminado por las sugestivas reflexiones sobre la memoria de *En busca del tiempo perdido* de Marcel Proust, articuló un conjunto teórico en torno a esta facultad al dividirla en dos modalidades principales: la memoria voluntaria y la involuntaria. Tal evidente dicotomía acarrea reflexiones que relumbran en la sutil capacidad de Benjamin para revelar los sinuosos caminos por los cuales las experiencias pretéritas irrumpen inesperadamente en la conciencia y, en consecuencia, el modo en que nos relacionamos con ellas y las interpretamos en el vasto mosaico que constituye la existencia humana.

Un concepto central que se desarrolla en la obra de Proust es la memoria involuntaria, que se caracteriza por ser aquella que surge de forma natural y sin ninguna intención consciente de traer a la mente las evocaciones. Este tipo de memoria es fruto de un impalpable diálogo entre experiencia y rememoración, que se activa inconscientemente por imagines, sonidos y percepciones que liberan recuerdos enjaulados en el subconsciente al abrir caminos que conectan con recuerdos vividos. Lo que retoma Benjamin de Proust es la dicotomía entre la vida activa y a contemplativa, ese antagonismo determina una perspectiva diferente en términos mnemónicos. La *mémoire pure*, que vimos en el capítulo dedicado a Bergson en Proust, se convierte en *mémoire involontaire* al compartir casi las mismas características. Para Henri Bergson, sin embargo, la actualización intuitiva del flujo vital parece ser una cuestión de libre elección. Lo que hace Proust, y Benjamin subraya, es contraponer esta memoria involuntaria a la memoria voluntaria y sitúa a la última disponible para el intelecto. Una memoria preparada para responder a la atención consciente. Este tipo de memoria está más asociado con un esfuerzo consciente y racional para recuperar información del pasado. La memoria voluntaria tiene una estructura más definida y controlada, su búsqueda es dependiente de la capacidad de la mente para organizar y acceder a datos almacenados. Esa es la *mémoire volontaire*, el recuerdo voluntario, del cual se puede afirmar que las informaciones que proporciona del pasado no conservan nada de la esencia de este. Así lo explica Benjamin:

> Proust […] no deja de subrayar el antagonismo entre la *vita activa* y la particular *vita contemplativa* revelada por la memoria. Sin embargo, para Bergson parece que el hecho de encarnar la actualización intuitiva del flujo vital sea asunto de libre elección. La convicción diferente de Proust se preanuncia ya con la terminología. La *mémoire pure* de la teoría bergsoniana se convierte en la *mémoire involontaire*. Desde el comienzo Proust confronta esta memoria involuntaria con la voluntaria, que se halla a disposición del intelecto. Esta relación resulta esclarecida con la primera página de la gran obra. En la reflexión en la que dicho término es introducido,

> Proust habla de la pobreza con que se había ofrecido a su recuerdo durante muchos años la ciudad de Combray, en la que no obstante había pasado una parte de su infancia. Antes de que el gusto de la *madeleine* (un biscocho), sobre el cual vuelve a menudo, lo transportase una tarde a los antiguos tiempos, Proust se había limitado a lo que proporcionaba una memoria dispuesta a responder al llamado de atención. Esa es la *mémoire volontaire*, el recuerdo voluntario, del cual se puede decir que las informaciones el cual se puede decir que las informaciones que nos proporciona del pasado no conservan nada de este (Benjamin, 1986, p. 91).

En esencia, el flujo vital representado por la memoria pura o involuntaria aparece gracias a la evocación que surge en la mente desencadenada por estímulos sensoriales. Estos impulsos trasladan el pasado al presente, rejuveneciéndolo y dotándolo de una nueva piel con experiencias pretéritas. La eternidad que Proust nos presenta es un infinito de tiempo entrecruzado, no de tiempo ilimitado. Al explorar la combinación de envejecimiento y recuerdo nos adentramos en el universo del entrecruzamiento temporal. Este espacio se define como un mundo en estado de semejanza donde prevalecen las 'correspondencias' que inicialmente fueron captadas por el Romanticismo y Baudelaire, y que Proust proyecta a lo cotidiano. Todo esto se hace posible a través de inesperados cruces temporales que descomponen y recomponen los fragmentos mnemónicos gracias a la *vis* de la *mémoire involontaire*, esa fuerza rejuvenecedora que se contrapone al inexorable deterioro de los años. Por medio de reminiscencias se abren brechas que iluminan la verdadera vida; en contraste, a través de la memoria involuntaria el inevitable paso del tiempo desarrolla una enérgica resistencia y permite que el pasado renazca como un fénix y reviva en el presente:

> Esa eternidad en que Proust nos inicia es aquella del tiempo entrecruzado, y no el ilimitado. Por cuanto Proust nos habla del transcurso del tiempo en su figura real, entrecruzada, esa que en ningún otro lugar viene a imperar más claramente que en lo interior, en el recuerdo, y en el envejecimiento, en lo exterior. El perseguir la combinación de envejecimiento

y recuerdo significa entrar al interior del corazón del mundo proustiano, al universo del entrecruzamiento. Se trata, pues, del mundo en el estado de la semejanza, y en él imperan las 'correspondencias', que el romanticismo y Baudelaire fueron los primeros en captar, pero que Proust es el único en sacar a la luz en nuestra vida. Algo que es obra de la *mémoire involontaire*, de aquella fuerza rejuvenecedora que hace frente al envejecimiento inexorable (Benjamin, 2007, p. 326-327).

Como subraya Symons al analizar el ensayo «Sobre la imagen de Proust» de Walter Benjamin (1929), la noción de memoria involuntaria se describe como la ilustración más perfecta de un pasado que se renueva al regresar al presente con su fuerza rejuvenecedora, rivalizando con el inexorable proceso de envejecimiento. Esta concentración, en la que las cosas que normalmente se desvanecen y duermen se consumen en cenizas, se llama rejuvenecimiento. La memoria involuntaria refleja el pasado no como una mera semejanza, sino como un instante fresco y húmedo. Por lo tanto, según el filósofo alemán, una verdadera renovación del pasado solo puede surgir de aquello que nunca estuvo completamente presente en primer lugar en la constitución de nuestra identidad y nuestra comprensión del tiempo (Symons, 2012, p. 20-21). La memoria es constructiva y proporciona los bloques con los cuales edificamos nuestra percepción del pasado, mientras que el recuerdo es destructivo en la medida en que moldea y remodela continuamente esos bloques.

Según Benjamin, la memoria voluntaria es deliberada, es decir, implica una búsqueda intencional de recuerdos específicos en los rincones de la mente que se realiza de manera consciente y racional. Este tipo de memoria, por lo tanto, tiene una estructura más definida y no permite incursiones en el inconsciente ni revela recuerdos ocultos. Todo el poder evocativo en este caso depende de la capacidad del individuo para gestionar la memoria, dado que la mente puede acceder a los datos que en ella están almacenados. Otra característica de la memoria voluntaria es su linealidad, pues tiende a ser factual y no fragmentaria y emocional como la memoria involuntaria.

Benjamin establece una conexión entre la teoría psicoanalítica de Sigmund Freud y la concepción de la memoria involuntaria según Marcel Proust. Freud postula que la conciencia se distingue porque el proceso de estimulación no deja en ella una modificación duradera de sus elementos, sino que se desvanece en el acto mismo de tomar conciencia. El filósofo alemán relaciona esta idea con la terminología proustiana de la *mémoire involontaire* al sugerir que solo aquello que no ha sido vivido de forma expresa y consciente puede convertirse en parte de esta memoria. Asimismo, la conciencia, al focalizar y procesar activamente una experiencia, puede inhibir la formación de rastros mnemónicos profundos y duraderos. Por el contrario, las experiencias que se quedan fuera del umbral de la plena conciencia pueden sedimentarse en el inconsciente y resurgir más tarde con gran fuerza emocional. Así, Benjamin argumenta que las experiencias no conscientes, no reconocidas en el momento, tienen un poder especial para formar recuerdos intensos y duraderos:

> [...] la conciencia «se distinguiría entonces por el hecho de que el proceso de estimulación no deja en ella, como en todos los otros sistemas psíquicos, una modificación perdurable de sus elementos, si no que más bien se evapora, por así decirlo en el fenómeno de la toma de conciencia». La fórmula fundamental de esta hipótesis es la de que «toma de conciencia y persistencia de rastros mnemónicos son recíprocamente incompatibles en el mismo sistema». Residuos mnemónicos se presentan en cambio «frecuentemente con la máxima fuerza y tenacidad cuando el proceso que los ha dejado no llegó nunca a conciencia». Traducido a la terminología proustiana: sólo puede llegar a ser parte integrante de la *mémoire involontaire* aquello que no ha sido vivido expresa y conscientemente, en suma, aquello que no ha sido una «experiencia vivida» (Benjamin, 1986, p. 93-94).

La interacción entre las dos formas de memoria vertebran el pensamiento de Benjamin y representa un pilar teórico en su visión de la historia. El filósofo alemán afirma que la memoria voluntaria entreteje la narrativa de la historia oficial, y de forma pasiva se limita al solo registro y transmisión de los acontecimientos de manera consciente y fría, en un plano lineal y racional que no revela nada que no esté previamente codificado. Diametralmente opuesto a la voluntariedad, la memoria involuntaria se vertebra por un conjunto de elementos irracionales y sensoriales; es fragmentaria, irreflexiva y proporciona una dimensión más profunda y menos controlada del recuerdo. Esta forma de memoria tiene el potencial de resistir y desafiar las narrativas de la historia tradicional, ya que se renueva con cada aparición al encarnar la verdadera esencia de la historia y ofrecer claves para lecturas alternativas que la memoria voluntaria no puede proporcionar. Al emerger de manera espontánea y emocional, los recuerdos involuntarios pueden ofrecer perspectivas más auténticas sobre el pasado y contrarrestan la versión oficial, más racional y estructurada, de los acontecimientos históricos.

1.6. Paul Ricoeur: aporía, imagen, *mneme* y *anamnesis*, evocación y búsqueda

El filósofo Paul Ricoeur, en *La memoria, la historia y el olvido*, ofrece una comprensión profunda de la fenomenología de la memoria, distinguiendo su desarrollo y función, especialmente en su relación con la literatura. Esta fenomenología presenta múltiples aspectos y aporías. Destaca las dificultades para definir claramente el fenómeno mnemónico y se detiene en las varias facetas que revelan una naturaleza dicotómica del recuerdo en particular y de la memoria en general. La especulación del filósofo francés enfoca los diferentes componentes que constituyen el lienzo mnemónico que se condensan primariamente en dos preguntas clave: ¿De qué hay recuerdo?, esto es, más bien, el objeto de la memoria; y ¿de quién es la memoria? o sea, la pertenencia de la memoria es colectiva o individual. Al formular sus tesis se apoya en la fenomenología husserliana, a la que aporta pragmatismo para abordar estas cuestiones y destaca que siempre la conciencia, en su sentido pleno, se caracteriza por la intencionalidad y, por lo tanto, las experiencias son «conciencia de algo» y se sirve de un pragmatismo que se expresa nítidamente en el principio de «ir a las cosas mismas»:

Entendemos por intencionalidad la peculiaridad de las vivencias de «ser conciencia de algo». Ante todo, nos salió al
encuentro esta maravillosa peculiaridad, a la que retrotraen
todos los enigmas de la teoría de la razón y de la metafísica,
en el cogito explícito: una percepción es percepción de algo,
digamos de una cosa; un juzgar es un juzgar de una relación
objetiva; una valoración, de una relación de valor; un deseo,
de un objeto deseado, etc. El obrar se refiere a la obra, el
hacer a lo hecho, el amar a lo amado, el regocijarse a lo rego-
cijante, etc. En todo cogito actual, una «mirada» que irradia
del yo puro se dirige al «objeto» que es el respectivo co-
rrelato de la conciencia, a la cosa, la relación objetiva, etc.,
y lleva a cabo una muy diversa conciencia de él (Husserl,
1949, p. 84).

Al analizar la aporía entre memoria e imaginación, Ricoeur
subraya la necesidad de separar estos elementos para evitar «la
trampa de lo imaginario». La memoria busca la realidad anterior
y se esfuerza por ser fiel al pasado, mientras que la imaginación
se orienta hacia lo ficticio y lo irreal. Esta distinción se basa en la
diferencia entre *mneme* (recuerdo como afección) y *anamnesis* (recuerdo como búsqueda activa).

Este pensador también resalta la dimensión epistémica-verificadora de la memoria, que se manifiesta en el reconocimiento y la
verificación de la verdad de los acontecimientos pasados. La fenomenología de la memoria debe centrarse en su capacidad para preservar y reconstruir fielmente el pasado, liberándose de la influencia de la fantasía. La obra de Ricoeur proporciona una comprensión
concentrada de la memoria como un proceso activo y esencial para
la continuidad de nuestra identidad personal y nuestra experiencia
temporal, distinguiéndola claramente de la imaginación.

1.6.1. Sobre la hermenéutica de Ricoeur

La memoria, la historia y el olvido, es un escrupuloso trabajo de
investigación Paul Ricoeur, nos ofrece las claves fundamentales
para comprender la fenomenología de la memoria donde hay que
subrayar el análisis sugestivo sobre la memoria y sus relaciones

intrínsecas con la narración y la historia. Su obra es fundamental para distinguir cómo se desarrolla el funcionamiento del fenómeno mnemónico y, sobre todo, qué relación tiene con la literatura y cómo se manifiesta en el acto literario.

Esa fenomenología se caracteriza por sus múltiples aspectos y aporías. De especial modo, son una serie de aporías, las inviabilidades que afectan a una clara definición del fenómeno mnemónico. En esta parte de la investigación, nos dejaremos guiar principalmente por las teorías ricoeurianas para ver y analizar cuáles son las características que las distinguen y qué herramientas nos proporcionan para nuestro análisis.

1.6.2. Aporía e imagen

Volvemos a las reflexiones de Ricoeur cuando explica el término husserliano de *Phantasie* que, de cierta manera, contrapone al de *Bild* para que entendamos la complejidad de la aporía en la fenomenología del recuerdo:

> Mientras que la Phantasie: hadas, ángeles, diablos de las leyendas se trata sin duda de ficción. La fenomenología del recuerdo está implicada en estas distinciones y ramificaciones. En cuanto pasada la cosa recordada sería pura Phantasie, pero en cuanto dada de nuevo impone el recuerdo como una modificación sui generis aplicada a la percepción; desde este segundo aspecto, la Phantasie pondría en suspenso el recuerdo, el cual sería por ello cosa más simple de lo ficticio. Tendríamos así la secuencia: percepción, recuerdo, ficción. Por lo tanto, la fenomenología del recuerdo debe librarse de la tutela de la fantasía, de lo fantástico, marcado por el sello de la no-actualidad, la neutralidad (Ricoeur, 2004, p. 72).

La primera aporía, por lo tanto, la más fuerte y evidente que encontramos en el análisis de fenómeno mnemónico y que podemos definir primordial en su acepción de primero en su línea con relación a sus orígenes, se refiere a la relación que existe entre la imaginación y la memoria. El filósofo nos habla entones de recuerdo/memoria en términos que se contraponen a la fantasía (Phantasie) y añade que la «fenomenología del recuerdo debe librarse de la tutela de la fantasía» (Ricoeur, 2004, p. 78). La fenomenología de la memoria no puede soslayar lo que Ricoeur denomina lo imaginario. Esta configuración en imágenes, que roza la función alucinatoria, constituye una especie de fragilidad intrínseca, un descrédito que compromete la fiabilidad de la memoria. Aquí radica el dilema de la veracidad de la memoria, una cuestión subyacente en toda nuestra investigación sobre el diferencial que separa la memoria de la imaginación.

A pesar de las trampas tendidas por lo imaginario, se puede postular que una exigencia específica de verdad impregna el objetivo de la «cosa pasada», de aquello que fue visto, oído, experimentado o aprendido. Es en el acto del reconocimiento, que corona el esfuerzo de rememoración, donde esta exigencia de verdad se declara con claridad. En ese preciso momento, sentimos y sabemos que algo ocurrió efectivamente, que tuvo lugar y nos implicó como agentes, pacientes o testigos. Este reconocimiento constituye la verdad epistémica-verificadora de la memoria.

Ricoeur nos impulsa a reflexionar profundamente sobre cómo la memoria, pese a sus debilidades y su inclinación hacia lo imaginario, sigue siendo una fuente primordial de verdad y conocimiento. Reconocer los límites y las capacidades de la memoria abre un vasto campo de estudio sobre el nivel de confianza que podemos destinar a los recuerdos cómo agentes que organizan, forman y componen nuestra percepción de lo ocurrido y que fatalmente destella en lo actual.

Esta perspectiva subraya que la memoria es, más allá de una recopilación de acontecimientos, más bien un entretejido de sentidos, olores, pasiones, visiones que brilla con diferentes matices cada vez que se nos presenta bajo los recuerdos o formas afines de evocación de lo vivido. Preserva, reinterpreta, reconfigura ese depósito borroso, ese mar tempestuoso cuyas olas se rompen y se vuelven a formar incesantemente en la mente. En la memoria la historia personal y colectiva se separan y se reúnen dialécticamente en una danza para afirmar la verdad objetiva que se comprime en la subjetividad personal.

Consideramos, entonces, la memoria como la capacidad de recuperación de lo ausente, o sea, de sublimar la ausencia a través de la búsqueda de acontecimientos en una determinada condición temporal; mientras que la imaginación no tiene vínculos o referencias temporales y es una evocación de una, o varias, imágenes que sirven para construir un mundo ficticio e irreal. La memoria, como la imaginación, es una representación y procura lograr la huella del pasado, su sello indeleble y constituirlo, o, mejor dicho, reconstruirlo escrupulosamente. En otras palabras, la dimensión epistémica y verificadora de la memoria, con su dimensión pragmática, está relacionada con la práctica activa del recordar. Así que, tenemos que escindir estos dos elementos y no caer en la «trampa de lo imaginario»:

> La fenomenología de la memoria no puede ignorar lo que acaba de llamar la trampa de lo imaginario, en la medida en que esta configuración en las imágenes, que se acerca a la función alucinatoria, constituye una especie de debilidad, de descrédito, de pérdida de fiabilidad para la memoria. Este problema es el de la fiabilidad de la memoria y, en este sentido, de su verdad. Este problema estaba planteado en el segundo plano de toda nuestra investigación referida al rasgo diferencial que separa la memoria de la imaginación. Al término de nuestra investigación, y a pesar de las trampas que lo imaginario tiende a la memoria, se puede afirmar que una exigencia específica de verdad está implicada en el objetivo de la «cosa pasada», del que, anteriormente visto, oído experimentado, aprendido. Más precisamente, es en el momento del reconocimiento, con el que concluye el esfuerzo de rememoración, cuando se declara esta exigencia de verdad. Entonces sentimos y sabemos que algo sucedió, que algo tuvo lugar, que nos implicó, que algo tuvo lugar, que nos implicó como agentes, como pacientes, como testigos. Este claim constituye la verdad epistémica-verificadora. Será labor de estudio que sigue mostrar cómo la dimensión epistémica, verificadora de la memoria se compagina con la dimensión pragmática vinculada a la idea de ejercicio de la memoria (Ricoeur 2004, pp. 78-79).

De forma inevitable, siempre y cuando nos referimos a la memoria la relacionamos casi de manera automática a la imagen, como si entre estos dos elementos hubiese un lazo indisoluble que, en efecto, encontramos en el plano lingüístico. Además, en esta asociación de fenómenos casi espontánea la memoria resulta de cualquier manera defraudada en su «ambición verificadora» de esa pretensión que es la de ser fiel al pasado, ya que es casi como si le pidiésemos que nos lo vaya a devolver de una forma u otra o que irrealmente se materializase. Cuando hablamos de recordar algo, a menudo utilizamos la expresión «la imagen del pasado» para referirnos a un recuerdo que se encuentra suspendido en un tiempo indefinido, como si fuera algo cuya forma pertenece a un mundo creado por la imaginación, mágico y artificioso. Ricoeur muy hábilmente nos ayuda a despojar los recuerdos y la memoria para encontrar su esencia:

> A contracorriente de esta tradición de degradación de la memoria, en los márgenes de la crítica de la imaginación, debe procederse, lo más que sea posible, a la separación de la imaginación y la memoria. La idea guía es la diferencia, que podemos llamar eidética entre dos objetivos, dos intencionalidades: uno, el de la imaginación, dirigida hacia lo fantástico, la ficción, lo irreal, lo posible, lo utópico: otro, el de la memoria, hacia la realidad anterior, ya que la anterioridad constituye la manera temporal por excelencia de la «cosa recordada», de lo «recordado» en cuanto tal (Ricoeur, 2004, p. 22).

En este pasaje el autor aboga por una reevaluación de la memoria, defendiendo su valor y su importancia distintiva. Se hace referencia a una tradición filosófica que ha tendido a menospreciarla, considerándola menos fiable o valiosa en comparación con otras facultades mentales como la imaginación. Por eso, para entender la separación entre memoria e imaginación el filósofo hace hincapié en las diversas características y, asimismo, es crucial entender estas dos facultades con intencionalidades dirigidas hacia objetivos diferentes y, por eso, operan y subrayan las características propias de estas dos facultades mentales. Las intencionalidades de la imaginación se orientan hacia la ficción, lo irreal, lo posible, etc. y se contraponen a la memoria que se relaciona con un tiempo anterior, por ser esta la esencia de los recuerdos que se basan en la realidad histórica o empírica de lo que realmente sucedió.

Ricoeur introduce el concepto de diferencia eidética, es decir, la distinción esencial en la forma y el contenido de la memoria y la imaginación. Por lo tanto, existe una relación diferente entre la relación entre memoria y el pasado con respecto a la imaginación en la manera en que se relaciona con lo posible o la ficción. Si pasamos a analizar la aporía entre memoria e imaginación, la solución se anida en la categoría de la alteridad platónica. A este propósito Ricoeur dice:

> La incorporación a la noción de impronta de la del dibujo, su inscripción, se diría hoy (graphe), encamina hacia la solución. Se puede considerar como un dibujo pintado en un suporte o una copia eikon. Se puede hacer esta lectura porque la inscripción consiste en las dos cosas a la vez: (allou, phantasma); aquí la terminología de Aristóteles es precisa: phantasma para la inscripción en cuanto ella misma, y el de eikon para la referencia a lo otro distinto de la inscripción. (Ricoeur, 2004, p. 35).

Y añade:

> La doble lectura de la pintura, de la inscripción, implica un desdoblamiento interno a la imagen mental; hoy diríamos una doble intencionalidad. La distinción entre mneme y anamnesis se basa en dos rasgos: por un lado, el simple recuerdo sobreviene a la manera de la afección, mientras que la rememoración consiste en una búsqueda activa. (Ricoeur, 2004, p. 35).

En estos fragmentos se retoma la terminología de Aristóteles que profundiza en la complejidad de la memoria y su relación con la inscripción y la representación. Se hace patente la incorporación de la noción de impronta (huella dejada por una experiencia) con la del dibujo o inscripción (*graphe*). Esta incorporación sugiere que los recuerdos no solo se almacenan como impresiones pasivas, sino también como inscripciones activas, se construyen y constituyen como un dibujo en un soporte. Para ello, la inscripción se puede considerar de dos formas: en cuanto a un retrato pintado en un soporte y como copia (*eikon*). Esto implica que, en un signo de memoria, la evocación tiene un doble ser: el de la propia creación y una copia de algo que no es idéntico a ella. Ricoeur, como hemos visto, utiliza la terminología de Aristóteles para clarificar la apertura de este doble ser, en el que *phantasma* significa la inscripción como tal, la imagen mental que poseemos. *Eikon* es lo que no es la inscripción, la copia de algo que está aparte, algo real o copiado desde fuera. Esta doble lectura de la pintura o inscripción involucra una separación interna de la imagen en nuestras mentes, lo que hoy se podría llamar la doble intencionalidad. En última instancia, esto significa que las imágenes en nuestras mentes tienen un doble ser interno, siendo simultáneamente una creación mental y una referencia a algo que no está con ellas, una copia. En resumen, desde esta perspectiva, Ricoeur explora la complejidad de la memoria: las ideas de inscripción y copia, más allá del término de «imagen real», utilizan la terminología aristotélica para diferenciar entre la creación interna y la representación de las imágenes mentales y su naturaleza de referirse a lo que no está presente. A su vez, suspende la distinción entre memoria pasiva y activa, mostrando que el proceso de recordación y memoria es multifacético.

1.6.3. Mneme *y* Anamnesis

Ricoeur distingue entre dos tipos de memoria, *mneme*, el simple recuerdo que surge pasivamente, como una afección que se experimenta sin esfuerzo; y, la *anamnesis,* la rememoración, que implica una búsqueda activa del recuerdo, un esfuerzo consciente por traer a la mente un algo que se coloca temporalmente en el pasado. *Mneme* y *anamnesis*, estas dos palabras griegas, nos auxilian en el esfuerzo de subrayar las diferencias entre memoria e imaginación. Aristóteles nos presenta dos tipos de memoria: *mneme*, que es una memoria pasiva que no necesita ningún ejercicio para evocarla y se aplica al recuerdo como una aparición de afección; y la otra, *anamnesis*, que es una memoria activa, que presupone una búsqueda activa, un ejercicio deliberado para desenterrarla, revivirla y llevarla a la luz. Esta primera diferenciación que subraya una considerable desemejanza de acción nos permite avanzar en la investigación, desemparejando los dos términos y englobando uno en una dimensión pasiva y el otro en una activa. La rememoración, tal y como lo vimos, según el esfuerzo intelectual que conlleva, se puede dividir en una actitud de tensión «rememoración laboriosa» y en una actitud de relajación «rememoración instantánea».

Esta «rememoración instantánea» se puede considerar como grado cero de la búsqueda, frente a la «rememoración laboriosa», que resulta su forma expresa. La distinción entre las dos formas de rememoración se enmarca en una búsqueda más amplia, expresada en esta única pregunta: ¿Cuál es la característica principal del esfuerzo intelectual? El sistema complejo de representaciones que es nuestra inteligencia nos hace conscientes de que podemos adoptar dos actitudes diferentes: una, de tensión, y otra de relajación, que distinguen sobre todo en que la sensación de esfuerzo está presente en una y ausente en la otra (Ricoeur, 2004a, p. 48). En este caso, no debemos subestimar una característica intrínseca de la búsqueda ya que, como sabemos, no todo lo que se busca se encuentra necesariamente (dependiendo de los puntos de vista, lamentablemente o afortunadamente). El esfuerzo que se hace para devolver a la memoria los recuerdos, la rememoración, puede que se lleve a buen término o puede derrotarse encontrando obstáculos, vacíos y consecuentemente hundirse en el olvido. Cuando tenemos éxito y logramos rememorar podemos hablar de una «rememoración lograda», que es una de las figuras que Ricoeur define como «memoria feliz».

Decíamos antes: qué y quién son las dos preguntas que para Ricoeur son imprescindibles para que se pueda entender en su totalidad la fenomenología de la memoria. Para completar el marco, a estas dos preguntas deberíamos añadir otra pregunta: ¿cómo?, ¿de qué manera se va a manifestar la memoria? Contestar a esta otra pregunta sirve para circunscribir el fenómeno de manera más completa. La pregunta qué hace referencia más al concepto de *mneme*, algo que aparece, sin esfuerzo, que no implica un ejercicio de exploración, un recuerdo pasivo que podemos clasificar como una afección que llega a la mente. Mientras que las preguntas quién y cómo pertenecen más a la *anamnesis* como un ejercicio activo de la memoria en la rememoración buscada y como un acto de tensión del esfuerzo intelectual.

El recuerdo y la imagen difícilmente se pueden desdoblar entre *mneme* como recuerdo y *anamnesis* como rememoración. Siempre hay una confusión en términos, es difícil esclarecer su imbricación, sea en el plano lingüístico o en el plano puramente sensorial, lo que hace referencia a la experiencia vivida: «¿no se habla de recuerdo-imagen, incluso del recuerdo como una imagen que uno se hace del pasado?» (Ricoeur, 2004, p. 65).

1.6.4. Evocación y búsqueda

Al dúo *mneme* y *anamnesis* podemos relacionar otra pareja de opuestos constituida por el binomio *evocación* y *búsqueda*. Esta segunda pareja delimita aún más el fenómeno mnemónico y pone la memoria en una bifurcación de ejercicio dividiéndola en activa y pasiva. Así que concebimos el término evocación como el advenimiento actual de un recuerdo al que Aristóteles asocia el termino *mneme*, mientras que con el de *anamnesis* designa lo que se conoce como búsqueda o rememoración. Por lo tanto, se caracteriza la *mneme* como *phatos*, como afección y el recuerdo como algo que se percibe. Así la evocación es una afección por oposición a la búsqueda (Ricoeur, 2004, p. 46).

Este desdoblamiento implica dos dimensiones, una cognitiva y otra pragmática, lo que resalta aún más la especificidad de la memoria entre los fenómenos psíquicos: «El recuerdo, encontrado y buscado de modo alternativo, se sitúa así en la encrucijada de la semántica y de la pragmática. Acordarse es tener un recuerdo o ir en su búsqueda» (Ricoeur, 2004, p. 20). En la búsqueda del recuerdo, o sea, en la tensión intelectual de recordar, en esa dimensión intelectual de la memoria hay afección, así que las dos dimensiones del esfuerzo de rememoración se vuelven a cruzar. La dimensión afectiva acompaña cualquier esfuerzo intelectual tal y como nos lo planteamos. El esfuerzo intelectual de rememorar, la búsqueda del recuerdo, nos lleva a la dimensión afectiva, que es la finalidad principal del esfuerzo hecho por la memoria, es decir, no dejar que se borre la experiencia vivida, no consentir que nuestra vida caiga en el olvido, una lucha perenne contra esa oscura amnesia que intenta extirpar algunas migas de memoria a la voracidad del tiempo. El esfuerzo de la memoria no es solo una búsqueda, sino que es una preocupación constante, la de olvidarse o haber olvidado, que no solamente representa un desasosiego del presente, sino que es también una ansiedad futura: mañana habrá que acordarse de algo o que tenemos que hacer algo con diferentes matices de urgencia; mañana no podemos olvidar. La necesidad de recordar representa «el deber de memoria»; es su imprescindible tarea, el deber de resistir al olvido, el deber de no olvidar (Ricoeur, 2004, p. 50).

A este respecto, la rememoración es heredera directa de la *anamnesis* aristotélica e indirecta de la platónica. Se inscribe a pleno título en la lista de las capacidades que supone la posibilidad de hacer memoria, de sacar algo del recoveco mnemónico:

> Imaginarse no es acordarse. Sin duda, un recuerdo, a medida que se actualiza, tiende a vivir en una imagen; pero la disposición recíproca no es verdadera, y la imagen pura y simple se transportará al pasado si efectivamente fui a buscarla al pasado, siguiendo así el proceso continuo que la llevó de la oscuridad a la luz (Ricoeur, 2004, p. 76).

Este autor se preocupa en su obra de separar dos conceptos que históricamente están hermanados, la memoria y la imaginación, al establecer una distinción neta entre los actos de recordar e imaginar. Mientras admite en ciertas formas que un recuerdo alcanza tomar la forma de una imagen cuando se hace concreto, esto no quiere decir que todas las imágenes por cuanto puedan parecerse sean definibles como recuerdos. Cuando llevamos a cabo el acto de recordar, parece casi que esa memoria tienda a tomar forma de una imagen en nuestra mente. Sin embargo, esta imagen tiene una relación especial con lo que fue real en el pasado. Una imagen, como una fotografía, en sí misma no es necesariamente un recuerdo. Para que esta imagen se pueda considerar recuerdo debe haber conexión entre pasado y presente a través de la rememoración. Ricoeur, como metáfora, ve los recuerdos que transitan desde un estado inconsciente, que define «oscuridad», a la consciencia de la «luz». Este proceso implica una vuelta atrás o una recuperación de la experiencia vivida para traerla al presente. Y finalmente, Ricoeur distingue entre la naturaleza de la imaginación y la memoria. La memoria está directamente relacionada con una experiencia pasada específica, mientras que la imaginación no tiene esa atadura y puede crear imagines sin tener ese vínculo temporal. Esta diferencia se hace crucial para entender cómo procesamos y conferimos sentido a la esfera de las experiencias y cómo estas influencian y determinan nuestra percepción del presente y nuestra identidad personal.

Según el filósofo es presente una aporía cuando erróneamente asociamos lo mnemónico con lo ficticio. La memoria se contrapone a la imaginación así que representa algo no solo visible sino tangible, cercano y presente, resulta un acto que anula tanto la distancia como la ausencia: «Si recuerdo un acontecimiento de mi vida pasada, no lo imagino, me acuerdo de él, es decir, que no lo planteo como dado-ausente, sino como dado-presente en el pasado [...] Este encantamiento equivale a una anulación de la ausencia y de la distancia» (Ricoeur, 2004, p. 77).

En sus reflexiones sobre la memoria y la percepción del tiempo, el filósofo sugiere que recordar un acontecimiento del pasado no es simplemente imaginarlo, sino más bien revivirlo de manera vívida. Este acto de recordar trae el evento de vuelta al presente de una forma en que se siente tan real como cuando ocurrió originalmente. Se destaca que, al recordar, no solo evocamos una imagen borrosa del pasado, sino que experimentamos el recuerdo con una sensación de presencia. Es decir, el pasado se vuelve presente en nuestra mente. Así que, cuando recordamos nos sumergimos en el pasado o lo tocamos suavemente eliminamos, aunque solo por un instante la distancia temporal que separa el evento pasado del presente. Este «encantamiento» nos permite viajes temporales y sentir el pasado de manera inmediata y próxima, como si estuviera una abstracción momentánea y real en el presente. El autor distingue entre ausencia y presencia, entre lo que es «dado-presente» y lo que es «dado-ausente». En la memoria, lo tangible mentalmente es lo que recordamos, el «dado-presente» en el sentido de que sensiblemente lo advertimos vívido y actual, aunque no pertenezca al ahora. De este análisis profundo de Ricoeur sobre la memoria y la temporalidad aprendemos como hay un *continuum* que atraviesa constantemente nuestra vida y nos ayuda a entender cómo nuestro el pasado vive en el presente y continúa influyendo en la identidad, no solo como meras imágenes sino como vivencias que construyen la personalidad del ser humano y que siguen teniendo una presencia constante y una relevancia destacada en nuestras vidas actuales.

1.7. La figuración del Tiempo en el proceso mnemónico

En el proceso mnemónico, el aspecto temporal y su figuración son conceptos que nos proporcionan la representación y la experimentación que se producen en el acto de recordar. Este proceso es complejo y multifacético, implicando diversas extensiones temporales que se entrelazan en la memoria. La memoria no solo retiene elementos del pasado, sino que posee una estructura más organizada, requiriendo una distribución y organización de los recuerdos en un marco temporal. Percibimos la experiencia del tiempo de varias formas: cómo nuestra mente alcanza a recordar eventos específicos, cómo les damos un orden cronológico, y cómo percibimos su sucesión y duración. Recordar, de cierta forma, implica traer el pasado al presente o reconstruir el pasado en el momento mismo en que lo recordamos, filtrado por nuestras experiencias y conocimientos actuales y su proyección hacia las expectativas de un futuro imaginario. Henri Bergson, filósofo destacado en el estudio de la temporalidad, conceptualizó la durée (duración) como una forma de tiempo vivida subjetivamente, en la que la percepción implica una interiorización que concentra en un solo momento lo que, de otro modo, se repetiría a lo largo de innumerables instantes (Bergson, 2006, p. 230).

Nuestra percepción del entorno está compuesta por una serie de efectos que no tienen continuidad y que son la suma de múltiples repeticiones y evoluciones internas. Por lo tanto, estos efectos, por su naturaleza, llegan de forma discontinua a nuestra consciencia. En lugar de captar fluidamente la secuencia de eventos, nuestra mente reconstruye esa continuidad experiencial mediante impulsos motores que atribuimos a los objetos en el espacio. Esto implica que lo que percibimos del mundo es una construcción activa, donde la mente se ocupa de interpretar y unificar esos fragmentos de información sensorial para que la experiencia se haga coherente y continua. Esta visión resalta el enredo perceptivo que solo nuestra mente puede resolver, dándole sentido a esta realidad fragmentada: «La mirada que en cada momento echamos a nuestro alrededor no capta más que los efectos de una multitud de repeticiones y de evoluciones interiores, efectos discontinuos por su naturaleza, cuya continuidad restablecemos mediante movimientos relativos que atribuimos a los objetos en el espacio» (Bergson, 2006, p. 23).

Las consideraciones sobre la memoria nos llevan a examinar de manera rotunda y profunda su función esencial, es decir, evocar algo que sensitiva y emotivamente hemos percibido en el pasado y trasladarlo al presente, recordándonos no solo el momento de la adquisición de la experiencia, sino también lo que la ha precedido y lo que ha seguido, proporcionándonos opciones para tomar una decisión adecuada. Sin embargo, sería limitante atribuirle solo esa función específicamente pragmática. La memoria, al permitirnos captar en una única intuición múltiples momentos de la duración, nos libera del movimiento continuo de las cosas, es decir, del ritmo de la necesidad. Cuanto más pueda contraer esos momentos en una sola percepción, más sólido será el asidero que nos proporcione sobre la materia. De ahí que la memoria de un ser viviente parezca medir, efectivamente, la potencia de su acción sobre las cosas, y no ser más que su repercusión intelectual.

Sin embargo, la memoria posee una capacidad de síntesis e integración de nuestras vivencias, confiriéndonos una visión unificada y activando procesos decisionales que interactúan con el entorno circundante. Esta capacidad de contracción temporal en una única e inmediata intuición nos proporciona una comprensión más profunda y sólida de nuestra realidad material, influyendo activamente en nuestra percepción y acción presentes, e incrementando nuestra capacidad de actuar sobre ella con eficacia. En este sentido, la memoria es fundamental para liberar al individuo del flujo continuo de la temporalidad, otorgándole un mayor control sobre su entorno y potenciando su capacidad de acción:

> ¿Consideramos la memoria? El análisis de la memoria revela su función principal: evocar todas las percepciones pasadas análogas a una percepción presente, recordarnos lo que ha precedido y lo que ha seguido, y sugerirnos, de este modo, la decisión más útil. Sin embargo, su papel no se limita a esto. Al permitirnos captar en una intuición única múltiples momentos de la duración, la memoria nos libera del movimiento continuo de las cosas, es decir, del ritmo de la necesidad. Cuanto más pueda contraer esos momentos en uno solo, más sólido será el asidero que nos proporcione sobre la materia. De ahí que la memoria de un ser viviente parezca medir, efectivamente, la potencia de su acción sobre las cosas, y no ser más que su repercusión intelectual (Bergson, 2006, p. 250).

Cuando se habla sobre la naturaleza de la percepción y su relación con el cuerpo y el entorno, se comienza señalando la importancia de los «centros perceptivos» del cuerpo que son estimulados para generar representaciones de las cosas. Sin embargo, se subraya que estas estimulaciones no son suficientes para producir o traducir la percepción en sí misma, sugiriendo que la percepción trasciende estos estímulos. Esto plantea la cuestión de dónde se encuentra realmente la percepción.

Bergson propone que, al posicionar nuestro cuerpo dentro de un contexto espacial, estamos simultáneamente situando todas las demás imágenes y objetos en relación con él. Esto es porque ningún objeto material puede existir independientemente de su ubicación en el universo, de la cual dependen sus cualidades y determinaciones. De este modo se argumenta que la percepción no puede estar contenida únicamente dentro de los estímulos o en el cuerpo que los recibe; en cambio, la percepción es algo inherente a los propios objetos del entorno. Está en los objetos más que los objetos están en ella.

Una comprensión más holística de la percepción, se da donde esta no es simplemente un proceso interno del cuerpo que reacciona a estímulos externos, sino una interacción más intensa y esencial entre el ser y su entorno. La percepción, por tanto, es una cualidad que interrelaciona, emergente de la dependencia entre el sujeto y el conjunto de objetos en el universo, lo que desafía una visión reduccionista que limita la percepción a simples respuestas a estímulos físicos:

> Para empezar, consideremos la percepción. Aquí está mi cuerpo con sus «centros perceptivos». Estos centros son estimulados, y como resultado, tengo la representación de las cosas. Sin embargo, he supuesto que estas estimulaciones no pueden ni producir ni traducir mi percepción. Por lo tanto, mi percepción está más allá de estas estimulaciones. ¿Dónde se encuentra, entonces? No cabe duda: al situar mi cuerpo, he introducido una cierta imagen, pero al hacerlo también he situado la totalidad de las otras imágenes, ya que no hay objeto material que no deba sus cualidades, sus determinaciones y, en última instancia, su existencia al lugar que ocupa en el conjunto del universo. Por lo tanto, mi percepción no puede ser más que algo inherente a esos objetos mismos; está en ellos más que ellos en ella (Bergson, 2006, p. 250).

En otros términos, para facilitar su estudio, inicialmente tratamos el cuerpo viviente como un punto matemático en el espacio y la percepción consciente como un instante matemático en el tiempo. Era necesario devolver al cuerpo su extensión y a la percepción su duración. Por ello, reintegrábamos a la conciencia sus tres elementos fundamentales: subjetividad, afectividad y memoria. Esta reintroducción implica reconocer que el cuerpo no es simplemente una coordenada en un plano espacial, sino que tiene una presencia y una extensión que ocupan un lugar en el espacio tridimensional. De manera similar, la percepción no es un mero punto en el tiempo, sino una línea que recorre y se desarrolla a lo largo de la persistencia. Las emociones y sentimientos que colorean nuestras experiencias determinan la formación de elementos mnemónicos, al devolver al cuerpo su afectividad, que comprende la memoria, que almacena y evoca las experiencias pasadas, dándoles continuidad y sentido en nuestra percepción presente, y al devolver a la percepción sus respectivas complejidades, también debemos considerar que la conciencia no es un ente aislado, sino que está compuesta por una subjetividad que refleja la perspectiva única y personal del individuo.

En suma, este enfoque más completo y matizado permite una comprensión más profunda del cuerpo y de la percepción, reconociendo la importancia de los factores subjetivos, afectivos y mnemónicos en la configuración de nuestra experiencia consciente:

> En otros términos, para la comodidad de su estudio, hemos tratado primero el cuerpo viviente como un punto matemático en el espacio y la percepción consciente como un instante matemático en el tiempo. Era preciso devolver al cuerpo su extensión y a la percepción su duración. Por eso reintegrábamos a la conciencia sus tres elementos: subjetividad, afectividad y memoria (Bergson, 2006, p. 255).

Este se va a convertir en el punto de partida y se asume esta forma de actuar como el principio verdadero; ahora, si suponemos que el cuerpo constituye el centro de acción, únicamente un centro de acción, ¿qué consecuencias se derivan de esto para la percepción? ¿para la memoria? y para las relaciones que conllevan una indagación de la relación entre cuerpo y espíritu. Cundo hablamos de memoria, la duración se manifiesta en la persistencia de ciertos recuerdos y en la forma en que algunos eventos parecen más recientes o más vívidos que otros, independientemente de su posición cronológica.

1.7.1. Figuras de la temporalidad

Subraya Ricoeur que el grito de Agustín en el umbral de su meditación resuena en nuestra memoria: ¿Qué es, entonces, el tiempo? (2004b, p. 45). San Agustín reconoce la complejidad del tiempo al admitir que comprende intuitivamente su esencia, pero fracasa al intentar explicarla. Este dilema pone de manifiesto una paradoja ontológica que enfrenta no sólo al lenguaje contra el escepticismo, sino también al lenguaje consigo mismo: «Si nadie me lo pregunta, lo sé, y si trato de explicárselo a quien me lo pregunta, no lo sé'. Así, la paradoja ontológica opone no solo el lenguaje al argumento escéptico, sino el lenguaje a sí mismo: ¿Cómo conciliar la positividad de los verbos 'haber pasado', 'sobrevenir', 'ser' y la negatividad de los adverbios 'ya no', 'todavía no', 'no siempre'?» (Ricoeur, 2004b, p. 45). El espejo del tiempo compone esta dicotomía lingüística de su naturaleza esquiva donde el compendio temporal en sus declinaciones difícilmente se puede encasillar en definiciones ciertas, ya que no podemos detener el pasado que ya no es y el futuro aún tiene que cumplirse y, en el medio, el presente se hace fugaz y momentáneo. Ricoeur, entonces, se plantea una pregunta que se centra en cómo puede existir el tiempo si sus componentes (pasado, presente y futuro) son tan inestables y elusivos: «La pregunta queda, pues, delimitada: ¿cómo puede ser el tiempo si el pasado ya no es, el futuro todavía no es y el presente no es siempre?» (*Ibid.*). De esta manera, el pasado y el futuro adquieren un aura de abstracción, son aparentemente inconsistentes ya que se colocan en un tiempo que tenemos que recordar o predecir, mientras que el presente, en ese conjunto de fragmentos temporales tiene una natura huidiza deslizándose constantemente hacia lo que ha dejado de ser. Queda evidente la tensión entre nuestra percepción individual del tiempo y el problema que deriva de una incierta conceptualización terminológica y lingüística. El tiempo es un fenómeno que nos desafía expresiva y comunicativamente, forzándonos a contraponer los límites del lenguaje con el entendimiento humano. La paradoja ontológica de Agustín no hace otra cosa que explicitarnos la dificultad de encapsular la definición de tiempo cuando intenta revelar su naturaleza. Este enigma hace patente cómo el tiempo, gracias a su presencia cotidiana, puede ser comprendido intuitivamente, pero rehúsa una definición amena cuando se intenta articular su esencia de manera explícita.

En el contexto teológico, esta reflexión también aborda cuestiones sobre la eternidad y la naturaleza divina, ya que la comprensión del tiempo está íntimamente ligada a conceptos más amplios sobre la existencia y el ser. La meditación de Agustín sobre el tiempo revela una paradoja central en la comprensión humana. Este enigma no solo desafía nuestro lenguaje, sino que también invita a una reflexión más profunda sobre la naturaleza del tiempo y nuestra relación con él.

El santo desglosa en términos más manejables al afirmar que el ahora se muestra como una pequeña y breve parte del tiempo, no puede incluir una duración larga como cien años; asimismo esta infatigablemente mutando. Por lo tanto, el ahora se convierte en un breve momento que constantemente se desliza hacia atrás o adelante. El filósofo rechaza la noción de un presente prolongado, y también resalta la complejidad de comprender el tiempo de forma acertada. El argumento escéptico cuestiona la idea tradicional del tiempo y pone de manifiesto las restricciones en nuestra comprensión y percepción del tiempo. Nos hace plantearnos de qué manera podemos comunicarnos acerca del tiempo y comprenderlo si nuestra percepción del presente es tan cambiante y dividida. Agustín señala que la comprensión del tiempo está fuera de categorías lógicas o lingüísticas decodificables por el ser humano:

> Esta precisión, que lleva la paradoja al extremo, entronca con un argumento escéptico bien conocido: «¿Pueden cien años estar presentes al mismo tiempo?». Este argumento se dirige sólo contra la idea de duración que se atribuye al presente. Conocemos lo que sigue: sólo está presente el año en curso, y, dentro del año, el mes; en el mes, el día; en el día, la hora: «Pero es que esta hora a que aludimos se compone de partículas fugitivas, lo que de ella transcurrió es pasado, lo que falta es futuro» (Ricoeur 2004b, p. 46).

La linealidad del tiempo es una característica efímera. Ya sabemos cómo la percepción del tiempo puede ser un asunto disruptivo, una alteración en esa ideal línea temporal. Asimismo, en la literatura y otras formas textuales, el tiempo mnemónico puede asumir diferentes matices y ser diferente del tiempo cronológico. Por ejemplo, podemos encontrar repentinos saltos hacia atrás o sumergirnos en el pasado con las analepsis (*flashbacks*) y prever momentos del futuro, imaginándolo de manera clarividente y casi tocándolo con la prolepsis (anticipaciones). Estas técnicas manifiestan de manera decisiva cómo, en el plano del tiempo, la memoria logra alterar la secuencia temporal para erigir simulacros del pasado y construir una narración más vinculada al acto mnemónico, revelando su naturaleza fragmentaria y desarticulada.

Derrida, en su texto *El aforismo a contratiempo* (2007), nos ofrece una conceptualización alternativa del tiempo, reinterpretando el origen temporal desde una perspectiva dislocada que se enfrenta a la supuesta linealidad tradicional del tiempo histórico. Se inserta en este pensamiento la idea, probablemente retomada del ámbito musical, del «contratiempo» como el punto de partida de su especulación filosófica, de una teoría que ve la temporalidad afectada por un trastorno que desborda su inscripción en el código lingüístico. Un momento disruptivo, un punto de inflexión que rompe con la continuidad temporal y lineal, aludiendo al lugar donde el Evangelio de Juan sitúa al verbo divino, el *logos*, para ilustrar cómo el lenguaje y el tiempo están intrínsecamente relacionados.

Se introduce así la noción de una temporalidad más compleja y fragmentada, que se adhiere más a la realidad que una línea recta que incansablemente avanza desde el pasado hacia el futuro constituyendo la Historia. Los eventos no se siguen uno tras otro de forma predecible. En el Evangelio de Juan, se dice: «En el principio era el Verbo, y el Verbo estaba con Dios, y el Verbo era Dios» (Juan 1:1). La intersección del origen del tiempo y del lenguaje, el «contratiempo», se opone a la idea de linealidad y desafía la comprensión lineal y cronológica. Es un campo complejo de fuerzas y momentos que se cruzan y se superponen, y estas son la historia, la memoria y la narración, conceptos que indudablemente reverberan en nuestra percepción de lo temporal adscrito a la memoria histórica.

La memoria narrativa teje recuerdos en una historia coherente, esencial en la literatura, el cine y la terapia narrativa para edificar sobre los recuerdos relatos reveladores. Ricoeur señala que la memoria, aunque anclada en el pasado, se trae al presente con una intención actual. No solo tiene la función de custodiar los objetos mnemónicos, sino que va sacándolos como amuletos preciosos para comprender el presente e intuir lo que será con clarividencia de alquimia. Los objetos mnemónicos se reconfiguran constantemente dibujando nuevos mapas interpretativos en una incesante reformulación del pasado, o del recuerdo del pasado que colocan duración y contenidos en una dimensión subjetiva mutuada por reverberos colectivos, donde coparticipan la emoción y la intencionalidad del recuerdo.

Las figuras de la temporalidad revelan diversas concepciones del tiempo:

1.º) El tiempo lineal, una secuencia continua de eventos del pasado al futuro, domina la historiografía.

2.º) El tiempo cíclico, es el tiempo de la humanidad antes que intentase medirlo y contenerlo, con sus ancestrales ciclos repetitivos, eternos constituidas por estaciones y ritos, fundamenta la existencia del ser humano.

3.º) El tiempo como fenómeno, enfocado en la percepción subjetiva del tiempo, es examinado, por Husserl como ya hemos visto, y por Merleau-Ponty.

4.º) El tiempo, según este último autor, no es solo un ente pensado y constituido por una razón abstracta y universal; es más bien un fenómeno que se gesta en las profundidades de la experiencia corporal, donde acontece y toma forma sin las ataduras de la reflexión racional. Este *temps sauvage*, como lo llama el filósofo, es un fluir espontáneo de sentido, aún no moldeado ni instituido por el pensamiento reflexivo, sino que se encuentra en constante gestación, desbordando los límites impuestos por la razón (Verano, 2016, p. 50).

5.º) El tiempo narrativo organiza eventos dentro de una historia, moviéndose hacia adelante y atrás o dilatándose, vital en literatura y cine.

6.º) El tiempo psicológico, se deja llevar por los riachuelos del pensamiento y es la percepción del tiempo que actúa la mente humana, sigue los altibajos anímicos y varía según circunstancias y emociones.

7.º) El tiempo histórico concibe el tiempo en términos de eventos y eras, crucial para entender cómo el pasado influye en el presente y el futuro.

8.º) El tiempo biológico refleja los ciclos naturales del cuerpo, como el ritmo circadiano, esencial en biología y medicina.

9.º) El tiempo social estructura la vida con horarios y calendarios, siendo clave en sociología.

Estas perspectivas, al entrelazarse, enriquecen nuestra comprensión de la complejidad del tiempo y su impacto en la experiencia humana, al revelar un lienzo temporal variopinto, intrincado y multifacético que estimula nuestro pensamiento y nos atrae hacia una introspección a la descubierta de la interconexión de recuerdos y percepciones.

1.7.2. Tiempo y memoria literaria

Tiempo y memoria literaria forman una dinámica interrelación en el contexto de la literatura. Entre el tiempo y la memoria hay porosidades que los escritores utilizan como herramientas narrativas para edificar las historias de sus obras literarias y excavar en la psicología del alma de los personajes. El tiempo en la literatura no puede ser una simple sucesión lineal de eventos, sino una estructura flexible, permeable que los autores manipulan según requiera su creatividad para crear efectos que investiguen los impenetrables rincones del alma. Pueden, por eso, emplear técnicas para distorsionar la cronología objetiva de los eventos —fechas, calendarios, lugares—, al aportar diversos estratos de significado en el calado emocional de los textos literarios. Ya conocemos las reflexiones de San Agustín en el siglo IV, pero también en los siglos XIX y XX, elocuentes temas como la causalidad, el destino y la percepción subjetiva del tiempo se exploran mediante el sabio manejo de las coordenadas temporales. Pensadores como Nietzsche, Bergson y Heidegger se sumaron a la búsqueda de desentrañar su esencia. La literatura, por supuesto, no solo ha reflexionado sobre el tiempo, sino que ella misma se desarrolla en esa temporalidad. ¿Qué es el tiempo, realmente? Es una pregunta que, desde la Antigüedad, ha atraído a pensadores como Heráclito, Parménides, Aristóteles y Platón, quienes han intentado comprenderlo. Séneca fue él que capturó en su especulación filosófica una idea fundamental sobre el tiempo al decir: «El tiempo es la sustancia de nuestra vida», afirmación, esta, que define la entidad intangible es la fuerza oculta y esencial que mueve el mundo. Ya sabemos que el estoico Séneca, dejó una profunda influencia en la literatura medieval y en los poetas del Siglo de Oro español, nos dejó una advertencia en su obra «De brevitate vitae», escrita en el año 55 d. C., parte de sus *Diálogos*. En ella, sentencia que la vida es lo suficientemente larga para alcanzar grandes logros, siempre y cuando sepamos aprovechar el tiempo. Sin tenerlo en cuenta, a menudo, lo desperdiciamos en asuntos triviales y fútiles, y solo al final, cuando ya la clepsidra del tiempo se vacía y es demasiado tarde nos damos cuenta de cuánto tiempo hemos dejado escapar.

Si situamos el tiempo como parte del destino o la fortuna, Séneca sugiere que nuestra vida puede parecer corta y sin valor si no la administramos bien, pero puede ser plena y significativa si la organizamos con sabiduría. En sus reflexiones morales nos insta a ser conscientes y valorar cada momento, cultivando nuestra vida como un jardín floreciente que desparrama sus olores o como una flor que irradia generosamente sus pétalos al sol:

> No tenemos escaso tiempo, sino que perdemos mucho. Nuestra vida es suficientemente larga y se nos ha dado en abundancia para la realización de las más altas empresas, si se invierte bien toda entera; pero en cuanto se disipa a través del lujo y la apatía, en cuanto no se dedica a nada bueno, cuando por fin nos reclama nuestro último trance nos percatamos de que ya ha transcurrido la vida que no comprendimos que corría. Así es: no recibimos una vida corta, sino que nos la hacemos, y no somos indigentes de ella, sino dilapidadores. Tal como los caudales vastos y dignos de un rey, en cuanto van a parar a un mal dueño, al instante se desvanecen y, en cambio, por más que sean modestos, si se ponen en manos de un buen administrador, crecen con su uso, así nuestra vida resulta muy extensa para quien se la organiza bien (Séneca, 2008, p. 376).

La vida se percibe breve cuando no sabemos aprovecharla y esto se relaciona con el pasado, ya que es sabio quien realmente sabe vivir; lo que se concreta en: recuerda con inteligencia el pasado, vive plenamente el presente y prepárate con serenidad para el futuro. Esta armoniosa integración temporal hace que la vida del sabio se dilate adquiriendo las varias dimensiones temporales, mientras que aquellos que olvidan su pasado, desatienden su presente y se proyectan hacia el futuro con recelo, viven en una constante escasez de tiempo. Como un amanecer que lentamente nos disipa el paisaje, muchas personas no se percatan del tiempo perdido hasta que la luz tenue del final de la vida alumbra su camino. Es en ese momento mágico cuando la luz otorga matices alquímicos de claridad en la oscuridad del día; es en ese instante cuando reconocemos que el tiempo se ha ido y que la vida ha transcurrido mientras nosotros no éramos conscientes de su beldad y brevedad. La vida, entonces, se prolonga a quienes retienen recuero y los usan de forma funcional, pues saben enramar su propia historia con los hilos de la sabiduría y la prudencia, convirtiendo cada momento en un tesoro eterno.

En la rica tradición greco-latina, el tiempo se convierte en un escenario de luces y sombras donde se entrelazan la efímera fugacidad de la vida, la melancolía por la juventud perdida, el llamado urgente del *carpe diem*, la delicada percepción del tiempo que fluye como un río sin retorno, el desafío inevitable de la vejez y el misterio profundo de la muerte. Estos tópicos, cada uno, están compuestos con voluntad de pensamiento y filosofía, no solo inspiran a poetas y pensadores, sino que también infiltran unas vastas y ornamentales elucubraciones sobre la condición humana y configuran contemplaciones sobre la naturaleza mutable del eterno devenir del tiempo.

Gracias a Mnemosine y sus musas, la comunidad griega no solo recordaba su historia, sino que la vivía y la sentía en cada canto, en cada poema. Los rapsodas, esos excelsos trovadores bendecidos con un don de origen celestial, vagaban por las tierras helenas llevando en sus corazones y voces la esencia misma de Mnemosine. Sus cantos y relatos, se expresaban con palabras melodiosas y cargadas de emoción, no eran meras repeticiones de eventos pasados, sino recreaciones vibrantes que hacían palpitar de nuevo la historia en el alma de sus oyentes. Ellos eran los custodios de la memoria, encarnaban el poder supremo de evocar y preservar los recuerdos al transmitir y elaborar con su arte un opulento lienzo de reminiscencias. La memoria, en este contexto, no era un simple archivo de hechos pasados, sino una fuerza dinámica y creativa que se mantenía viva. A este propósito, dice Vernant: «la memoria no es reconstitución del pasado, sino exploración de lo invisible» (2002, p. 22).

En la *Eneida*, la memoria y el recuerdo son temas centrales, tal y como ejes estructurantes que dan forma a la misión de Eneas, tanto en la visión del poeta como en las acciones del protagonista. La memoria en la obra de Virgilio es una mezcla entre ecos remotos y un poderoso motor que impulsa a Eneas hacia adelante, guiándolo en su destino a través de las pruebas y tribulaciones. Es desde el recuerdo de la Troya de sus antepasados y de su deber filial con los dioses que Eneas se ve compelido a emprender su viaje épico hacia Italia, donde está destinado a fundar una nueva ciudad que será el hogar de un imperio futuro. El tiempo, como la memoria, no fluye de manera lineal ya que se va quebrando en una amalgama narrativa. Desde los momentos de trágica desesperación por la pérdida en Troya hasta los enfrentamientos con los enemigos en las costas del Mediterráneo, el tiempo en la *Eneida*, es una corriente que abraza diversas dimensiones temporales. Es un flujo constante que inspira, sugiere y organiza las decisiones de Eneas y define su papel como el fundador de un nuevo orden.

Así, tanto para Virgilio como para Eneas, la memoria y el tiempo no son simples abstracciones o retrospectivas, sino *vis*, fuerzas vivas que esculpen en el mármol de la historia. A través de la reconstrucción mnemónica de efemérides y su proyección se delinean los contornos de una búsqueda épica que trasciende lo singular y personal para abrazar épicamente el destino común de una civilización en su crecimiento próximo. En este sentido, el contenido de la *Eneida* se entrelaza entre la narración de una epopeya y una meditación activa sobre la esencia de la memoria, el tiempo y el propósito humano en la edificación de un legado perdurable.

Volviendo a la actualidad, G. Didi-Huberman (2006) ofrece una perspectiva interesante sobre la relación entre memoria, historia y objeto al especular sobre el acto conmemorativo y el acto histórico que nos lleva a enfrentarnos a una cuestión fundamental: La relación entre lo que se recuerda y el contexto original en el que surgió. Esta relación exige una doble distancia al ejercer la memoria. Por un lado, cuando recordamos, sentimos o tenemos la ilusión de que hemos llevado a cabo una operación de recuperación del objeto de la memoria y, así, tenemos la oportunidad de manipularlo, clasificarlo, creyendo que está en nuestro poder y que podemos retenerlo a nuestro antojo. Sin embargo, por otro lado, al extrapolar este objeto memorizado, también revelamos y deformamos su contexto original. Aunque ahora sea visible, su lugar de origen y su significado completo nunca pueden ser totalmente recuperados o poseídos, ya que pertenecen a otro tiempo y otro lugar.

Esto, asimismo, nos conduce a dos opciones: o bien nos conformamos con una memoria que encubre la realidad original; o, por otra vía, mantenemos una mirada crítica hacia nuestros propios descubrimientos conmemorativos, nuestros «objetos encontrados». Esta mirada nos confirma que, en una cronología lineal aparente, hay una deformación prismática espacial y temporal. Solo melancólicamente podemos asomarnos al entorno original y recóndito en el que esos objetos existieron en el pasado, reconociendo la imposibilidad de retenerlos integralmente y la inevitable pérdida y metamorfosis que ocurre al intentar conmemorar o reconstruir el pasado:

> El acto conmemorativo en general, el acto histórico en particular, plantean fundamentalmente una cuestión crítica, la cuestión de la relación entre lo memorizado y su lugar de emergencia —lo que nos obliga, en el ejercicio de esa memoria, a dialectizar aún más, a mantenernos todavía en el elemento de una doble distancia—. Por una parte, *el objeto* memorizado se acercó a nosotros: creemos haberlo «recuperado» y podemos manipularlo, hacerlo ingresar en una clasificación; en cierto modo *lo tenemos* en la mano. Por la otra, está claro que, para «tener» el objeto, tuvimos que

poner patas para arriba el suelo originario de ese objeto, *su lugar* ahora abierto, visible, pero desfigurado por su propia puesta al descubierto: tenemos sin duda el objeto, el documento pero, en cuanto a su contexto, su lugar de existencia y posibilidad, *no lo tenemos* como tal. Nunca lo tuvimos y nunca lo tendremos. En consecuencia, estarnos condenados a los recuerdos encubridores, o bien a sostener una mirada crítica sobre nuestros propios hallazgos conmemorativos, nuestros propios «objetos encontrados». Y a dirigir una mirada quizá melancólica hacia el espesor del suelo —del «medio»— en el cual existieron antaño esos objetos (Didi-Huberman, 2006, p. 116-117).

Tomando en consideración la teoría expuesta sobre la «doble distancia», retomada y elaborada siguiendo las ideas de W. Benjamin, podemos afirmar que la historia se ve despojada en su labor de recrear o representar el pasado, desvalijada de su primacía ya que la indagación arqueológica que cumple se convierte en un arte de creación y producción de lo rememorado. Por lo tanto, G. Didi-Huberman entiende que si tomamos en cuenta la historia como un movimiento que construye los hechos en la actualidad, debemos considerar la obra tanto como su contexto histórico. Con ello se abre paso una nueva forma de interpretación que desafía las fronteras tradicionales del tiempo y el espacio. Es decir, las magnitudes temporales y las eras cronológicas nunca se revelan como antes, cuando fueron convirtiéndose en referencias sin tiempo y fronteras. Esto no quiere decir que la historia haya perdido su propia actitud; en efecto, simplemente ha perdido su control temporal para sumergirse en el anacronismo: «Esto no quiere decir que la historia sea imposible. Significa simplemente que es anacrónica» (Didi-Huberman, 2006, p. 117).

La memoria literaria, por su parte, se refiere a cómo los recuerdos de los personajes son representados y utilizados en la narrativa. Los recuerdos no son una simple reproducción del pasado, sino una reconstrucción influenciada por el presente y las emociones de los personajes. A través de la memoria, los autores pueden explorar la identidad, el trauma, la nostalgia, y el cambio personal. La memoria literaria une el pasado y el presente, permitiendo, a través de los personajes y una relectura de la historia para añadir informaciones y comprender cómo las experiencias conllevan una continuidad temporal. La interacción entre tiempo y memoria en la literatura enriquece la narrativa al proporcionar un contexto más profundo y matizado para los eventos y las experiencias de los personajes. El tiempo y la memoria se entrelazan para crear una experiencia literaria que refleja la complejidad de la vida humana situada en un tiempo concreto del calendario, que se desliza de forma lineal sobre una pluralidad de pasados y futuros que crean el sedimento en la imagen artística y, podríamos añadir, en el texto, que escapa a la historización y deconstruye la idea misma de origen. Esta interacción puede ser vista como una forma de reconstrucción mnemónica, donde el pasado es constantemente reinterpretado a la luz del presente.

Por ejemplo, Marcel Proust nos ofrece una manera de meditar sobre el tiempo y la correlación entre la memoria voluntaria e involuntaria en *En busca del tiempo perdido*, y especialmente en *Por el camino de Swann*; un argumento que vimos en el capítulo sobre Walter Benjamin, dedicado a este tema. Asimismo, debemos destacar la aportación a este tema de la novela *Cien años de soledad*, que se despliega entre dos matrices temporales bien definidas. Uno se posiciona en un plano real, siguiendo los hechos históricos lineales regidos por leyes y determinaciones; y otro entra en lo imaginario, donde memoria y ficción se entrelazan en una danza vertiginosa que erige y desarrolla Macondo a lo largo de cien años. Durante estos cien años, el tiempo se ahoga en la historia, todo se detiene y la chispa de la moderna alienación se agranda, devorando al ser humano junto con el progreso. Toda forma y contenido se contraen, y el tiempo vuelve en un movimiento circular para anular la historia, condensándose en un instante, el todo en un instante. Macondo es un reflejo en el espejo, un recuerdo borroso, incierto, o mejor dicho, si llegó a existir, ha sido borrado.

La memoria tiene el nombre de Úrsula y Pilar Ternera y, como ellas mismas, está enmarañada en sus matices errabundos, en su identidad compleja y ambigua. En Úrsula, es una memoria ético-moral que acarrea toda la sabiduría popular y que busca proteger a la comunidad, evitando episodios que puedan comprometer su salud moral. Mientras que Pilar Ternera encarna la ambigüedad de la memoria, la distracción y fluye como el destino inexorable, sin una meta definida y precisa. La memoria del pasado es una espiral sin vuelta atrás, un círculo infinito sin retorno que atemoriza a los indígenas, pues cada florecimiento se pierde en una danza continua entre conquista y pérdida.

1.8. El Espacio, componente de la Memoria

Según Edmund Husserl la percepción es la base de nuestra experiencia y conocimiento del mundo al afirmar que toda intuición originaria es un fundamento legítimo del conocimiento y debe aceptarse tal como se presenta en la conciencia, dentro de sus propios límites. Este «principio de todos los principios» rechaza la jerarquía en el pensamiento y destaca la importancia de la intuición como una experiencia directa y tangible. Este pensador introduce el concepto de intencionalidad al establecer que la percepción está siempre dirigida hacia algo, estructurando los estímulos sensoriales para darles sentido. Es relevante cómo, en la conciencia percibimos y construimos la realidad lo que implica una relación intencional y esencial para entender el fenómeno. Conjuntamente, Husserl afirma que cuando se constituyen los objetos en la conciencia, estos no existen independientemente de nuestra percepción, sino que son productos de cómo nuestra mente organiza e interpreta los datos sensoriales. En resumen, la síntesis de diferentes aspectos y perspectivas de un objeto resulta en una experiencia unificada y coherente.

En el ámbito literario, el espacio es fundamental para la narrativa. Inicialmente, los lugares eran secundarios en las narraciones épicas, pero con el tiempo adquirieron mayor relevancia, influyendo en la caracterización de los personajes. La novela utiliza el espacio para delinear los caracteres de los protagonistas y sus relaciones, proyectando sus comportamientos en coordenadas temporales y espaciales. Las descripciones detalladas en el Romanticismo y el Realismo reflejan esta evolución.

El lenguaje desempeña un papel crucial en la creación del espacio literario. La palabra, al describir el espacio, lo genera y trasciende el mero acto descriptivo, evocando lugares y construyendo nuevas realidades en la mente del lector. Este proceso creativo permite una comprensión más profunda del mundo y establece una conexión emocional con los espacios descritos. La memoria también es esencial en la configuración del sentido de lugar y pertenencia. Al recordar experiencias pasadas en lugares específicos, dotamos a esos espacios de significado personal y emocional. Este fenómeno resalta cómo la memoria transforma los espacios en refugios emocionales, tejiendo una red intrincada con nuestra historia personal y vivencias individuales.

1.8.1. Espacio y percepción

A la fenomenología de Husserl tenemos que apelar cuando queremos entender cuáles son los mecanismos que articulan la complejidad de la memoria para comprender qué es la percepción. Este punto se convierte en un concepto clave. Ya que, a través del análisis de la percepción, Husserl busca explicar cómo se forman los objetos de nuestra experiencia en la mente y cómo esos objetos adquieren significado en nuestra conciencia:

> No hay teoría concebible capaz de hacernos errar en punto al principio de todos los principios: que toda intuición en que se da algo originariamente es un fundamento de derecho del conocimiento; que todo lo que se nos brinda originariamente (por decirlo así, en su realidad corpórea) en la «intuición», hay que tomarlo simplemente como se da, pero también sólo dentro de los límites en que se da (Husserl, 1949, p. 24).

En este «principio de todos los principios», se sostiene que todas las intuiciones deben ser aceptadas como un fundamento legítimo del conocimiento. En otras palabras, lo que se nos presenta originariamente en nuestra conciencia, cualquier fenómeno en su realidad inmediata y corpórea, debe ser tomado sin cambios tal como se manifiesta, dentro de sus propios límites. Este enfoque fenomenológico, encapsulado en la máxima ir: «a las cosas mismas», requiere una fidelidad radical a lo empírico. La intuición no es una percepción vaga o subjetiva, sino una experiencia directa, tangible, clara y evidente de los fenómenos sin filtros. Esta intuición se sitúa en el inmediato y no mediado, y se considera como un «fundamento de derecho», una base epistémica incontestable para el conocimiento.

La intuición es la certeza *ante litteram*, la «evidencia originaria», a la cual debemos confiar es manifestación en la conciencia con total claridad. Esta intuición original tiene una legitimidad en sí misma de manera que teorías o construcciones conceptuales complementarias no pueden cuestionarla. Sin embargo, dentro de los límites de su manifestación es crucial aceptar estas intuiciones, concentrándose exclusivamente en lo que se muestra directa y evidentemente en la experiencia intuitiva.

Husserl nos estimula a evitar construcciones teóricas que no estén directamente relacionadas con lo empírico derivado, por tanto, por prácticas intuitivas para alcanzar una metodología rigurosa y fiel a los datos tangible de la experiencia que es fuente directa como fuente primaria de conocimiento fenomenológico y se opone a la idea de que el conocimiento debe sostenerse en teorías abstractas o proposiciones deductivas. Por supuesto, este enfoque brinda una línea metodológica que permite desarrollar la investigación filosófica y científica, proponiendo que el conocimiento auténtico debe estar sustentado en la experiencia directa y evidente. Por otro lado, subraya una verdad relevante en el campo investigativo, o sea, mantener una apertura y receptividad hacia los fenómenos sin filtros teóricos preconcebidos. Actitud, esta, que se revela fundamental en el estudio de la fenomenología de la memoria y su relación con el espacio.

Desde una perspectiva de la percepción, cuando percibimos un objeto nuestra conciencia mantiene una actitud activa y no llegamos a percibir de forma no intencional; la percepción está dirigida hacia ese objeto de forma consciente. Esto representa otro concepto clave: la intencionalidad de la percepción. Es decir, todos los actos contienen una intención y siempre se relacionan con la voluntad de algo; la percepción no es meramente una recepción pasiva de estímulos sensoriales, sino que implica una estructuración por parte de la conciencia al fin de dar sentido a esos estímulos:

> A través de ella aprehendemos, en vez de las cosas puras y simples, en vez de los valores, los fines, los útiles puros y simples, las vivencias subjetivas correspondientes en las cuales llegan a ser para nosotros 'conscientes', en las cuales, en un sentido amplísimo se nos 'aparecen'. De ahí que todas estas vivencias se llamen también 'fenómenos'; su característica esencial más general es ser como 'concienciade', 'aparición de' [...]. La expresión derivada terminológicamente de la escolástica para este carácter fundamental del ser como conciencia, como aparición de algo, es intencionalidad. En el irreflexivo tener conscientes cualesquiera objetos, estamos 'dirigidos' a éstos, nuestra 'intentio' va hacia ellos. El giro fenomenológico de la mirada muestra que este estar dirigido es un rasgo esencial inmanente de las vivencias correspondientes; ellas son vivencias 'intencionales' (Husserl, 1992, p. 38-39).

El concepto de intencionalidad nos explica el proceso de aparición que es la esencia misma de los fenómenos. Dado que, en lugar de percibir los acontecimientos como entidades puras y simples, lo que captamos de cosas, valores y los fines son las experiencias subjetivas correspondientes. Las vivencias subjetivas nos ofrecen la posibilidad de que los objetos se materialicen y nos aparezcan en nuestra conciencia. Término que pertenece a los estudios de escolástica; la intencionalidad es la característica en las vivencias de ser conciencia de algo, aparecer como cosa. Un rasgo esencial e inmanente de nuestras vivencias es el *intentio*, o, mejor dicho, este ser encaminado que nos dirige hacia los objetos. Por lo tanto, cada experiencia que pasa a través de la conciencia es deliberada e intencional, ya que siempre está orientada hacia algo que se manifiesta a través de ella.

Nuestra percepción está mediada por una red de vivencias intencionales que dan sentido y dirección a nuestra conciencia. Esta perspectiva evidencia cómo la subjetividad participa en la construcción de la realidad de nuestra percepción de los objetos, del espacio donde vivimos y nuestra relación y conocimiento del mundo. Esta idea contrasta con el concepto de objetividad y realidad que siempre puede ser filtrada y moldeada por lo que atañe a nuestra subjetividad.

Nuestra mente organiza e interpreta los datos sensoriales que sintetizan y en ella confluyen diferentes aspectos y perspectivas de un objeto que se integran en una experiencia unificada y coherente. Desde una perspectiva espacial y de la memoria, el *eidos* es un universal visto, un concepto puro y no condicionado por ningún hecho específico. La ciencia de las posibilidades puras precede a la de las realidades y la posibilita como ciencia. Esta intuición eidética, junto con la reducción fenomenológica, constituye la base metodológica fundamental de la fenomenología trascendental, determinando su sentido legítimo y esencial (Husserl, 1986, p. 34).

El espacio, palabra que diariamente utilizamos, es un concepto que, aplicado a la teoría literaria, adquiere connotaciones diferentes de las que comúnmente conocemos. Demostraremos cómo este concepto conlleva una polisemia y, por lo tanto, es muy difícil fijarlo y encasillarlo completamente. Una de las complejidades se encuentra ya a la hora de hallar una definición unívoca, universal, que abarque cada ámbito en el que está implicado e incluso dentro de un mismo ámbito en algunos casos no se disipa íntegramente esa complejidad de fondo. En el campo científico se considera el espacio de varias formas, una dimensión entre la cual se mueven los objetos, una cantidad fundamental del universo, un contenedor en el cual se mueven unos objetos hasta llegar a abstraerlo del todo.

El Diccionario de la Lengua Española[7] define el espacio como «Extensión que contiene toda la materia existente», que seguramente no ayuda aclarar las ideas dado su grado de generalización. Leyendo la definición de Oxford[8]: «Medio físico en el que se sitúan los cuerpos y los movimientos y que suele caracterizarse como ho-

---

7 Diccionario de la lengua epañola, https://dle.rae.es/espacio
8 Diccionario Oxford, https://www.lexico.com/es/definicion/espacio

mogéneo, continuo, tridimensional e ilimitado», nos damos cuenta de que es más exhaustiva y, más bien, comprende los principios base de los que se compone. Seguramente nos ayuda a acercarnos a la comprensión del término *espacio* e, igualmente, presenta conceptos esenciales; es decir, los cuerpos, el movimiento y la tridimensionalidad, que serán la base del concepto de espacio en la literatura. Nosotros vivimos en este espacio tridimensional, homogéneo, continuo e ilimitado y que, junto al tiempo, nos permite tener modelos para que representemos el mundo real.

En la literatura, las primeras representaciones narrativas y pictóricas son los lugares donde se desarrollaba la acción, que no necesitaban de una descripción. En los cantares de gesta (*Chanson de Roland*, *Mio Cid*, etc.) los lugares eran secundarios o estereotipos. La narración seguía un canon que no preveía ninguna atención hacia el campo de batalla, el lugar donde se desarrollaba la acción, más bien se concentraba en los héroes, las hazañas, las gestas; en otras palabras, la esencia de la narración épica (Alonso, 2006, p. 239). Gradualmente estos lugares dejan de ser secundarios o estereotipos y el espacio adquiere más y más relieve en la narrativa de los siglos XIX y XX.

En lo que se refiere a la literatura es principal el espacio narrativo y para concretarse en su efectiva realización necesita dos factores imprescindibles: un presentador, es decir, el narrador, o un personaje, que se sitúa en el espacio de manera activa participando en el desarrollo de la historia (De Juan Ginés, 2004, p. 14). Para Bobes, el espacio es relevante hasta delinear los personajes:

> Apoyándose en la noción de espacio como «lugar» donde se sitúan las cosas es decir en la idea aristotélica que se mantiene sin discusión teórica hasta el Renacimiento y en la práctica lingüística y literaria hasta mucho más tarde, la novela precisa los perfiles de los personajes por relación a los lugares donde viven y a los objetos de que se rodean. Por esta razón, las descripciones de paisajes en el romanticismo y de interiores en el realismo proliferan en las novelas correspondientes. La novela está obligada por una parte a concretar las ideas de los personajes y las relaciones que establecen en

conductas que se proyectan sobre coordenadas temporales y espaciales, pero además encuentra, tanto en el espacio como en el tiempo, valores sémicos que aprovecha como expresión y forma de modos de ser y de actuar (Bobes, 1985, p. 199).

Además, el espacio debe entenderse como el «lugar» donde vamos colocando las cosas, según las ideas aristotélicas, que se mantuvieron vivas y sin discusión teórica hasta el Renacimiento. Esta concepción perduró en campos lingüísticos y literarios de forma longeva. La novela se vale del espacio para dibujar los perfiles de los personajes, poniéndolos en relación con los lugares que habitan y los objetos que los caracterizan. De esta forma, su entorno ofrece la posibilidad de una identificación más concreta y detallada de los personajes. Bobes señala que el Romanticismo se caracteriza por las descripciones de paisajes, mientras que en el Realismo predominan las descripciones de interiores. Estas descripciones no solo establecen el contexto, sino que también reflejan y profundizan en la psicología y las relaciones de los personajes.

De forma ineludible, la novela debe concretar las ideas y relaciones de los personajes en comportamientos que se proyectan sobre coordenadas temporales y espaciales que no son solo contextos, sino elementos activos que influyen y expresan las formas de ser y actuar de los personajes. Espacio y tiempo alcanzan valores semánticos al manifestar significados que la novela aprovecha para definir modos de ser y de actuar. Estos valores semánticos son inherentes a la ambientación y la temporalidad al enriquecer la narrativa, a la vez que estructuran significantes que enriquecen el significado. Según Bobes, entonces, el espacio en la novela no puede considerarse solo como un telón de fondo, sino como un componente esencial en la dinámica semántica de la novela que interactúa con los personajes y sus acciones, proporcionando tanto contexto como significado adicional a la narrativa. Esta interacción entre personajes y espacio es fundamental para la caracterización y la expresión de las temáticas y valores en la novela, y también como reconstrucción mnemónica.

1.8.2. Literatura y Espacio: los recuerdos

Jean Weisgerber define el espacio de la novela como un conjunto de relaciones entre el lugar, el ambiente, el entorno de la acción y las personas que presupone; es decir, el vínculo entre dónde se desarrolla la acción, quién cuenta los acontecimientos y las personas que participan en ella (Weisgerber, 1978, p. 14).

De igual forma, el segundo factor indispensable es el medio, esto es, la palabra, la lengua que construye el texto conformándolo. La palabra tiene un papel fundamental, recrea, dibuja el espacio, representa el mundo, lo define y lo cuenta. A pesar de que parezca que se haya definido el espacio narrativo, estos dos factores (el narrador junto a los personajes y la palabra) se podrían aplicar al texto literario en diferentes maneras conllevando en sí ambigüedad (Zoran, 1984, p. 309).

En las novelas de los últimos siglos, el lenguaje está estrechamente vinculado con el espacio, que es una de las metáforas en las que más insiste el lenguaje, dado que es en el espacio en el que se desarrolla el mismo. Allí determina sus opciones y sus figuras (Sava, 2013, p. 27). La linealidad y la bidimensionalidad del texto caracterizan la narrativa, pero la dura tarea que debe realizarse es conseguir crear una historia, un cuento dando la sensación de una tercera e incluso cuarta dimensión:

> La narrativa se enfrenta ab initio a un gran reto: conseguir crear, a partir de la simple linealidad o bidimensionalidad del texto, la impresión de lo tri- o tetradimensional. De forma natural en un principio, tanto la narrativa como la épica se aplicaron más a relatar las acciones y gestas que a pintar los lugares en los que transcurrían (Alonso, 2006, p. 239).

El espacio en literatura necesita un sistema de lengua, de la palabra que es la forma exclusiva para representar los lugares, para dibujarlos y definirlos. En la novela, el espacio existe sólo a través del lenguaje, como hace constatar Weisgerber; por otro lado, es diferente, desde el punto de vista lingüístico, la capacidad comunicativa con respecto a otras formas de arte como el cine o el teatro, que implican la audición que se añade al sentido visual que por supuesto empleamos de modo distinto durante la lectura de un libro. Según Bachelard el texto de un libro se construye y es, a la vez, objeto de la construcción espacial en el pensamiento:

> Por lo menos el lector participa en este júbilo de creación que Bergson da como signo de la creación misma. Aquí la creación se produce sobre el hilo tenue de la frase, en la vida efímera de una expresión. Pero esta expresión poética, aun no teniendo una necesidad vital, es de todas maneras una tonificación de la vida. El bien decir es un elemento del bien vivir. La imagen poética es una emergencia del lenguaje, está siempre un poco por encima del lenguaje significante (Bachelard 2000, p. 15).

El lenguaje y el espacio están profundamente vinculados en una relación que trasciende el simple acto descriptivo. La narración en la mente del lector genera, construye espacios definidos, evoca lugares perdidos en el tiempo y en la memoria, a la vez edifica nuevas unidades espaciales: «Aquí los nombres piensan y sueñan; la imaginación es activa» (Bachelard, 2000, p. 111). Precisamente este acto impide la cristalización de la palabra, la clausura en sí misma así que crea nuevos espacios: «Y, sin embargo, un sincretismo de la sensibilidad impide que las palabras cristalicen en sólidos perfectos. En el sentido central del sustantivo se aglomeran adjetivos insólitos. Un ambiente nuevo permite a la palabra entrar, no sólo en los pensamientos, sino también en los ensueños. El lenguaje sueña» (Bachelard, 2000, p. 22).

El lenguaje que surge de la necesidad de describir el espacio a su vez lo genera sobrepasando el mero acto descriptivo, intentando llegar al verdadero significante. La capacidad evocativa del lenguaje es enorme, la palabra irrumpe yendo más allá de su mismo significado:

> The word, breaking through to its own meaning and its own expression across an environment full of alien words and variously evaluating accents, harmonizing with some of the elements in this environment and striking a dissonance with

others, is able, in this dialogized process, to shape its own stylistic profile and tone[9] (Bajtín, 1981, p. 277).

La palabra y el lenguaje consiguen llegar a una condición que trasciende la misma escritura. Bachelard compara al escritor con el pintor, teniendo los dos la misma percepción creadora. Poseyendo los dos el mismo abanico de posibilidades expresivas para sublimar el espacio pintando grietas en el muro: «¡Cuántas veces el poeta-pintor en su cárcel no ha atravesado los muros por un túnel! ¡Cuántas veces, pintando ensueños, se ha evadido por una grieta del muro! Para salir de la cárcel todos los medios son buenos y en caso de necesidad lo absurdo nos libera» (Bachelard, 2000, p. 137).

A través del lenguaje se produce asiduamente algo nuevo. Llovet, citando a Gadamer, lo define como el medio o ámbito donde se comprende el mundo y que favorece la construcción de un sentido y una verdad común. El lenguaje, afirma esta tradición de origen romántico, es más bien una actividad con la que surge constantemente algo nuevo:

> En hablar y dialogar de los sujetos se conforma un mundo de sentido en el cual estos habitan y en el cual se constituyen los objetos de comprensión. El lenguaje es, para Gadamer, el medio o ámbito en el que acontece la comprensión y la experiencia del mundo. Lo propio del lenguaje, entendido este como actividad y como medio de lo humano. [...] El lenguaje es entonces el ámbito común que hace posible la construcción de un sentido y una verdad compartida razonables (Llovet, 2019, p. 229).

El movimiento natural y creativo de la palabra crea el espacio —afirma Gullón— por este espacio verbal generado por las pala-

---

9   «La palabra, abriéndose paso hacia su propio significado y su propia expresión a través de un entorno lleno de palabras ajenas y acentos de diversa evaluación, armonizando con algunos de los elementos de este entorno y provocando una disonancia con otros, es capaz, en este proceso dialogado, de conformar su propio perfil estilístico y su propio tono».

bras se originan otros espacios. El espacio verbal tiene sus características peculiares, podemos hablar de espacio «perceptivo» o sea perceptible por el hombre «pensante y soñante» que lo habita y es el contenedor de «elementos de la experiencia sensible» y el otro de la vacuidad del silencio que es lenguaje y en el que se generan un torbellino de sensaciones, emociones lacerantes indefinidas que llevan a descubrir nuevos espacios escondidos. El silencio se constituye de sustancia impregnante, de manera discreta se insinúa en el habla disimulado en la trama del texto, colmando y completando el espacio literario (Gullón, 1974, p. 249-250).

Como hemos dicho, si consideramos ya solo el objeto, el espacio tiene una forma compleja. Pues, veremos que el lenguaje, para Zoran, tiene unos límites, es decir, no puede devolver completamente el objeto espacial a una completa representación del mundo. Un objeto espacial se caracteriza por ser completo, lleno y simultáneo, dándole una expresión verbal a la estructura, el objeto pierde parte de su «integridad», ya que es imposible describir de forma equivalente todas sus partes y aspectos: algunos claramente, otros tácitamente, y hasta omitir una parte por completo, «El lenguaje no puede dar plena expresión a la existencia espacial de ningún objeto» (Zoran, 1984, p. 313). Otro factor determinante es el movimiento, sin embargo, el espacio no implica solo objetos estáticos y relaciones, sino cosas que se mueven y cambian. En segundo lugar, cuando las partes vienen expresadas simultáneamente como unas unidades de información, estas se pueden combinar y organizar de diferentes maneras y siempre se organizan a lo largo de una línea temporal:

> Space as it appears in the narrative is a very complex pattern, and only a small part of its existence in the text is based on direct description. It is actually a combination of various kinds and levels of reconstruction. [...] A spatial object is characterized by its being complete, full, and existing simultaneously. In the attempt to give verbal expression to the structure of such an object, the object must first lose some of its "completeness," since it is impossible to give an identical expression to all its parts and aspects: some of them may be described explicitly, some of them implicitly, and some

94

bypassed altogether. Language cannot give full expression to the spatial existence of any object. Second, when the simultaneous parts are expressed as units of information, they must receive some kind of temporal arrangement. One may begin from the overall pattern and pass to the individual units or vice versa; the various units can be arranged in different ways: from up to down, front to back, the important to the subordinate, etc. In any case, the spatial aspects are cut off, so to speak, from their spatial and simultaneous context, and are arranged along a temporal line[10] (Zoran, 1984, p. 313).

Una amalgama compleja de reconstrucciones en varios niveles y tipos es la naturaleza intrincada del espacio tal como se retrata dentro de las estructuras narrativas, y trasciende la mera descripción directa. Esa maraña al ser convertida en lenguaje, despliega toda su dimensión e impone un arreglo temporal a los elementos espaciales. Para expresar estos elementos verbalmente, se fragmentan de su contexto espacial y simultáneo y se disponen en secuencias a lo largo de una línea temporal. En este caso el objeto mnemónico se puede comparar con el objeto espacial, de manera que esta disposición secuencial puede implicar comenzar desde un patrón general y adentrarse en unidades individuales, o viceversa, con variaciones en el orden como de arriba abajo, de adelante atrás, o

---

10 «El espacio, tal y como aparece en la narración, es un patrón muy complejo, y sólo una pequeña parte de su existencia en el texto se basa en la descripción directa. En realidad, es una combinación de varios tipos y niveles de reconstrucción. [...] Un objeto espacial se caracteriza por ser completo, pleno y existir simultáneamente. Al intentar dar expresión verbal a la estructura de un objeto de este tipo, éste debe perder primero parte de su 'completitud', ya que es imposible dar una expresión idéntica a todas sus partes y aspectos: algunos de ellos pueden describirse explícitamente, otros implícitamente y otros pueden obviarse por completo. El lenguaje no puede dar expresión completa a la existencia espacial de ningún objeto. En segundo lugar, cuando las partes simultáneas se expresan como unidades de información, deben recibir algún tipo de ordenación temporal. Se puede empezar por el patrón general y pasar a las unidades individuales o viceversa; las distintas unidades pueden ordenarse de distintas maneras: de arriba abajo, de delante atrás, de lo importante a lo subordinado, etc. En cualquier caso, los aspectos espaciales se cortan, por así decirlo, de su contexto espacial y simultáneo, y se disponen a lo largo de una línea temporal».

de los elementos principales a los secundarios. En esencia, Zoran subraya la limitación inherente del lenguaje para captar la riqueza espacial completa de los objetos tal como existen en las narrativas. El proceso narrativo exige una reestructuración y secuenciación de los elementos espaciales, transformando así lo espacial en lo temporal y destacando la compleja interacción entre la representación espacial y la expresión lingüística dentro de la literatura.

Podemos afirmar que siendo la memoria un pilar fundamental en la configuración del sentido de lugar y pertenencia, la percepción del espacio es dinámica y subjetiva. Al recordar nos conectamos emocionalmente con nuestro entorno, calles, plazas, bibliotecas, oficinas, despachos, etc., adquieren matices caleidoscópicos en nuestra mente, vinculamos vivencias y experiencias pasadas con lugares concretos y delimitados en nuestro cerebro; así, al hacerlo creamos una red intrincada compuesta por una mezcla emotiva de nuestra historia personal y las vivencias individuales que nos han forjado.

Este fenómeno presenta aspectos estimulantes para desencadenar una reflexión intensa sobre la esencia del sentido de pertenencia y el papel crucial que juega la memoria en la definición de nuestra relación con el espacio. La memoria convierte los espacios en lugares imbuidos de significado personal, transformándolos en refugios emocionales donde convergen la identidad y el entorno. Es a través de la memoria que nos sentimos verdaderamente «en casa», en nuestro hogar (Bachelard, 2000). Para el narrador, la habilidad de asociar recuerdos específicos con los lugares que habitamos es lo que permite establecer una conexión emocional profunda con ellos. Así, la memoria, al evocar experiencias previas tiene la capacidad de dotar un espacio de una pujanza que trasciende su misma definición y vínculo a lo que representa su mera ubicación física.

Este enfoque sugiere que el sentido de pertenencia no es intrínseco al lugar en sí mismo, sino que se construye y se profundiza a lo largo del tiempo mediante nuestras experiencias y recuerdos personales. Como Leopardi saviamente afirmó:

> Memorie della mia vita. Cangiando spesse volte il luogo della mia dimora, e fermandomi dove più dove meno mesi o anni, m'avvidi che io non mi trovava mai contento, mai nel

mio centro, mai naturalizzato in luogo alcuno, comunque per altro ottimo, fintattantoché io non aveva delle rimembranze da attaccare a tal quel luogo, alle stanze dove io dimorava, alle vie, alle case che io frequentava; le quali rimembranze non consistevano in altro che in poter dire : qui fui tanto tempo fa; qui, tanti mesi sono, feci, vii, udii la tal cosa che del resto non sarà stata di alcun momento; ma la ricordanza, il potermene ricordare, me la rendeva importante e dolce. Ed è manifesto che questa facoltà e copia di ricordanze annesse ai luoghi abitati da me, io non poteva averla se non con successo di tempo, e col tempo non mi poteva mancare. Però era sempre tristo in qualunque luogo nei primi mesi, e coll'andar del tempo mi trovava sempre divenuto contento ed affezionato a qualunque luogo. (Firenze, 23. Luglio. 1827). Colla rimembranza, egli mi diveniva quasi il luogo natio[11] (Leopardi, 2022, p. 121-122).

Ningún lugar alcanza un efecto placentero por sí mismo; solo se logra cuando se ancla con recuerdos específicos. Estos recuerdos pueden ser fatalmente insignificantes en sí mismos, pero cumplen su función. La rememoración de eventos pasados, incluso los triviales e inconsistentes, confiere como en la alquimia una relevancia y dulzura distintiva. El proceso de asociación y rememoración convierte un lugar anónimo en una especie de «lugar natio» o lugar natal, es decir, un espacio colmado de ternura y amor extremos, revestido de

---

11 «Memorias de mi vida. Cambiando a menudo el lugar de mi morada, y quedándome donde más o menos meses o años había pasado, me daba cuenta de que nunca estaba contento, nunca en mi centro, nunca naturalizado en ningún lugar, por excelente que fuese, hasta que no tenía recuerdos que apegar a ese lugar, a las habitaciones donde vivía, a las calles, a las casas que frecuentaba; recuerdos que no consistían más que en poder decir: aquí estuve hace mucho tiempo; aquí, hace tantos meses, hice, vi, oí tal o cual cosa, que, después de todo, no habrá sido de ningún momento; pero el recuerdo, el poder recordarlo, lo hacía importante y dulce para mí. Y es manifiesto que esta facultad y copia de recuerdo anexa a los lugares habitados por mí, no podía tenerla sino con el paso del tiempo, y con tiempo no podía faltarme. Así, en los primeros meses estaba siempre triste en cualquier lugar, y a medida que pasaba el tiempo me encontraba siempre contento y aficionado a cualquier lugar. (Florencia, 23. julio. 1827). Con el recuerdo, él se convirtió para mí casi en el lugar de mi nacimiento».

un significado íntimo y apasionado. Por lo tanto, como fácilmente se puede deducir del fragmento del escritor romántico italiano, nuestra identidad y sentido de pertenencia están estrechamente ligados al acto de recordar y vincular afectivamente nuestro entorno.

Este proceso de familiarización y vinculación con el lugar requiere tiempo. En los primeros meses de estancia en un nuevo lugar, el narrador se siente triste y desconectado. Sin embargo, Leopardi, a medida que pasa el tiempo y atesora recuerdos, los guarda celosamente para completase y sentirse contento y entrañablemente vinculado al lugar. Esto sugiere que existe una estricta relación entre recuerdo, espacio y tiempo dado que el tiempo es un componente esencial en la construcción del sentido de pertenencia y en la reconfiguración de un espacio físico en un lugar emocionalmente significativo.

1.8.3. Nota crítica sobre el espacio y el tiempo

El espacio y el tiempo siempre han estado íntimamente interconectados e intentar dividirlos equivaldría a una contradicción. No se puede hablar de un espacio completamente independiente del tiempo, pues todos los lugares están sometidos a las leyes del tiempo, no existe espacio que se pueda sustraer a su imperio. No podemos concebir un espacio fuera de cualquier marco temporal, sería quimérico figurarse un espacio suspenso en una atemporalidad de la misma manera que no se puede concebir un tiempo privado de sus referencias espaciales; resultaría vacuo, inconsistente y aislado de su íntima correlación con el espacio. El tiempo es una variable relativa de nuestra vida, las personas, los seres y los objetos determinan el tiempo, lo piensan, lo sufren, lo cuentan y lo viven. Por consiguiente:

> El tiempo atraviesa, empapa y sobrepasa todo lo existente en el mundo exterior y también lo perteneciente a nuestra psique y consciencia. Todas nuestras imágenes creadas en los sueños, los recuerdos, las ensoñaciones y fantasías llevan asociadas unas marcas temporales que alcanzan hasta los fenómenos de nuestro psiquismo inconsciente (Alonso, 2006, p. 239).

Por tanto, es muy difícil separar la noción de espacio con la del tiempo ya que —según Zoran— si los consideramos independientes o interdependientes entre ellos siempre hablar del espacio implicaría un envolvimiento del concepto de tiempo y, por tanto, compartirían el mismo campo de debate: «Independent or interdependent, space and time are perceived as complementary aspects of equal status, belonging to a common field of debate»[12] (Zoran, 1984, p. 309).

El hecho de que el binomio *Kronos* y *Topos*, o sea, tiempo y espacio, sea indisociable, fue una intuición de Mijaíl Bajtín. Estos dos elementos, en la ficción como en la vida real, no se pueden aislar como componentes independientes. Para expresar esa relación entre tiempo y espacio, este pensador, introduce el término cronotopo, fundamentado por la teoría kantiana y por la teoría de la relatividad. También tenemos que evidenciar la introducción y la relevancia del «diálogo» en su pensamiento. Para este formalista ruso, la vida es dialógica por naturaleza, no hay diálogo sin palabras; vivir es participar en un diálogo constante donde todos los actos del vivir requieren de esa participación del lenguaje. El hombre con todo su ser participa en ese diálogo constante, donde cada cosa llega a formar parte de esa conversación, incluso con el destino.

Allí donde no hay palabra, donde no hay lenguaje, no puede haber tampoco relaciones dialógicas, las que no pueden establecerse entre objetos o entre categorías lógicas (nociones, juicios, etc.). Las relaciones dialógicas presuponen la presencia de una lengua, pero existen en el sistema de la lengua. No pueden establecerse entre los elementos de la lengua. La especificidad de las relaciones dialógicas precisa de un estudio especial (Bajtín, 1999, p. 309). En la novela, la palabra y el diálogo se cruzan en un complejo juego de luz y sombra penetrando en la imagen que no debe sofocar esas fuerzas sino activarlas:

---

12 «Independientes o interdependientes, el espacio y el tiempo se perciben como aspectos complementarios de igual rango, pertenecientes a un campo de debate común».

And into this complex play of light and shadow the word enters—it becomes saturated with this play, and must determine within it the boundaries of its own semantic can stylistic contours. The way in which the word conceives its object is complicate by a dialogic interaction within the object between various aspects of its socio-verbal intelligibility. And an artistic representation, an "image" of the object, may be penetrated by this dialogic play of verbal intention that meet and are interwoven in it; such an image need not stifle these forces, but on the contrary may activate and organize them[13] (Bajtín, 1981, p. 277).

Bajtín sostiene que el tiempo, el espacio histórico real y el hombre histórico real no han sido valorados adecuadamente. A lo largo de los siglos, este proceso de valoración ha sido incorrecto, complejo, carente y discontinuo, sin tener en cuenta la evolución crono-espacial de la humanidad. El espacio se experimenta, se pisa, se toca, se ve y hasta se huele; es decir, el elemento espacial forma parte integral de lo que somos. Numerosos episodios de la literatura, la historia real y los tiempos concretos se pasan por alto debido a la subestimación del valor intrínseco y extrínseco del espacio. No puede olvidarse que se trata del ámbito donde se da la existencia, de tal forma que vida y geografía son constituyentes fundamentales de la identidad. El espacio es un lugar vivo, tangible, dinámico y presente en la vida de cada ser humano; es imposible trascenderlo, al igual que el tiempo.

Si entendemos que el espacio es tridimensional, el texto escrito no puede aspirar a no ser considerado como un espacio bidimensional, es decir, plano, sino que busca esa esfera creada de lo

---

13 «Y en este complejo juego de luces y sombras entra la palabra: se satura de este juego y debe determinar en él los límites de sus propios contornos semánticos y estilísticos. La forma en que la palabra concibe su objeto se complica por una interacción dialógica dentro del objeto entre diversos aspectos de su inteligibilidad socioverbal. Y una representación artística, una 'imagen' del objeto, puede ser penetrada por este juego dialógico de intenciones verbales que se encuentran y entretejen en ella; tal imagen no tiene por qué sofocar estas fuerzas, sino que, por el contrario, puede activarlas y organizarlas».

tridimensional. Espacio y tiempo son así indisolubles, en tanto que los signos del tiempo se revelan en el espacio, como indica Bajtín, y se identifican a sí mismos en la temporalidad. Bajtín explica este mecanismo en el cual el espacio envuelve al tiempo:

> En el cronotopo artístico literario tiene lugar la unión de los elementos espaciales y temporales en un todo inteligible y concreto. El tiempo se condensa aquí, se comprime, se convierte en visible desde el punto de vista artístico; y el espacio a su vez, se intensifica, penetra en d movimiento del tiempo, del argumento de la historia. Los elementos de tiempo se revelan en el espacio, y el espacio es entendido y medido a través del tiempo. La intersección de las series y uniones de esos elementos constituye la característica del cronotopo artístico (Bajtín, 1989, p. 237-238).

Para Bajtín, el concepto de cronotopo conlleva en sí la dimensión cultural, simbólica y evocativa de lo que se está homogéneamente representando. Este universo está determinado topográfica y temporalmente, pero comporta no solo la comprensión de un momento histórico, sino una comprensión más consonante de un mundo. El teórico ruso, citando a Goethe, define Roma como el cronotopo de la historia de la humanidad. Roma, la coexistencia visible de diferentes épocas, convierte al espectador en una especie de participante de los destinos universales. Roma es el cronotopo de la historia humana:

> Cuando ves frente a ti la vida que continúa ya más de dos mil años y que durante los cambios de épocas muchas veces ha cambiado fundamentalmente. Resulta, sin embargo, que hasta ahora tenemos en frente el mismo suelo, el mismo monte. A menudo el mismo muro o la misma columna y en el pueblo como antes se conserva las huellas de su antiguo carácter; entonces llegamos a ser participantes de grandes decisiones del destino y al principio al observador le resulta difícil discernir de qué manera una Roma sustituye a otra Roma, y no solamente la nueva tras la antigua, sino como se relacionan las diversas épocas de la nueva y de la antigua una tras otra (Bajtín, 1999, p. 309).

Bajtín proporciona una reflexión profunda sobre la continuidad, y la evolución en la historia y el paisaje cultural, utilizando la ciudad de Roma como ejemplo icónico. A pesar de los múltiples cambios que ha sufrido a lo largo de más de dos mil años, en Roma han permanecido símbolos constantes, garantizando una continuidad. Cuando dice «el mismo suelo, el mismo monte» y «a menudo el mismo muro o la misma columna», subraya la persistencia del entorno físico a través del tiempo. Sin embargo, estos elementos físicos y tangibles, que parecen testimoniar casi un tiempo inmóvil y fijo, conviven con la evolución de la sociedad, la cultura y el cambio estructural del poder que transmutan la ciudad. La memoria, con sus caprichosos juegos de claroscuro, engendra un imaginario de la ciudad eterna, un mosaico interminable donde reverberan tiempos idos y venideros, que se yergue orgullosamente desafiante ante los continuos cambios. Roma, con su esplendoroso declive y su perenne resurgimiento, convierte cada recuerdo en teselas doradas y nostalgias intrincadas. Cada piedra se erige como testigo y susurra historias ancestrales, cada callejuela esta empapada de pasado. En este movimiento infinito de mutación y permanencia, la memoria, cual alquimista sublime, transfigura lo efímero en eterno, creando un conjunto de evocaciones y metamorfosis. Aquí, el espíritu de la urbe abraza metafóricamente el pasado mientras se adecúa a las volubles gestas del presente, tramado en una narrativa exuberante y enredada que solo la memoria puede sostener en su manto de luces y sombras. El autor menciona cómo se puede percibir un extrañamiento, una deformación que se genera por la superposición del imaginario de la Roma antigua al que tiene que sustituir, no solo en el sentido de la nueva Roma tras la antigua, sino también en cómo se interrelacionan las diferentes épocas de la nueva y la antigua Roma. Se destaca con esa observación la complejidad de la historia urbana, donde continuamente las capas de tiempo, memorias, recuerdos se superponen y coexisten, creando una narrativa multifacética. En este sentido, Roma es un palimpsesto, donde cada época deja su huella peculiar sobre las anteriores sin que las antiguas se borren y, al revés, forman parte de una nueva narrativa. El ser humano, en cuanto observador y actor de este continuo desplazamiento, se convierte en coprotagonista de las decisiones del destino y participa activamente en la interpretación y preservación de su legado, siendo no solo testigo pasivo, sino también observador y participante activo. El pasado resuena en el presente y se encarna en esta participación que representa un hilo que conecta a la humanidad a través de la espiral temporal. Lo antiguo y lo nuevo en Roma puntean su coexistencia convirtiéndose un testimonio de la capacidad humana para construir sobre el pasado mientras se adapta a nuevas circunstancias y desafíos. Este proceso de construcción y reconstrucción constante es fundamental para la identidad y el carácter de la ciudad, y para la manera en que cada generación percibe y reinterpreta su herencia cultural. Este proceso influye en nuestra percepción y entendimiento del mundo.

Como conclusión, Roma ha sido reemplazada por otra Roma, no solo en el sentido de la vieja y la nueva, sino también en cómo lo viejo y lo nuevo se conectan entre sí, destacando la complejidad de interpretar y entender ese palimpsesto fruto de una narrativa histórica continua y multifacética.

II Parte

2. Historicidad y dimensiones sociales de la memoria literaria

2.1. Acerca de la memoria y la historicidad

La vida implica una puesta en escena de nuestra existencia, donde la memoria y la historia son la escenografía de un abrazo profundo y sublime, compartiendo el propósito trascendental de esculpir el pasado. La memoria, cual eco resonante de tiempos pretéritos, da forma a la realidad con sus evocaciones etéreas, imbuyendo el presente con una dimensión subjetiva y cargada de emociones. El diálogo mnemónico que sufre nuestra mente ocurre a través de representaciones que no se limitan a reproducir fielmente las experiencias pasadas; en cambio, las recrea con una imaginación prolífica, imbuida de matices y adornos que superan la mera reproducción, transfigurando lo recordado en algo nuevo y maravillosamente reinventado. Si bien no alcance la fuerza para alterar los hechos históricos, la memoria otorga a los individuos el poder de reinterpretar y transformar su propia crónica, ya sea personal o colectiva, en una búsqueda de libertad y creatividad sin igual. Este proceso es, sin duda, un despliegue dinámico, nunca lineal ni instantáneo, que desafía las restricciones del contexto y se reinventa continuamente.

En contraposición, la historia se esfuerza por tejer una narrativa expansiva y objetiva del pasado que integra los nuevos hallazgos y reinterpretaciones para ofrecer una visión contextualizada. Aunque hemos logrado avances significativos en dar voz a aquellos que antes fueron silenciados, los archivos tradicionales siguen siendo el refugio principal para los historiadores en su búsqueda de entender la compleja relación entre la historia y la memoria. La historia se presenta como un proceso metódico y crítico, mientras que la memoria, por otro lado, es subjetiva y fluida. Dentro de una hipnótica danza vibrante entre memoria e historia los pasos se manifiestan de muchas maneras: desde cómo la memoria influye en la reinterpretación de los eventos históricos, hasta cómo ambos elementos colaboran para formar la identidad y el futuro de una comunidad.

Sabemos que la memoria puede ser poco confiable, ya que a menudo se camufla adornando y transformándose en mitos. No cabe duda de que su papel en la construcción de la narrativa histórica es innegable. En este intrincado tapiz de la experiencia humana, memoria e historia se entrelazan y se enriquecen mutuamente, moldeando nuestra comprensión de cómo las huellas del pasado vibren constantemente en nuestro presente.

2.1.1. Presupuestos teóricos

La memoria se entrelaza con la historicidad en un vínculo sutil y atávico, donde estos dos elementos, en su sinfonía inextricable, desempeñan un papel fundamental en el entramado de nuestra existencia. Así, «Historia y memoria nacen de una misma preocupación y comparten un mismo objeto: la elaboración del pasado» (Traverso, 2007, p. 21). En el vasto escenario de la experiencia humana, la memoria actúa como un eco de épocas pasadas, resonando con la voz de la historia y modelando la realidad con sus delicadas hebras de reminiscencia. Este entrelazamiento, que desafía el tiempo y el olvido, revela la profundidad del entrecruce entre lo recordado y lo vivido, proyectando un entramado rico y complejo en el presente. Sea individual o colectiva, la memoria constituye la expresión del trabajo y permite a un sujeto transformar y reinterpretar su propia historia con el fin de ganar libertad, autonomía y creatividad. Este proceso de revisión y reinvención de la historia personal o colectiva desafía las innumerables determinaciones que le han esculpido y se erige como una vía majestuosa para trascender las limitaciones que el contexto le impone. Así, el sujeto no se contempla meramente como un producto pasivo de las circunstancias externas, sino como un artífice activo que, mediante su esfuerzo consciente y deliberado, puede redefinir su identidad y su narrativa. En este audaz acto de autoafirmación, el sujeto logra emanciparse, desplegando una independencia resplandeciente y una capacidad creativa sin parangón:

La memoria es una herramienta de historicidad. Constituye la expresión del trabajo, individual o colectivo, que puede llevar a cabo un sujeto sobre su historia en un intento por conferirse libertad, autonomía, creatividad, ante las múltiples determinaciones de las que es producto. Aunque nadie pueda cambiar la historia, en la medida en que lo acontecido ya aconteció, cada quien puede cambiar la manera en que la historia actúa en él (Gaulejac y Ochoa 2002, p. 31).

Como sugiere Carnevale, la relación entre historia y memoria se revela como un movimiento dinámico y contextual que oscila bajo el influjo de diversas y volubles influencias. Este entrelazamiento permite que el pasado sea reinterpretado desde perspectivas novedosas y originales, transformando así la interpretación histórica y engendrando nuevas y ricas narrativas. La memoria, anclada en las venerables tradiciones y en la figura de los héroes inmortales, ejerce una poderosa influencia en la reescritura de la historia, moldeando la percepción de la identidad y trazando el destino futuro de los pueblos. En este juego de espejos, se plantea una intrincada relación entre memoria, historia y conciencia histórica, revelando cómo cada una se interconecta y se afecta mutuamente en un perpetuo y majestuoso despliegue de significados (Carnevale, 2013, p. 1).

La memoria ostenta una naturaleza dual que fusiona un aspecto subjetivo con un componente colectivo. Está enraizada en la experiencia vivida cuando se manifiesta como una entidad profundamente subjetiva, cualitativa y singular que queda distante de comparaciones y generalizaciones, sin que tenga la necesidad de pruebas para su validación. Su carácter intrínsecamente subjetivo le confiere una esencia perpetuamente abierta, nunca fija ni cerrada, y está sometida a constantes reinterpretaciones y transformaciones. Esta construcción dinámica se ve influida por los conocimientos adquiridos después del hecho recordado, que la recomponen en un tiempo diferente, afectando la interpretación del pasado y, en consecuencia, alterando el recuerdo (Traverso, 2007, p. 22).

Enzo Traverso, retomando a Ricoeur, afirma que la memoria posee un estatuto matricial, mientras que la Historia, aunque surge de la memoria, se distingue como un relato del pasado elaborado según sus propias reglas y modalidades. Aunque brota del manantial de la memoria, la Historia se desliga de ella para constituirse en un relato del pasado regido por sus propias leyes y principios. En la Historia contemporánea, especialmente en el siglo XX, la memoria se convierte en un objeto de estudio fundamental, entrelazándose con testimonios orales y documentos para enriquecer su análisis (Traverso, 2007, p. 21).

Se impone una distinción entre la recuperación del pasado y su ulterior utilización. Aunque la imperiosa necesidad de recordar no determina de manera automática el uso que se hará de ese pasado, ambos actos poseen características y paradojas propias. La memoria, en su esencia selectiva, se fundamenta en criterios que, consciente o inconscientemente, influirán en la manera de emplear el pasado. Sin embargo, desde una perspectiva de legitimidad, no puede justificarse un uso falaz del pasado simplemente por la necesidad de evocarlo (Tódorov, 2000, p. 17).

Ricoeur argumenta que la memoria, en su intrincada búsqueda de la verdad, se muestra proclive a errar debido a la evanescencia del objeto recordado. La distancia temporal, cual velo que encubre la claridad, magnifica estos yerros, pues la memoria, anhelando capturar la esencia de la verdad, se ve enfrentada a las sombras del olvido, que la tornan irremediablemente inalcanzable (Ricoeur, 1999, p. 29).

En este proceso, el olvido juega un papel fundamental como parte integral del acto de memorización. Benjamin compara la «memoria involuntaria» de Proust, descrita como un esfuerzo de rememoración espontánea donde el recuerdo envuelve al olvido y le resiste. Este esfuerzo de resistencia, desencadenado al rememorar cuando los recuerdos irrumpen estimulados por los sentidos, es «ese largo trabajo de Penélope», en el cual el día deshace lo que la noche ha tejido (Benjamin, 2007, p. 317). Al despertar, el nuevo día nos ofrece una perspectiva diferente y generalmente lo que nos queda es poco y poseemos solo fragmentos de lo vivido, tejidos por el olvido durante la noche.

Como hemos señalado antes, la memoria tiene una naturaleza singular que se contrapone a la historia. Profundamente subjetiva y selectiva, la memoria entra en la historia y la singulariza, siendo a veces irrespetuosa con la cronología e indiferente a las reconstrucciones de conjunto y a las racionalizaciones globales. Su percepción del pasado es irreductiblemente singular. Mientras el historiador generalmente se mueve de forma más objetiva, analizando y contemplando una etapa del proceso o un aspecto de un cuadro complejo y en movimiento, el testigo tiene una visión parcial y capta un acontecimiento crucial que permanece personal, aunque enmarcado en un contexto colectivo y en el vaivén de toda una vida.

Para comprender mejor las causas, condiciones, estructuras y dinámicas de los eventos, es fundamental situar la experiencia vivida en un contexto histórico más amplio. De este modo, los recuerdos pueden volverse más precisos y claros, revelando detalles que van más allá de los hechos simples. Para lograr esto, es crucial revisar la memoria de manera objetiva, utilizando pruebas empíricas y documentales, y estar atentos a sus posibles contradicciones. Aunque la memoria puede capturar una experiencia de manera única, la historia siempre es interpretativa y relativa (Traverso, 2007, p. 24).

Ahora, es necesario que procedamos a destacar las diferencias entre memoria e historia. Ya hemos visto cómo Traverso y Gaulejac, desde sus respectivas perspectivas, convergen en la afirmación de que estos dos elementos esenciales de nuestra existencia están intrínsecamente entrelazados. No obstante, su organización es jerárquicamente ordenada y sigue normas de comportamiento distintas.

Arno Mayer sostiene que, a diferencia de la memoria, que se mueve en el ámbito de lo íntimo y efímero, la historia requiere una perspectiva expansiva y detallada. Los historiadores actúan como artesanos del tiempo y deben entrelazar acontecimientos que, en su momento, no eran claros o incluso eran desconocidos para tejer así una red de nexos y contextos que revelen una comprensión más profunda del devenir histórico. En lugar de limitarse a narrar los hechos, la historia busca ofrecer una interpretación crítica y contextualizada, sometida al más riguroso y exhaustivo examen y debate (Mayer, 1988, p. 17).

Entre la memoria y la historia, es necesario establecer una distancia que permita su coexistencia armónica, dado que una es parte de la otra, pero estructuradas jerárquicamente. La memoria, en su carácter personal y subjetivo, alimenta la historia, la cual, mediante un enfoque más amplio y crítico, ordena y contextualiza esos recuerdos dentro de un marco temporal común. Así lo explica Traverso:

> La Historia, que no es en el fondo más que una parte de la memoria, como recordaba Ricoeur, también se escribe siempre en presente. Para existir como campo del saber ha de liberarse de la memoria, no rechazándola sino poniendo distancia con ella. Un cortocircuito entre Historia y memoria puede tener consecuencias perjudiciales para el trabajo del historiador (Traverso, 2007, p. 23).

En tal propósito, LaCapra subraya la relación intrincada y dinámica que se teje entre la memoria y la historia. La memoria, con sus *lapsus* y artificios, no se limita a ser un mero registro de hechos, sino que se manifiesta como un proceso vivencial y emocional que continuamente desafía a la historia. Además, su proyección temporal se ancla en el presente, impregnada de valores y emociones, reflejando problemas que persisten en el hoy: «La memoria —junto a sus *lapsus* y trucos— plantea interrogantes a la historia pues apunta a problemas que siguen vigentes o que están investidos de valores o de emociones» (LaCapra, 2009, p. 21).

Por otra parte, «Idealmente, la historia pone a prueba a la memoria y prepara el terreno para un intento más abarcador de elaborar un pasado que no se ha cerrado» (LaCapra, 2009, p. 21). La historia se presenta como una disciplina que, idealmente, somete a la memoria a prueba. En tal empresa, busca trascender los recuerdos individuales y subjetivos, construyendo un relato que abarque una amplia cronología, concentrándose en la historia de una muchedumbre sin forma, vasto y abarcador del pasado. La historia aspira a proporcionar una visión más objetiva y contextualizada, elaborando un pasado que no se ha clausurado y que sigue evolucionando con el descubrimiento de nuevos hechos y la reinterpretación de los antiguos.

También, LaCapra sugiere que la memoria y la historia, en su entrelazado y dinámico movimiento, se integran recíprocamente. La memoria, con su perspectiva única y singularizada, cargada de emociones y subjetividad, preserva el pasado en el presente, infundiéndolo de una vitalidad y resonancia en el aquí y el ahora. Por su parte, la historia se dedica a descifrar y contextualizar estos recuerdos, encajándolos en una estructura que busca conferirles sentido y orden, aunque no sin enfrentarse a condicionamientos. Así, prepara el terreno para una comprensión más completa y matizada del pasado, desplegando una gama prismática que esclarece tanto lo que fue como lo que persiste en el presente.

2.1.2. *Paradigmas histórico-críticos*

Podemos afirmar que, al hablar de la conexión entre memoria e historia, lo sublime puede ser considerado como una manifestación de lo sagrado secular. En este contexto, lo sublime involucra el esfuerzo de transformar el trauma en una fuente confusa de elevación y trascendencia. Según Tódorov, entre el antiguo resplandor de la tradición y el fulgor de la modernidad, las diversas sociedades se adentran en el pasado y su recuerdo con perspectivas profundamente disímiles. En aquellas civilizaciones que carecen de la escritura, el pasado y su remembranza desempeñan funciones únicas y diferenciadas en comparación con las sociedades alfabetizadas, como la Europa medieval. Desde el advenimiento del Renacimiento, Europa ha desplazado la veneración de la tradición hacia la primacía del futuro. Este giro ha conducido a que las sociedades occidentales contemporáneas releguen el pasado como un medio fundamental de legitimación y sitúen la memoria en un lugar menos preeminente (Tódorov, 2000, p. 18-19).

Este cortocircuito profundo se hace patente en múltiples esferas sociales. La «voluntad general» en la esfera pública actúa con una legitimación basada en la tradición de un modelo fundamentado en el contrato social. La memoria, en el ámbito científico, ha cedido terreno a la observación y la experiencia, despojándose de su antiguo esplendor. En el arte occidental, la innovación ha eclipsado a la tradición, aunque, irónicamente, incluso las vanguardias modernas permanecen imbricadas con el pasado. Finalmente, la cultura, en su esencia más pura, se erige como un tejido de memoria y conocimiento de códigos de comportamiento y contexto histórico, subrayando la aspiración de las culturas occidentales a superar y reinventar lo heredado.

La historia ha sido una fortaleza inaccesible y subyugada por las élites de Occidente que en las últimas décadas ha sido objeto de una transformación fascinante que, de hecho, ha permitido una apertura hacia una pluralidad de voces y experiencias que persistían en el silencio de las sombras en los siglos pasados. La democratización ha derrocado los espesos muros que la separaban de la mayoría, consintiendo que surgiera una nueva narrativa histórica al integrar distintas contribuciones que enriquecen con la múltiple polifonía de las voces de quienes antes estaban excluidos.

Por otro lado, la memoria, esa evocadora entidad, siendo fiel con su matriz oral ha logrado liberarse de la tiranía del texto escrito para su transmisión. Ya no es simplemente un eco de las palabras inscritas en los pergaminos y libros antiguos; se ha levantado de la tumba de los textos y ha emergido respetando su real naturaleza y expresando su fuerza viva, dúctil y multifacética, que abarca nuevas formas de preservación y expresión.

Sin embargo, esta mutación monumental no ha sido ni lineal ni instantáneo. La intersección entre Historia y memoria se revela como un campo de tensiones dinámicas y en constante evolución. A pesar de los avances significativos en las últimas tres décadas, donde los historiadores han enriquecido sus fuentes más allá de los archivos tradicionales, estos siguen siendo el santuario primordial del pasado, custodiado por las instituciones estatales. Los estudios de los «subalternos» —aquellos cuyas voces fueron históricamente silenciadas— han comenzado a integrarse lentamente en el discurso académico, marcando un progreso hacia una comprensión más inclusiva y matizada de nuestra herencia colectiva. Traverso afirma que:

> La Historia se ha democratizado, quebrando las fronteras de Occidente y el monopolio de las elites dominantes; la memoria se ha emancipado de su dependencia exclusiva del texto. La relación entre Historia y memoria se ha reconfigurado en una tensión dinámica. La transición no ha sido lineal ni rápida y, en cierta manera, no se ha acabado del todo. Después de

treinta años, los historiadores han incrementado sus fuentes, pero continúan privilegiando los archivos, que permanecen como el depósito de los vestigios de un pasado conservado por el Estado. No hace mucho que los «subalternos» han sido reconocidos como sujetos de la Historia y han devenido objeto de estudio, y hace menos tiempo que se procura escuchar sus voces (Traverso, 2007, p. 26).

Para decirlo de manera concisa, la historia y la memoria se oponen entre sí. La importancia de la memoria, además, reside en su papel como núcleo fundamental de la historia. Así, la memoria no solo es sinónimo de historia, sino que también le sirve como fuente de inspiración y marco. La noción de que la memoria carece de criticidad y se inclina hacia el mito, mientras que la historia sigue siendo una disciplina racional y cautelosa basada en la evidencia y los análisis fácticos, a menudo surge de la inclinación inicial. La memoria, como fuente histórica, es inherentemente poco confiable debido a su dependencia de adornos. De hecho, estos adornos desempeñan un papel importante en la configuración y constitución de la memoria misma. Esto lleva a una tendencia a crear narrativas ficcionalizadas y mitificadas, sin tener en cuenta los trucos que la memoria puede jugar y las razones detrás de ellos. En lugar de examinar críticamente la relación entre historia y ficción, existe una tendencia a mezclar hechos e imaginación, presentando anécdotas personales sesgadas y episodios autobiográficos. Esta inclinación no se limita a ciertos enfoques de la historia, sino que también se puede observar en géneros como los docudramas televisivos. Es importante señalar que estas dos tendencias no son opciones opuestas sino más bien fuerzas interconectadas que se refuerzan mutuamente (LaCapra, 2007, p. 29-30).

2.2. Memoria Social

La memoria social tiene orígenes antiguos, que se despliegan en la concepciones sociales griegas y romanas, y, se reconfigura como un constructo moderno a finales del siglo XIX y principios del

XX, en un periodo de profunda transformación social. Maurice Halbwachs, figura eminente en su formalización, ofrece una visión innovadora al destacar la memoria colectiva como un fenómeno eminentemente social y compartido, en clara oposición a la memoria individual. Según Halbwachs, la memoria se forja en la interacción constante con grupos como la familia y la comunidad, y se inscribe en un horizonte sociocultural que condiciona su existencia. Este sociólogo propuso la noción de «marcos sociales de la memoria», los cuales configuran y determinan los recuerdos individuales, los cuales son constantemente actualizados y modificados por los valores contemporáneos.

Según Gaulejac y Ochoa (2002), la memoria cumple roles fundamentales:

1. *Identidad:* Actúa como fundadora de identidades individuales y colectivas, dando continuidad y pertenencia.

2. *Narrativa vs. Historia:* La memoria navega entre la historia objetiva y las narrativas subjetivas, mostrando diferencias entre lo documentado y lo recordado.

3. *Construcción del Sujeto:* A través de la narración personal, los individuos construyen y reafirmar sus identidades.

4. *Olvido:* El olvido es clave para permitir la reconfiguración de narrativas del pasado, adaptándolas a las perspectivas actuales.

La memoria social, lejos de ser una entidad homogénea, se manifiesta como un proceso dinámico influido por la pluralidad de grupos y sujetos. Cada memoria individual es un prisma a través del cual se irradia la memoria colectiva en el esquema de Halbwachs, donde los marcos sociales delimitan y configuran los recuerdos personales. La memoria colectiva, en cuanto expresión del devenir humano, flutúa y no permanece en la inmovilidad, en un perpetuo estado hermenéutico de transformación e interpretación, esculpida por las corrientes de mutación social y cultural. Los teóricos Aleida y Jan Assmann enriquecen esta visión, distinguiendo entre la «memoria comunicativa», que se limita a unas pocas generaciones, y la «memoria cultural», que se extiende a vastos períodos y se cristaliza en instituciones como museos y monumentos.

La memoria comunicativa, colectiva y cultural forman una estructura intrincada y se despliegan en una red entrelazada de niveles interconectados. El Holocausto sirve como un prisma revelador de estos conceptos, manifestando las tensiones entre la memoria pública y la privada. En este contexto, la literatura emerge afirmándose como una fuerza vital, depósito fluctuante en la preservación de la memoria social, no solo espejos del real, sino también moldeando la realidad, y brindando una gama multifacética de perspectivas sobre lo privado y lo colectivo. Los textos literarios tienen vía propia, lejos de limitarse a ser asépticos reflejos de la realidad, la interpretan y critican, abarcando un vasto abanico de temas, desde lo más íntimo hasta las complejidades sociopolíticas. La plasticidad y la ausencia de fronteras permiten a los autores explorar y metamorfosear la realidad.

2.2.1. Teorías de la memoria social

En el alba del siglo pasado, el historiador del arte de origen judío Aby Moritiz Warburg, siguiendo una intuición suya, experimenta de manera heurística sobre la memoria y su conexión con las imágenes. Su profundo interés por la cultura clásica le lleva observar y, en consecuencia, a investigar sobre la existencia de elementos arcaicos dado su perdurar en las obras de arte sin que estos obedezcan necesariamente a una relación de causas y efectos. Aby Warburg es visto como un pionero de los estudios culturales modernos por su enfoque interdisciplinario. Es famoso por su biblioteca de estudios culturales en Hamburgo, organizada por temas transdiciplinarios. Lo que atrajo esta biblioteca fueron investigadores destacados como Ernst Cassirer y Erwin Panofsky. Tras la muerte de Warburg, la biblioteca fue trasladada a Londres en 1933 para protegerla de los nazis y desde 1944 es parte de la Universidad de Londres, conocida como el Instituto Warburg. La Fundación Warburg en Hamburgo continúa publicando sus obras. Desde entonces, empieza a tomar forma el método warburguiano, que consiste en recoger y organizar imágenes yuxtapuestas según asociaciones mentales particulares y a través de la exposición de sistemas no evidentes. Warburg sostiene que el hombre está implicado en una serie diferente de relaciones. Siguiendo este principio estructura su *Bilderatlas Mnemosyne* (2003). Aby Warburg estudia la memoria a través de las «pathosformel», patrones emocionales recurrentes en el arte. Estos gestos simbólicos, que contienen un profundo contenido afectivo, ofrecen a los artistas una forma intensa de expresión figurativa. Sin embargo, también presentan un peligro debido a su origen en las capas primitivas de la cultura, donde el control del yo era limitado. Warburg enfatiza la necesidad de que los artistas modernos mantengan un equilibrio entre asimilar el simbolismo tradicional y mantener una distancia crítica, buscando claridad y belleza, un concepto que él llama «sophrosyne» artística. Esta moderación y autoafirmación moral permiten transformar el patrimonio cultural, que él ve como un tesoro de sufrimiento humano, en una posesión humana más consciente y refinada. Warburg destaca cómo la reinterpretación y actualización de símbolos culturales reflejan las tendencias y deseos de cada época, mostrando la evolución de la cultura a través del arte.

Aby Warburg fue uno de los primeros en conceptualizar *memoria social* desde una perspectiva icónica, donde las imágenes son «cultural objetivations, as carriers of memory» (J. Assmann, 2008, p. 110). Especializado en la memoria icónica, fue el primero en entender la «historia» como una forma de memoria que podía encontrar aplicación en otras formas simbólicas. La memoria, entonces, es el constituyente material en la producción del recuerdo que sintetiza el símbolo, mientras que la dialéctica entre forma y materia en esferas culturales y artísticas indica la importancia de la interpretación y producción del símbolo que es el complemento funcional de la producción noética:

> Si el recuerdo es el depósito y reservorio de la memoria, esto es, el verdadero taller del trabajo de la Mnemosine, entones se puede decir con Walter Benjamin que la memoria es el constituyente material y de contenido histórico en la producción (judicativa e imaginativa) del recuerdo que sintetiza el símbolo, esto es, del rememorar —por tanto, en cierto sentido, es el

complemento funcional de organización noética respecto del contenido material. La síntesis del símbolo, o —en el caso límite— la unidad o la *constelación* alegórica, se muestra como *exemplum* específico de la *dialéctica forma-materia* e indica la importancia, sea de carácter crítico o sea de carácter acrítico 'ideológico', de la interpretación y la producción del símbolo. Tanto la iconología como la teoría crítica se caracterizan epistemológicamente por la misma compresibilidad no deformada ideológicamente de esa dialéctica. Las investigaciones históricas y materiales de Warburg, Panofsky y Wind testimonian el convencimiento de estos investigadores de la interconstitutividad y la interfuncionalidad de la complexión forma-materia precisamente de las formaciones culturales y artísticas: según ellas, no existe una ciencia del arte, formalmente legítima, del «ver puro», de la «voluntad de arte pura», de la creación artística «autónoma» —(de la obra, que sería tal por sí misma o por su supuesto elevado valor religioso-artístico de culto): las obras de arte son un entramado de complexión estética, sociocultural e histórica (Schweppenhäuser, 2015, p. 13).

¿De qué manera elegimos qué memorizar y qué dejar de lado? ¿Cómo influyen y fortalecen los procesos de selección en las estructuras de poder y dominación? Y, de manera fundamental, ¿de qué manera la memoria y el arte pueden servir como instrumentos para cuestionar y modificar dichas estructuras? Walter Benjamin y otros pensadores sugieren que la memoria es fundamental al vincular lo material y lo histórico en la formación de estos símbolos, los cuales contribuyen a nuestra comprensión colectiva del mundo. La formación de recuerdos y símbolos no sucede aislada, la memoria no es fija ni imparcial, sino que se desarrolla en un contexto donde la forma y la materia interactúan de forma dialéctica. Por lo tanto, es evidente el relieve científico de la investigación pionera en el campo de la memoria y su definición como fenómeno relacionado con el arte, cultura e historia de Warburg; cardinales para entender cómo las obras de arte conllevan una densa red de enlaces entre elementos estéticos, socioculturales e históricos.

La memoria social se basa en la antigua noción de memoria en la cultura griega y romana, ampliándose para incluir procesos colectivos o sociales. Cuando la despoblación rural en el siglo XIX y XX causó cambios sociales importantes, junto con el impacto devastador de la Primera Guerra Mundial, fue entonces cuando se originó la noción de memoria social actual. En un capítulo específico se puede notar que Maurice Halbwachs tuvo un rol fundamental en la conceptualización del término «memoria colectiva», enfatizando su aspecto social y su cualidad de ser compartida, contrario al enfoque egocéntrico de la memoria individual. Según Halbwachs, la memoria se construye a través de la continua interacción en grupos como la familia y la comunidad, los cuales son afectados por un entorno sociocultural y definen los recuerdos personales como «marcos sociales de la memoria». La memoria se construye al actualizar el pasado en el momento presente, dentro de un contexto social y comunicativo. La identidad común se forja por medio de memoria colectiva ya que esta juega un papel crucial integrando los acontecimientos pasados para dar sentido y cohesión a una comunidad trascendiendo cada diferenciación religiosa, de clase, étnica y familiar. Este proceso evita que una élite o grupo dominante monopolice la narrativa nacional, presentando la pertenencia a la nación como enraizada en una historia compartida y legitimada. La memoria colectiva también ayuda a forjar un «sentimiento nacional», destacando características y logros históricos que unen al pueblo frente a desafíos externos.

En lo personal, la memoria permite a los individuos construir su identidad, seleccionando recuerdos y narrativas que mezclan hechos, subjetividades y fantasías. Este relato de sí mismo se adapta a las exigencias del presente y a las estrategias identitarias, influyendo en cómo se perciben y presentan las propias experiencias y legados. La memoria, por tanto, teje la conexión entre la identidad heredada, la esperada y la adquirida, ayudando a los individuos y colectivos a entender su lugar en el mundo (Gaulejac y Ocha, 2002, p. 33-34).

La memoria individual se constituye de una vasta red, donde interactúan de forma más o menos evidente diversos grupos y marcos sociales que configuran y delimitan los recuerdos personales. Maurice Halbwachs, al formular su teoría sobre la memoria colectiva, argumenta que «cada memoria individual es un punto de vista sobre la memoria colectiva» (2004, p. 50). La perspectiva del filósofo francés delinea una fuerte interdependencia entre lo personal y lo colectivo que juntos participan a la construcción del recuerdo ya que la memoria de un individuo no existe en un vacío; está imbricada en una constelación de influencias sociales, elementos que de forma indirecta y directa moldean sus contenidos y articulan sus significados. Familias, comunidades escolares, entornos laborales, y grupos culturales y religiosos, todos actúan como marcos dentro de los cuales se desarrolla la capacidad de recordar. Estos marcos sociales proveen contextos específicos que permiten y limitan las formas en que se revive el pasado inmersa en un horizonte de interpretación sociocultural que determina y posibilita su actividad de recuerdo.

La memoria individual, por lo tanto, es como un observatorio a través de la cual se observa y se absorbe el vasto y complejo panorama de la memoria colectiva. Esta lente prismática está coloreada por las vivencias personales y la red de relaciones sociales que conforman la vida del individuo: «Cuando tratamos de explicar esta diversidad, volvemos siempre a una combinación de influencias que son todas de tipo social» (Halbwachs, 2004, p. 50). Así, estos dos observatorios aportan y, juntos, delinean la memoria. La memoria colectiva ofrece una narrativa amplia y compartida del pasado, en la que cabe la visión individual, que cada persona percibe e interpreta desde su punto de vista único, conformado por su posición en la red social y sus interacciones específicas.

Las narrativas familiares, los relatos escuchados en la infancia, y las experiencias vividas en la escuela y en otros espacios sociales, todos contribuyen a dar forma a su memoria individual. Sin embargo, estos recuerdos individuales también están influenciados por la memoria colectiva del grupo al que pertenecen. Precisamente, el recuerdo personal confluye en el cruce de influencias individuales y colectivas.

Por su naturaleza dinámica la memoria colectiva está en constante evolución, sufriendo la influencia de cambios sociales, reconstrucciones históricas alternativas y reconfiguraciones culturales. Las narrativas colectivas, cambian al cambiar la sociedad consecuentemente varían los marcos dentro de los cuales se desarrollan las memorias individuales.

La dialéctica de la memoria se dirama entre lo individual y lo colectivo, los cuales se entrelazan de manera inseparable, como subraya Halbwachs. La perspectiva única individual determina la memoria colectiva, mientras que esta, a su vez, proporciona un contexto dentro del cual se inscribe la memoria personal. Todo esto concurre a una comprensión del pasado que sea lo más integral posible, haciendo de esta bidireccionalidad un talante para una construcción tanto personal como social, una tapicería de recuerdos entrelazados que reflejan la diversidad y la complejidad de la experiencia humana. Ramificaciones y conexiones directas e indirectas estructuran la memoria social, que no permiten definirla como un depósito, ni un producto homogéneo que aglutine el recuerdo de toda la sociedad. Es fruto de un proceso en el que inciden la pluralidad de los grupos y los sujetos: a mayor grado de autonomía entre grupo y grupo, entre individuo e individuo, mayor es la heterogeneidad de la memoria social, «La cultura de las actuales sociedades occidentales, se configura como una multiplicidad de sistemas de significados, de mundos simbólicos interrelacionados y en competencia» (Montesperelli, 2004, p. 41).

Otros teóricos, como Aleida y Jan Assmann, de los que hablaremos más detenidamente en otro párrafo, expandieron la terminología, diferenciando entre «memoria comunicativa» y «memoria cultural». La primera se refiere a recuerdos compartidos por individuos coetáneos, con una duración limitada a unas tres generaciones. La segunda abarca la comunicación organizada y ceremonial sobre el pasado, fijando contenidos duraderos que crean una imagen colectiva de la identidad de un grupo.

De forma sintética podemos decir que Aleida Assmann considera la memoria colectiva de Halbwachs como un nivel intermedio entre la comunicativa y la cultural. La memoria comunicativa se basa en la interacción cotidiana y emocional, mientras que la memoria cultural se institucionaliza en museos, monumentos y textos, abarcando períodos más largos y convirtiendo eventos en arquetipos y mitos. Al hablar de memoria social en sus dimensiones cultural y comunicativa, es de fundamental relevancia tener en cuenta la tragedia de la Segunda Guerra Mundial. El caso de la memoria del Holocausto judío ilustra estos conceptos. Las vivencias de los testigos forman parte de la memoria comunicativa, mientras que las memorias colectivas y culturales se institucionalizan en distintos medios y representan la identidad de la comunidad.

En Alemania, la memoria del nazismo muestra una discrepancia entre la memoria pública y la privada. La memoria cultural reconoce a Alemania como una «sociedad de victimarios», mientras que la memoria comunicativa retrata a los individuos como héroes o víctimas. Esta dicotomía subraya la necesidad de explorar críticamente ambas formas de memoria, confirmando que toda memoria es social en su construcción y transmisión intergeneracional.

La memoria comunicativa, colectiva y cultural se erige como un conjunto de niveles intrincados y complejos, cuyas delimitaciones se muestran borrosas y permeables, entrelazándose en un movimiento constante de significados y evocaciones. Cada uno de estos estratos, cual sedimentos de un palimpsesto histórico, se desdibujan en un continuo de significados y reinterpretaciones. Juntas, configuran un vasto mosaico de la experiencia humana, donde cada pieza contribuye a la interpretación del enmarañado devenir histórico.

2.2.2. *Aplicaciones y estudios literarios*

No cabe duda de que la literatura ofrece una excelsa posibilidad de conservar la memoria social. A través de los diversos géneros literarios, la memoria persiste y se fortalece mediante la pluma y el papel en sus múltiples formas, jamás agotándose en el intrincado entramado literario, donde «el recuerdo se pone de manifiesto» (Benjamin, 1991, p. 12). La literatura confiere una estabilidad inusitada a la efímera vida del recuerdo, pues la información contenida en la memoria tiene una existencia breve y se renueva dinámicamente, hallando en las letras un refugio perpetuo, o al menos un simulacro de eternidad. La literatura en general y la narrativa en particular encarnan un ornamento en la representación de la realidad, esencial pero no determinante para su significado. La realidad existe independientemente de nuestras narraciones, que sirven para explicarla. Divergencias en los relatos son vistas como errores de percepción. Aunque la realidad es lo que es, nuestras explicaciones sobre ella suelen tomarse de manera literal (Cabruja, Íñiguez, Vázquez, 2000, p. 63).

A través del lenguaje literario, se nos concede la sublime capacidad de erigir una construcción verosímil del mundo, permitiendo así la edificación de narraciones que logran plasmar la esencia de lo real y sus memorias. En la narración reside la atávica exigencia expresiva del ser humano; las historias narradas, los cuentos, y los relatos son artefactos que el narrador, cual hábil artesano, recompone con destreza. En estos relatos hallamos la cultura de un pueblo, sus raíces que reverberan en las palabras encadenadas, pintando y reinterpretando el vasto lienzo la existencia. La narración se nutre de la experiencia, tanto personal como ajena, y constituye el material fundamental para construir conocimiento y comprensión. Las vivencias no son materias primas efímeras o abstractas, sino que poseen una consistencia, funcionalidad y singularidad que los hacen valiosos (Benjamin, 1991, p. 21).

Los textos literarios, en su singularidad, aspiran a poseer o, al menos, alcanzar una verdad total que trasciende en parte los microrrelatos que los constituyen, logrando a veces una proyección que supera las micro-verdades que los componen. La voz del narrador, aunque ficticia, reclama su autenticidad al encarnar lo verdadero dentro del ámbito de la ficción. Este acto de creación ficcional construye construcciones mentales que abren puertas a mundos posibles, extendiendo así los límites de la realidad representada. Por lo tanto, el texto escrito actúa como un depósito de memoria y una representación perpetua de los eventos que configuran la existencia. El libro se erige, así, como un baluarte contra el olvido, facilitando el examen de procesos sociales y la interpretación histórica, al tiempo que refleja las influencias culturales en la literatura. La memoria social abordada en la literatura no solo permite experimentar, sino también analizar los procesos sociales. Como un baluarte contra el olvido y un vehículo para la recuperación del pasado, examina cómo se manifiestan y desarrollan las historias en cada sociedad. Además, actúa como un espejo de las influencias externas que moldean tanto la literatura como la cultura (Mora Salas, 2020, p. 5).

Los aspectos culturales, históricos, políticos y sociales perfilan el mundo en el que vivimos y mediante recursos hermenéuticos se busca perfeccionar nuestra visión del mundo. Este enfoque facilita una interpretación enriquecida del alcance cívico, destacando cómo las narrativas literarias conllevan y contribuyen a comprender y reflejar la complejidad de las interacciones sociales y culturales.

Los textos literarios se componen de una diversidad temática que caracteriza las teselas de un mosaico literario que se despliega al revelar fenómenos, procesos y prácticas, los interpreta y los transforma, ofreciendo múltiples perspectivas sobre la vida privada y colectiva de un país y actores sociales destacados en sus narrativas. No darnos cuenta de cómo la literatura con su intenso entramado de significados y su mirada empática hacia lo humano, es imposible. Lo literario está ínsito en el ser humano y la literatura, por su parte, juega un papel crucial en la construcción, o en algunos casos, de la reconstrucción del imaginario colectivo, ya que alterca, pelea, discute, grita, calma y crea, ampliando los sentidos efectivos en torno a la vida privada y colectiva del país, siendo un espejo en el cual mirar la complejidad de la vida contemporánea. Los géneros literarios diferentes ofrecen el disfraz con el cual decir la verdad o buscarla a través de la sátira, la parodia, el realismo o incluso la ciencia ficción, los textos pueden cuestionar las normas sociales, políticas y culturales. La literatura a menudo adopta una posición crítica frente a lo que diariamente se nos presenta a la vista y con el que debemos enfrentarnos, por lo tanto, no supone una simple narración sino una escritura que va más allá de las estructuras y prácticas sociales. Los autores tienen la oportunidad o el compromiso social de presentar visiones del mundo «otras» que no se alinean a la masa o evidenciar problemas. Las obras literarias abordan una amplia gama de aspectos que profundizan y que deconstruyen donde desafían las normativas establecidas, introduciendo conceptos y valores o «acuñando» nuevos que pueden modificar la percepción del lector sobre diferentes aspectos de la vida desde la experiencia íntima de los sujetos —como la identidad personal, la adolescencia, la adultez, la vejez, la relaciones personales y con el otro, la sexualidad, la familia, la enfermedad, la muerte, el amor, las relaciones de pareja y hasta cuestiones vinculadas con el entorno social; males que afectan a la contemporaneidad y las administraciones públicas: comparación de diferencias y diversidades, violencia masificada, situación sociopolítica global y del país, medios de comunicación, migración, vida urbana, etc. Todo esto forma parte de una narrativa universal, el cuento de la existencia del que todos formamos parte.

La ficción, según Thomas Pavel (1995), exhibe una asombrosa capacidad para investigar, trascendiendo las restricciones de lo real y permitiendo a los autores transformar la realidad con total libertad. Los escritores demostraron un fuerte compromiso con la realidad de su país y su gente. En este lugar se transforma en una variedad de sitios llenos de simbolismo y significados profundos, donde los cuentos y personajes se hacen reales.

La ficción no solo se dedica a detallar situaciones, sino que explora la psicología de los personajes, revelando sus pensamientos, sentimientos y luchas internas. Al hacer alusión a estos lugares, la ficción no solo sirve como medio para recordar momentos compartidos, sino que también permite una relación personal con la historia, cambiando constantemente con cada experiencia. Cada vez que se visita estos lugares narrativos, se está contribuyendo a su continua reinvención, destacando la habilidad de la ficción para reflejar de manera diversa la realidad y la memoria compartida. Haciendo referencia al espacio en la ficción se establecen lazos de identificación que ayudan a recordar recuerdos colectivos, según lo plantea Maurice Halbwachs (2004). Los sitios poseen significados en común y posibilitan la celebración de la identidad y la conexión con la historia. Al ser recorridos varias veces, estos lugares cambian constantemente, brindando flexibilidad y un acceso ininterrumpido a las vivencias y memorias compartidas.

2.2.3. Perspectivas de interpretación

La memoria tiene la facultad de dar conciencia a la individualidad del ser humano. Una conciencia que tiende a una perspectiva metonímica, que parte del espíritu propio de una persona y se propasa los límites físicos personales hasta llegar al más amplio nivel colectivo que subtiende al fenómeno mnemónico. Una identidad diacrónica que se desarrolla y se construye con cúmulos de recortes de tiempo. La memoria tiene la capacidad de sintetizar el tiempo y la identidad (J. Assmann, 2008). J. Assmann distingue la memoria dentro de tres niveles: el primero es interno, que es el nivel neuromental que forma nuestra memoria personal y se reconoce desde los años 20; el segundo es el nivel social, que se refiere a la comunicación a la interacción social y nos deriva, como hemos visto, del gran sociólogo francés Halbwachs y en cierta parte de Warburg. Es decir, memoria como función de nuestra vida social, dado que, nuestra memoria depende, como la conciencia en general, de la socialización y de la comunicación. Y, por último, el tercero es el nivel cultural que sitúa la memoria en el tiempo histórico y mítico, subvencionado por las instituciones y, que, en sí mismo, es una institución externa, objetiva cuando concurre a la construcción de la identidad cultural a lo largo del tiempo. La memoria nos permite vivir en grupos y comunidad y esos mismos grupos o comunidades son capaces de construir una memoria. J. Assman introduce el término *comunicative memory* para delinear la disconformidad entre el concepto de Halbwachs de *collective memory* y la visión de una memoria como un algo estrictamente ligado a la cultura *cultural memory*. Sin duda alguna, el concepto de «memoria cultural» es de derivación halbwachsiana puesto que se comparte entre grupos de personas y que le transmite a un colectivo que es cultural e identitario. Según afirma J. Assmann, el sociólogo francés, en su teoría operó cuidadosamente una selección dejando de lado y excluyendo todo el conjunto de tradiciones, transmisiones y transferencias que caracterizan y concurren para formar lo que inequívocamente se define como cultura en el sentido más amplio del término, y que, a la vez, se puede enmarcar bajo el término «memoria cultural». A continuación, concretemos más específicamente lo que implican los dos conceptos de memoria cultural y memoria comunicativa.

La memoria comunicativa se basa en la cotidiana interacción entre personas. Su especificidad en la dimensión social se basa en algo bastante genérico. La participación en su construcción incluye una pluralidad de sujetos, cada uno con su bagaje de conocimientos; no posee una especialización temática debido a su variabilidad, a su falta de puntos de referencia fijos. Sin embargo, de una forma dada, presenta marcos y géneros comunicativos con tematizaciones y tradiciones de comunión que están relacionadas con los lazos afectivos que unen a familia, grupos y generaciones. Es un fenómeno fuera de cualquier ámbito institucional de instrucción, transmisión e interpretación y no tiene ocasiones especiales o fechas donde se recuerde o se celebre. Se sostiene en la interacción entre individuos, en la comunicación cotidiana y por eso llega a tener una alternancia que cubre tres o cuatro generaciones en un horizonte temporal de alrededor de ochenta o cien años visto que hay una reciprocidad de roles, y la durabilidad de la memoria depende de la durabilidad de los lazos afectivos. La memoria comunicativa tiene como raíz teórica la investigación del antropólogo Jan Vansina (1967) sobre las sociedades orales en África y su relación con la historia. Estudiando las formas de representación del pasado en estas sociedades tribales, Vansina se dio cuenta de que el pasado reciente se conserva y circula fácilmente en estas poblaciones; a medida que va pasando el tiempo la información se hace más vaga, la comunicación se malogra y los recuerdos se esfuman hasta desaparecer, no llegando más allá de tres generaciones, desvaneciéndose en el olvido. Vansina evidencia una desencoladura en estas comunidades tribales entre la memoria informal de un pasado reciente y la memoria formal del pasado remoto de los orígenes que define *floating gaps*. La memoria formal del pasado más remoto, el tiempo de origen, lo que hace referencia a los orígenes de las tribus, se deja en manos de la narración especializada para preservarlo, por lo cual las tribus bajo formas narrativas, o de canciones, bailes, rituales, máscaras y símbolos, y narrado por medio de especialistas como narradores, bardos, *griot*, enmascarados y otros que están organizados en gremios y tienen que someterse a largos períodos de iniciación, instrucción y examen, se hacen portadores de memoria institucional, la memoria de los orígenes. Además, su celebración requiere, en ciertas ocasiones, momentos que representan puntos clave de la historia cultural (J. Assmann, 2008, p. 112).

2.2.4. *Comunicación literaria y memoria*

La memoria juega un papel importante en la creatividad al llevar a uno a reflexionar de manera profunda y buscar las bases de su experiencia personal, dejando de lado preocupaciones inmediatas. En esa desolación espiritual aparece una inmersión en un pasado original; en la mente del autor se concentran suposiciones, símbolos originales donde los recuerdos fundamentales surgen con una claridad reveladora. Al cerrar los ojos y apartar las distracciones actuales, estos momentos de reflexión nos permiten descubrir recuerdos importantes, como el sonido de la nieve bajo nuestros pies o la música nostálgica de nuestra infancia, que actúan como guías en nuestro pasado. Regresar a los inicios nos hace recordar momentos concretos y revela experiencias esenciales que han influenciado nuestra identidad. Al adentrarnos en los misteriosos templos de la memoria y revisar ese pasado, encontramos recuerdos de la música inicial que oímos, las melodías maternas, los lugares de nuestra infancia, y las primeras experiencias con la lectura y el amor. Cada recuerdo nos muestra una perspectiva única de nuestra vida, un retrato en cambio continuo que nos une a momentos personales y nos lleva también a vivencias más amplias y sociales. Estos recuerdos se convierten en algo sagrado dentro del texto literario al reunir simulacros de memoria, ampliando la idea de lo sagrado al incluir no solo lo religioso, sino también lo desconocido que nos trasciende. Esta comprensión más amplia de lo sagrado se revela en nuestro día a día y nos permite ver cómo lo trascendental se entrelaza de forma natural y cercana con nuestra rutina diaria.

Por último, la mención de conceptos como el microcosmos de la comunidad y el inmenso cosmos de estrellas resalta cómo nuestros recuerdos personales se sitúan en un contexto más amplio. Nos conectan tanto con lo local como con lo universal, reflejando la intersección entre nuestra experiencia individual y la experiencia colectiva. Así, cada recuerdo primordial no solo nos define, sino que también nos sitúa dentro de un marco extenso de existencia y significado:

> Entonces, el escritor, o cualquier persona, vuelve a cerrar sus ojos, elimina de su mente razones y sentimientos circunstan-

ciales y se sumerge en el pasado para ir en busca de los orígenes, de los símbolos primeros. Es entonces cuando —entre todos los demás— puede surgir un recuerdo primordial, un resplandor, un sonido como, por ejemplo, el de la nieve de la infancia y el del crujido que ésta produce cuando se la pisa, un crujido como de luz. Este puede ser el recuerdo primero y salvador por excelencia al que habrá que aferrarse. Pero si seguimos cerrando los ojos para recordar, de ese pasado remoto seguramente surgirán otros símbolos salvadores: las primeras músicas y las canciones maternas, los mundos del río, el monte, el valle o la mar, la primera visita a una biblioteca y, de ella, el primer libro que nos marcó, el primer amor de adolescencia (iniciación a todo), al nacimiento a inquietudes sociales o sagradas (lo sagrado no necesariamente como algo exclusivamente religioso, sino simplemente como aquello que nos trasciende y que desconocemos), el microcosmo del pueblo donde pasábamos nuestras vacaciones, el universo estrellado... (Colinas, 2004 , p. 74).

2.3. Memoria Individual y Colectiva: Perspectivas de San Agustín y Maurice Halbwachs

2.3.1. San Agustín: la memoria afectiva y la memoria sensible

El ser humano es capaz de revivir los acontecimientos del pasado, duplicar de manera selectiva las sensaciones probadas y volver a percibirlas mediante el auxilio de la memoria. La conservación de lo evocado implica una labor de fijación por parte de la mente. El resultado de esa labor nos permite evocar de manera perentoria lo vivido y lo experimentado, lo que nuestros sentidos percibieron y que registraron. Esta labor no implica necesariamente un estado de tensión dado que estas imágenes y percepciones pueden llegarnos como una simple afición. Cada cosa que percibimos mediante los sentidos se queda subrepticiamente en nuestra memoria, y de esa forma: la vista, el oído, el olfato, el gusto, el tacto, todo lo que ya sea extrínseco o intrínseco a nuestro cuerpo constituyen discretamente esos conjuntos de elementos mnemónicos. Así que:

Este capacísimo retrete de la memoria recibe, en no sé qué secretos e inexplicables senos que tiene, todas estas cosas, que por las diferentes puertas de los sentidos entran en la memoria y en ella se depositan y guardan, de modo que puedan volver a descubrirse y presentarse cuando fuere necesario. Pero no entran allí estas mismas cosas materiales, sino que unas imágenes que representan esas mismas cosas sensibles son las que se ofrecen y presentan al pensamiento cuando sucede que uno se acuerda de ellas (S. Agustín, 1983, p. 207).

Para S. Agustín, son las imágenes que se quedan impresionadas, fijadas, interiormente en el ánimo. De esta manera, gracias a las imágenes en la memoria, se pueden identificar, mantener vivas y atravesar metafóricamente altas montañas, sobre montañas, grandes olas y amplias corrientes fluviales:

No admiran ellos que cuando yo nombraba estas cosas que acabo de decir no las estaba viendo con mis ojos; y no obstante, era preciso, para nombrarlas, que interiormente viese en mi memoria los montes, las olas, los ríos y los astros, que son cosas que he visto, y el océano, de que otros me han informado; y que se me presentasen con tan grandes espacios y extensión como tienen en sí mismos, y como si los estuviera viendo con mis ojos. Tampoco cuando vi estas cosas se me introdujeron por los ojos ellas mismas; ni son ellas las que están dentro de mí en el depósito de mi memoria, sino solamente unas imágenes suyas; también sé y conozco clara y distintamente por cuál de los sentidos de mi cuerpo ha entrado cada una de ellas y la impresión que han hecho en mi memoria (S. Agustín, 1983, p. 208).

Todos estos elementos concurren a la formación de la imagen que se genera para la evocación del recuerdo. La memoria sensible nos da la posibilidad, sin tener necesariamente vínculos con lo físico, de generar una realidad y acompañarse con ella gracias a sus imágenes y representaciones. Todo eso nos permite avanzar en la compleja tarea de la vida asimilando paulatinamente a dirigirnos, aprendiendo a orientarnos en el mundo magmático y desarrollando nuestra naturaleza que, por supuesto: «no necesita estar constantemente ante las cosas para conocer sus formas elementales, sensibles» (Rodríguez Neira, 1971, p. 377). Los sentidos dibujan y construyen la percepción de lo exterior según los estímulos que tenemos internamente. Lo que la memoria hace es darnos la posibilidad de volver a sentir sin la necesidad que estos estímulos se repitan o se representen.

La memoria sensible está estrechamente ligada a la imaginación. Sería imposible imaginar o crear algo en la mente si no lo conociéramos de antemano, no se podría imaginar o evocar ninguna de las imágenes que acompañan nuestra existencia sin que estas imágenes hubieran sido registradas por nuestra memoria. Ni siquiera podríamos seguir una historia sin que el significado situacional fuera registrado en nuestra memoria. Cuando hablamos de significado, nos referimos saussureanamente al concepto o la imagen que el significante nos evoca en nuestra mente. Aunque entre estas dos partes del signo no hay una línea de demarcación tan evidente, la memoria entonces como signo que comprende la imagen entendida como un conjunto sensorial-visual y el concepto. Indudablemente se recuerdan las afecciones anímicas, deseos, melancolía, satisfacción etc. sin recordarlo, es imposible o inimaginable que el significante se conecte con el significado, todo se vuelve incomprensible, oscuro, indefinible, perdiendo la dimensión característica de las cosas, sin poder hablar de ellas ni imaginarlas. Pero los sentimientos de una cierta forma etéreos, subjetivos, inimaginables, no pueden ser cuantificados o definidos con precisión, no hay una línea de demarcación en la que puedan ser circunscritos claramente mediante transposiciones metafóricas, de esta forma no nos es posible acercarse a una definición precisa. Por lo tanto:

> La memoria sensible es, en consecuencia, un intermediario necesario en nuestra relación con el mundo. Ninguna realidad concreta podemos imaginar ni pensar sin su participación. Las cosas particulares para ser pensadas han de ser previamente sentidas y recordadas. El proceso es sencillo: 'El sentido recibe la imagen del cuerpo; la memoria del sentido

y de la memoria, la mirada del pensamiento... Querer apartar la mirada del alma —concluye San Agustín— del recuerdo de la memoria equivale a no pensar' [...] La imaginación, sin embargo, no puede actuar sin la memoria. Es más, la memoria es la medida de la imaginación. Y esto en un sentido más radical del que ahora podemos suponer. Pensemos en nuestra actitud ante una narración extraordinaria. A medida que vamos escuchándola, vamos siguiendo con la imaginación todas sus vicisitudes. No parece que participe la memoria. El mundo que me represento es un mundo fabuloso suscitado por las palabras que escucho. No obstante, la intervención de la memoria es evidente. De ninguna manera podría seguir la narración si no recordara, al menos, el sentido de las palabras que escucho (Rodríguez Neira, 1971, p. 379-380).

Recordando las afecciones anímicas y gracias a estas podemos conversar y relacionarnos con el mundo y comprender sus infinitos matices, los nexos entre los entes, objetos y cosas que se reverberan en el fondo del ánima estimulando los sentimientos. Las «nociones» de los sentimientos se conservan en la memoria sin que necesariamente hayan atravesado los sentidos, sino que la misma alma, como escribe S. Agustín, sintiéndolas por la experiencia de sus pasiones, las encomendó a la memoria. Así que, S. Agustín coloca el estudio de la memoria afectiva entre la memoria sensible y la profunda.

Pero antes hay que presentar todavía como perteneciente a la memoria sensible el tema de la temporalidad. La memoria se caracteriza por su fidelidad al dato objetivo, tal como ha sido recibido. Lo que hace es despojarlo de su aspecto inmediato, físico, y de su concreción temporal, y convertirlo mediante la imaginación, caminando más allá de lo realmente dado, representándonos lo nunca visto e incluso transformando la realidad.

Para S. Agustín, grande es el poder de la memoria que es a la vez contenedor y contenido ya que hasta se acuerda de haberse acordado: «Grande es, Dios mío, esta virtud y facultad de la memoria; grandísima es y de una extensión y capacidad que no se le halla fin» (S. Agustín, 1983, p. 208).

S. Agustín diseña virtualmente con sus metáforas los «vastos palacios de la memoria» donde se encuentra su plenitud espiritual:

> Cuando mi alma se ha de servir de esta potencia pide que se le presenten todas las imágenes que quiere considerar; algunas se le presentan inmediatamente, pero otras hay que buscarlas más despacio, como si fuese menester sacarlas de unos senos más retirados y ocultos. Otras suelen salir amontonadas y de tropel; y aunque no sean aquéllas las especies que entonces se pedían y buscaban, ellas se ponen delante, como diciendo: ¿Por ventura somos nosotras las que buscáis? Yo las aparto de la vista y aspecto de mi memoria con la mano y entendimiento, hasta que se descubra lo que busco y acabe de dejarse ver, saliendo de aquellos senos donde estaba escondido. También hay otras que se presentan fácilmente y con el mismo orden con que se las va llamando; entonces las primeras ceden su lugar a las que siguen, y cediéndolo, vuelven a guardarse. Todo esto sucede verdaderamente cuando digo alguna cosa de memoria (S. Agustín, 1983, p. 206).

S. Agustín piensa que los recuerdos se depositen en el umbral de la memoria y puedan ser observados sin límites como formas precisas que se depositan en el fondo memorial y con las cuales un individuo se puede deleitar en estados de onirismo extático (Ricoeur, 2004, p. 42).

El hombre extiende su aliento de vida al futuro y ontológicamente, donde trata no sólo de realizarse, sino de realizarse felizmente. La búsqueda de la verdad, el deseo de conseguirla, presupone su comprensión. Ese conocimiento no puede ser mero fruto de los sentidos, de las experiencias que percibimos a través del cuerpo, sino que trasciende lo corporal, lo tangible, lo experiencial y encuentra morada en lo mental donde revela la presencia de la verdad en la memoria: «Presencia implícita, confusa, oscura, que poco a poco puede ir esclareciéndose en la conciencia, sin que por ello llegue nunca a reducirse a un dato subjetivo, porque es esencialmente superior al sujeto» (Rodríguez Neira, 1971, p. 406).

En definitiva, S. Agustín se acerca a la teoría de la memoria de Platón, es decir, entender la memoria como reminiscencia, asumiendo que los estados anímicos como la felicidad, la sabiduría o la satisfacción espiritual consienten llegar a una forma de conocimiento tal que permita ser consciente que todo ya es presente, y parte del conocimiento anímico. De hecho, lograr este enriquecimiento no es aprender algo nuevo, sino recordar lo que ya residía en el alma:

> El hombre está inmerso en el mundo de lo absoluto, permanente y eterno. La sabiduría humana es sabiduría participada. A imagen de Dios ha sido hecha el alma. Por eso el alma puede acordarse de Dios. De este modo la memoria adquiere una fundamentación metafísica y una dimensión teológica indudable (Rodríguez Neira, 1971, p. 407).

2.3.2. *Maurice Halbwachs y la Memoria Colectiva*

No podemos hablar de memoria, memoria colectiva y memoria cultural, sin considerar y examinar la obra del sociólogo Maurice Halbwachs. Su obra y teorías representan un punto de partida imprescindible para un análisis epistemológico. Sin términos medios, el *corpus* de sus obras coadyuva ubicando y ordenando lo vivido personalmente que se detiene en la memoria. La continua secuencia diacrónica de los acontecimientos individuales, que para Halbwachs no son otra cosa que derivaciones de las relaciones que se instauran en los grupos a los que pertenecemos cuando nos relacionamos ejerciendo nuestro papel, siendo componente activo o pasivo de estos, y trabando las interrelaciones entre los varios grupos que componen nuestra sociedad. De hecho, el mismo sociólogo francés teoriza que cada memoria individual está inscrita en la memoria colectiva y que la perspectiva personal sobre la memoria colectiva cambia según determinadas condiciones como el lugar y las relaciones que se mantienen entre individuo y los varios grupos al que pertenece. Los recuerdos personales, la propia memoria están condicionados por el grupo al que se pertenece y más radicalmente, se puede afirmar que recordamos como miembros de esos grupos. Todo eso se concreta en una distinción que se organiza del siguiente modo:

- Memoria histórica: supone la reconstrucción de los datos proporcionados por el presente de la vida social y proyectada sobre el pasado reinventado.

- Memoria colectiva: es la que recompone mágicamente el pasado, y cuyos recuerdos se remiten a la experiencia que una comunidad o un grupo pueden legar a un individuo o grupos de individuos (Echeverry Betancourt, 2004, p. 126).

Dentro de estas dos direcciones de la conciencia colectiva e individual se desarrolla otra forma de memoria:

- Memoria individual: en tanto que ésta se opone a la memoria colectiva, es una condición necesaria y suficiente para llamar al reconocimiento de los recuerdos. Nuestra memoria se ayuda de otras, pero no es suficiente que ellas nos aporten testimonios (Echeverry Betancourt, 2004, p. 126).

En su análisis de la memoria colectiva, Maurice Halbwachs destaca la pujanza de los varios elementos que determinan y estructuran el núcleo base de la memoria de la colectividad en el que insertan las referencias personales. Entre ellos se incluyen los lugares de la memoria como veremos más adelante.

Los grupos se forman y se disgregan siguiendo la dinámica de la asociación y disociación. Estos grupos nacen, viven y se extinguen mientras que otros vuelven a nacer, sin que necesariamente se extinga la memoria. En la formación de los grupos un componente imprescindible está constituido por la carga de afección que se articula en diferentes grados. Halbwachs nos expone entonces de *communautés affectives*, las relaciones afectivas que enlazan los miembros de los grupos aportando a los recuerdos unos acentos únicos, articulando la vida grupal. Además de la relación entre los miembros del mismo grupo, es esencial para que se complete la construcción de la memoria y de su reforzamiento la interacción entre grupos diferentes. Esos grupos en los que transitamos a lo largo de nuestra vida tienen que estar relacionados con los hechos constituyentes del pasado personal de un individuo; cuanto más grande es el *locus* donde el grupo graba los sucesos junto con la dinámica de los miembros de la comunidad, menos incisiva será esa grabación y su contribución en el desarrollo de la vida y pensamiento de cada miembro:

> Para que la memoria de los otros venga así a reforzar y completar la nuestra también hace falta, decíamos, que los recuerdos de esos grupos estén en relación con los hechos que constituyen mi pasado. Cada uno de nosotros, en efecto, es miembro a la vez de varios grupos más o menos grandes. Ahora bien, si fijamos nuestra atención en los grupos más grandes, por ejemplo, la nación, aunque nuestra vida y la de nuestros padres o la de nuestros amigos estén comprendidas en la suya, no se puede decir que la nación como tal se interese por los destinos individuales de cada uno de sus miembros. [...] Pero entre el individuo y la nación hay muchos otros grupos, más restringidos que ésta, que también tienen su memoria y cuyas transformaciones actúan mucho más directamente sobre la vida y el pensamiento de sus miembros (Halbwachs y Díaz, 1995, p. 211-212).

Cada persona se sumerge en varios grupos sociales al mismo tiempo, o en uno tras otro. Por otro lado, cada grupo está dividido bien temporal y geográficamente. En estas sociedades, junto con el desarrollo de muchas memorias colectivas antiguas e incluso primitivas, estas memorias modernas entienden que, cuanto menos numerosos son sus miembros, menos interesa lo general, y cuanto más numerosos son, menos interesa lo local:

> Cada hombre está sumido, al mismo tiempo o sucesivamente, en varios grupos. Por otra parte, cada grupo se divide y se afianza en el tiempo y en el espacio. En el interior de esas sociedades se desarrollan otras tantas memorias colectivas originales, que mantienen por algún tiempo el recuerdo de acontecimientos que sólo tienen importancia para ellas, pero que interesan tanto más a sus miembros cuanto menos numerosos son. Mientras en una gran ciudad es fácil pasar desapercibido, los habitantes de un pueblo no paran de observarse y la memoria de su grupo graba fielmente todo lo que puede alcanzar de los hechos y gestos de cada uno de ellos, porque reaccionan sobre toda esa pequeña sociedad y contribuyen a modificarla (Halbwachs y Díaz, 1995, p. 212).

Debemos ajustar la memoria colectiva del sociólogo francés en la oposición entre memoria histórica y memoria colectiva. La memoria histórica es incapaz de conservar y localizar el recuerdo personal, ni siquiera coadyuvarlo en su construcción, como se realiza en el caso de la memoria colectiva. La historia, incluso cuando hipotéticamente consigue ser rigurosamente fiel e imparcial, aborda las crónicas de los acontecimientos que determinan la vida de una nación o, en el caso más específico de una comunidad, de un pueblo, una ciudad, etc., seleccionando, discriminando, así que solo el conjunto minoritario de miembros que son sus protagonistas, resulta ser lo único que queda involucrado en ese relato social, pues:

> Supongamos que la historia nacional fuera un fiel resumen de los acontecimientos más importantes que modificaron la vida de una nación. Se distingue de las historias locales, provinciales y urbanas en que sólo retiene los hechos que interesan al conjunto de los ciudadanos, o dicho de otro modo, a los ciudadanos como miembros de la nación. Para que la historia entendida así, aunque sea muy detallada, nos ayude a conservar y recuperar el recuerdo de un destino individual, el individuo en cuestión deberá haber sido un personaje histórico. Sin duda, hay momentos en que todos los hombres de un país olvidan sus intereses, a su familia, los grupos restringidos en cuyos límites se detiene habitualmente su horizonte. Hay acontecimientos nacionales que modifican todas las existencias a la vez. Son pocos. Sin embargo, pueden ofrecer a todos los hombres de un país varios puntos de referencia temporal. Pero normalmente la nación está demasiado alejada de un individuo como para que considere la historia de su país de un modo distinto que no sea como un marco muy amplio, con el que su propia historia tiene muy pocos puntos de contacto (Halbwachs, 2004, p. 78).

La memoria colectiva no necesita fraccionar o segmentar el tiempo y ni siquiera tiene una línea de demarcación temporal tan neta y nítida como, al contrario, necesita la historia, que evidencia la necesidad de dividir el tiempo en épocas operando cortes netos entre un espacio temporal y otro. Por lo tanto, lo que tiene una importancia relevante en la memoria colectiva son los lazos afectivos, lo que aportan un flujo vital y matices que nunca hallaremos en la memoria histórica. Los intercambios y la translación entre los grupos del individuo desarrollan una red de interconexiones que acaban por definir y enriquecer la dimensión individual de la memoria colectiva. Por lo tanto, lo que es relevante en el destino de una comunidad afectiva o del individuo no son los marcos temporales de los acontecimientos, sino el componente emocional, psicológico y la vida interior vista, que auxilian eficazmente a la construcción de la memoria colectiva. Como afirma Halbwachs:

> En muchas novelas que cuentan el destino de una familia o un hombre, poco importa que sepamos en qué época se desarrollan los hechos: no perderían ni un ápice de su contenido psicológico si los trasladásemos de un periodo a otro. ¿Acaso no se intensifica la vida interior en la medida en que está aislada de las circunstancias externas que pasan al primer plano de la memoria histórica? Si más de una novela u obra teatral son situadas por su autor varios siglos atrás, ¿acaso no es un artificio para alejar el marco de los acontecimientos actuales, y hacernos sentir mejor lo alejado que está el juego de sentimientos de los acontecimientos históricos, y lo próximos que nos resultan a través del tiempo? Si, por memoria histórica, entendemos la serie de hechos cuyo recuerdo conserva la historia nacional, no es ella sino sus marcos, lo que representa el aspecto esencial de lo que denominamos la memoria colectiva (Halbwachs, 2004, p. 79).

Desde niño, el ser humano, aunque no se dé cuenta, está completamente inmerso en el pasado. Accede a un mundo lleno de memoria, a un pasado auténtico y vivido por la sociedad que lo contornea y que lo abraza metafóricamente. Todo ese pasado, los recuerdos más o menos recientes de los miembros de la sociedad o del grupo al que pertenece, confluyen en su mente y comienzan de manera gradual a ser parte también de su memoria con cuentos, relatos, refranes, pregones etc., todo lo que pertenece a la literatura oral —y no solo eso— se traslada y se infunde de forma directa. En ese pasado tan presente, en esa historia tangible y perceptible, podrá apoyarse, alimentarse, construirse su memoria mucho más que en la historia escrita:

> La vida del niño está más sumida de lo que se cree en medios sociales por los que entra en contacto con un pasado más o menos lejano, que es como el marco en el que están prendidos sus recuerdos más personales. En ese pasado vivido, mucho más que en el pasado aprendido por la historia escrita, podrá apoyarse más tarde su memoria. Si al principio no ha distinguido ese marco y los estados de conciencia en él situados, es muy cierto que, poco a poco, se operará en su espíritu la separación entre su pequeño mundo interno y la sociedad que le rodea. Pero como originalmente esos dos tipos de elementos han estado estrechamente fundidos, se le aparecen todos como formando parte de su yo de niño. No se puede decir que todos los correspondientes al medio social se le presentarán más tarde como un marco abstracto y artificial. En ese sentido, la historia vivida se distingue de la historia escrita: tiene todo lo necesario para constituir un marco vivo y natural en el que un pensamiento puede apoyarse para conservar y encontrar la imagen de su pasado (Halbwachs y Díaz, 1995, p. 210).

Con el paso de los años, cuando de la niñez se pasa a la edad adulta, el individuo, de manera participada, interviene en las actividades del grupo o de los grupos, aportando su visión de la vida, sus reflexiones, su manera de ser y de relacionarse, su punto de vista. Esa participación inocente, sin conocimiento, en las dinámicas del grupo que caracterizaban su edad no madura se convierten en acción participativa; las nuevas nociones adquiridas, nociones de hechos, reflexiones e ideas reaccionan con los recuerdos que tenía en su niñez —afirma Halbwachs (2004)— influyendo en sus recuerdos, que no son otra cosa que reconstrucciones de pasado, con el soporte de los datos del presente que se sobrepone a otras reconstrucciones precedentes «donde la imagen de antaño ha salido ya muy alterada» (Halbwachs y Díaz, 1995, p. 210).

Por último, la memoria para Halbwachs es únicamente la memoria colectiva, que se crea empleando los heterogéneos puntos de vista individuales fundados en los lazos emocionales. Las experiencias de lo vivido, que son las bases de lo colectivo mnemónico, se ponen en contraste con la memoria histórica que encontramos en los textos, la «historia escrita», aquella historia ajena a los grupos concentrada en su listado de acontecimientos y hechos de sus seleccionados protagonistas:

> La historia, que se sitúa fuera de los grupos y por encima de ellos, no duda en introducir en el curso de los hechos divisiones simples, cuyo lugar se fija de una vez para siempre. Al hacerlo, no obedece a ninguna necesidad didáctica de esquematización. Parece que ve cada periodo como un todo, independiente en gran parte del que le precede y del que le sigue, porque tiene una obra, buena, mala o indistinta que cumplir (Halbawchs, 2004, p. 82).

Los grupos y las relaciones de estos entre sí se hacen cargo, de manera más o menos consciente, de ser los portadores de recuerdos, imágenes vividas que ornamentan la vida de los individuos y de los grupos. Los grupos cambian uniéndose y dividiéndose en el tiempo y en el espacio. Cuantos más pequeños son los grupos, más interesan los acontecimientos a sus miembros. La memoria colectiva empieza a poner sus bases ya desde niños, a medida que el individuo crece y entra en la edad adulta su forma de participar, reflexionar va cambiando, se mueve y actúa entre unos cuantos grupos y con ellos los recuerdos se mueven, cambian, se reconstruyen debido a que son imágenes reconstruidas, a veces deshechas, apoyadas y ayudadas por el presente. La ciudad con su arquitectura, sus espacios, su estilo y sus monumentos; las celebraciones con sus días de fiestas, sus solemnidades, sus cantos, su música, sus bailes; la tradición culinaria con sus platos típicos concurre y determinan los puntos de vistas, las referencias individuales debido a que son indicadores empíricos, indicadores de la memoria propia de un grupo social. Los hechos sociales se convierten en puntos de referencia e indicadores experimentales de la memoria colectiva y diferencian jerárquicamente los varios grupos sociales y niveles creando, a veces, contrastes y rupturas.

2.4. Los Lugares de la memoria, según Pierre Nora

Para dilucidar el concepto de memoria, resulta ineludible evocar el profundo y matizado concepto que Pierre Nora despliega sobre los «lugares de memoria», los cuales él magistralmente define como entes de una complejidad y multidimensionalidad abrumadoras. Los *lieux de mémoire* (lugares de memoria), no define solo aspectos geográficos del territorio, sino que se extienden más allá de lo geográfico, para encarnarse en monumentos, obras de arte, personajes históricos e incluso eventos o efemérides que han marcado hitos históricos y que evocan la memoria cultural de una nación, en su caso, Francia. Estos lugares, que se encuentran en un conglomerado de lo material, lo simbólico y lo funcional, su relevancia no está vinculada a su función o existencia tangible, sino que su condición trascendental los eleva a alcanzar un significado simbólico que les confiere la memoria colectiva y los rituales que, como una sagrada coreografía, los envuelven y perpetúan.

La noción de aura se introduce aquí como esa energía etérea y envolvente que circunda al objeto, dotándolo de un poder de emanación que lo trasciende, para delinear con aún mayor precisión esos lugares de memoria. Es en esa emanación, en ese resplandor invisible pero perceptible, donde reside la esencia misma de estos espacios; un halo que no solo los define, sino que les infunde un poder simbólico capaz de resonar a través del tiempo, anclando en ellos la memoria colectiva y elevándolos a la categoría de santuarios de la historia. Así, por ejemplo, un archivo puede ser un lugar de memoria si se le otorga un aura simbólica, y un libro didáctico puede convertirse en tal si es parte de un ritual de recuerdo.

Acorde con esta línea de pensamiento, incluso los conceptos abstractos pueden ser elevados a la categoría de lugares de memoria. En ellos, el aura se despliega no en torno a una forma física, sino en el ámbito de lo intangible, donde las ideas, valores y símbolos adquieren una presencia casi palpable. Así, estos conceptos abstractos, impregnados de significados compartidos y revestidos por la memoria colectiva, se configuran como espacios en los que el tiempo se condensa y la historia encuentra su morada, resplandeciendo con una energía emanativa que perpetúa su relevancia en el tejido cultural.

Nora también enfatiza la importancia de la «voluntad de memoria». Los lugares de memoria no son entidades estáticas; por el contrario, son dinámicos, adaptándose y metamorfoseándose a lo largo del tiempo. Es precisamente esta capacidad de transformación lo que les permite mantenerse conectados con la memoria viva, evitando así el anquilosamiento en el pasado. La «voluntad de memoria» actúa como un impulso vital que garantiza que estos lugares sigan resonando en la conciencia colectiva, y que pueden perder su relevancia original renovándose constantemente y reforzando su significado en cada generación o ganar un nuevo significado con el tiempo. Los lugares de memoria encapsulan significado, son símbolos autosuficientes ya que no necesitan otra cosa para alimentarse que, valorándose más por su capacidad de preservar la memoria que por la historia que los rodea.

Pierre Nora argumenta que los «lugares de memoria» fueron concebidos en una época donde se necesitaban símbolos trascendentales afirmar la nación y fue durante la Tercera República Francesa que se irguieron como herramientas para mantener viva la memoria nacional y consolidar la identidad colectiva (Erll, 2012, p. 31). Sin embargo, en la actualidad, estos sitios han perdido su conexión con la memoria viva de la comunidad, funcionando más como simples recordatorios de un pasado que ya no se entrelaza con la experiencia presente. Esta transformación señala una fractura en el vínculo con el pasado vivido, sugiriendo que la memoria auténtica y comunitaria se ha diluido. Según Nora, estos lugares se definen por tres dimensiones esenciales: material, funcional y simbólica, (2008 p. 33), que juntos permiten que un hecho u objeto se transforme en un auténtico lugar de memoria:

La dimensión material, se refiere a la objetivación cultural en un sentido amplio. No se limita a objetos tangibles como pinturas o libros, sino que incluye eventos pasados y actos conmemorativos como minutos de silencio que es «el recorte material de una unidad temporal y sirve, periódicamente, para una convocatoria concentrada del recuerdo» (*ibid.*). Es decir, estos actos tienen una materialidad, ya que forman parte de una unidad temporal.

La dimensión funcional, implica que los lugares de memoria deben cumplir una función en la sociedad. Nora explica que el libro de lectura, *Tour de la France par deux enjants* como la *Histoire de France* de Ernest Lavisse el «Petit Lavisse» representan lugares lugar de memoria «por ser inventario de lo que hay que saber de Francia, relato identificatorio y viaje iniciático» (Nora, 2008, p. 35). Estos libros tenían otra función, ya que fueron creados con un propósito educativo y nacionalista, antes de convertirse en un lugar de memoria. Esta función puede recubrir diferentes papeles, y dejar «la memoria colectiva para entrar en la memoria histórica, luego en la memoria pedagógica» (*ibid.*). Entonces, ¿cuál es la función de los lugares de memoria?, ¿cómo se definen y qué es lo que los consagra? Nora asevera: «¿Qué es lo que consagra a esta estrella de los lugares de memoria: su intención inicial o el retorno sin fin de los ciclos de su memoria? Evidentemente ambos: todos los lugares de memoria son objetos en *abyme*» (*ibid.*).

La dimensión simbólica se configura a partir del significado simbólico adquirido, en la medida en que «solo es lugar de memoria si la imaginación le confiere un aura simbólica» (Nora, 2008, p. 33) lo cual es algo necesario para que se considere un lugar de memoria. Esto puede ocurrir a través de la ritualización o la carga simbólica que adquieren ciertos lugares o actos. La elevación simbólica puede ser intencional, ya sea en el momento de su creación o posteriormente, diferenciando así estos lugares de otras objetivaciones culturales.

Nora destaca que un lugar de memoria surge de la intención de conservar algo en la memoria colectiva. Esta intencionalidad es crucial para distinguir los lugares de memoria de otros elementos culturales, ya que sin ella se podría considerar que cualquier objeto digno de recordarse es un lugar de memoria. Sin embargo, la definición de Nora no es rígida; su trabajo incluye una amplia gama de fenómenos culturales, desde figuras de lenguaje hasta modales sociales, como lugares de memoria. Los críticos han señalado que la definición de lugares de memoria podría ser demasiado amplia, incluyendo cualquier elemento cultural relacionado consciente o inconscientemente con el pasado o la identidad nacional de un pueblo. Esta perspectiva ha sido discutida por otros académicos como Aleida Assmann, quien diferencia entre medios y *topoi* de la memoria colectiva, y Patrick Schmidt, quien explora cómo los lugares de memoria están interconectados en una red.

Finalmente, la distinción tajante que hace Nora entre historia y memoria ha sido cuestionada, especialmente considerando debates sobre la construibilidad y relatividad de la historiografía, que surgieron en la década de 1970. Nora, sin embargo, mantiene una visión crítica respecto a la pérdida de memoria viva y la transformación de esta en lugares de memoria más estáticos y simbólicos. Pierre Nora critica las culturas contemporáneas del recuerdo, señalando que se enfrentan a una «democratización y masificación», así como al «final de las sociedades de la memoria» y de las «ideologías de la memoria». Nora lamenta la pérdida de los *milieux de mémoire*, que él describe como comunidades tradicionales, especialmente las rurales, que mantenían una memoria viva y colectiva.

2.4.1. El Concepto: proyecciones críticas

El concepto de «lugares de memoria» de Pierre Nora ha estimulado a los pensadores europeos a reflexionar sobre su significado que se ha ido ampliando y que se ha ido adaptando a los varios territorios y culturas que en su camino ha encontrado. Lo que ha enriquecido y, en cierta medida, transformado su significado original.

No existe una memoria espontánea. Nora subraya que los lugares de memoria surgen desde esta conciencia. Para que tengamos estos lugares simbólicos es necesario crear archivos, celebrar aniversarios, organizar celebraciones y recordar públicamente ciertos eventos para mantener viva la memoria. Estos lugares nada tienen que ver con la espontaneidad o la involuntariedad son construcciones intencionales en las que la memoria se condensa y se materializa, y su relevancia depende de su actualización y vinculación con los valores e intereses contemporáneos. Al perderse esta conexión, tanto la memoria como los lugares asociados a ella corren el riesgo

145

de caer en el olvido, deteriorarse, de manera similar a lo que el historiador Aloïs Riegl de la escuela vienesa en su *El culto moderno a los monumentos* (1903) describe como monumentos «intencionados» que, una vez olvidados por la sociedad que los construyó, se deterioran y pierden su significado original:

> Un simple montón informe de piedras no es suficiente para brindar al que lo contempla un valor de antigüedad; por lo menos ha de quedar aún una huella clara de la forma original, de la antigua obra humana, de lo que fue anteriormente, mientras que un montón de piedras ya sólo representa un muerto fragmento informe de la madre naturaleza sin huellas de creación viva (Riegl, 1987, pp. 53-54).

La dinamicidad que caracteriza la memoria y, asimismo, la memoria colectiva viene resaltada por la necesidad de actualizar y mantener la relevancia de los lugares de memoria. Los lugares de memoria son sitios que conmemoran el pasado, pero que, si no requieren una continua interacción continua con el presente, con lo cotidiano para preservar evitar de erosionarse en el olvido y mantener su significado integro.

La estudiosa Hue Tam Ho Tai vietnamita reputa parcial la visón de Nora sobre una «nación-memoria» francesa, al omitir esenciales aspectos de la memoria tal y como el colonialismo y la retroalimentación cultural de los inmigrantes, hablando de *Realms of memory* señala: «[...] Nora's focus on the national and the relative neglect of both the colonial and the local, far more evident in the English version than in the original, shape how the relationship between history and memory is conceptualized throughout the collection»[1] (2001, p. 915). Según Tai, la noción de una memoria nacional francesa en el trabajo de Nora es incompleta y no representa la diversidad de experiencias y recuerdos dentro del país.

---

1   «El énfasis de Nora en lo nacional y el relativo olvido de lo colonial y lo local, mucho más evidente en la versión inglesa que en el original, determinan la forma en que se conceptualiza la relación entre historia y memoria a lo largo de la colección».

El concepto de *lieux de mémoire* de Nora ha viajado por todas partes dejando huellas en el pensamento occidental. Ejemplos de proyectos similares incluyen los *Deutsche Erinnerungsorte* (2001), «Lugares de memoria alemanes» liderados por Etienne François y Hagen Schulze, que acogen una representación europea más extensa. Proyectos similares de natura mnemo-históricos y que se han declinado de formas autóctonas envuelven los *sites of memory* en América, los *luoghi della memoria* en Italia, así como su versión canadiense en Quebec, y los lugares de memoria transnacionales en Europa Central. Estos estudios adoptan la metodología de Nora en diferentes contextos culturales y geográficos con la intención de estudiar la memoria colectiva.

2.5. La Memoria cultural (Jan y Aleida Assmann)

La relación enigmática entre cultura, literatura y memoria se ha desvelado con insistente fulgor. La cultura, cual telaraña de tiempos evanescentes, teje una red temporal que amalgama pasado, presente y futuro, disolviendo las barreras que los separan y poniéndose en un espacio atemporal. En este denso sedimento de reminiscencias, la memoria cultural que conlleva en sí la literatura emerge de un océano académico como un tesoro arcano, un vasto acervo de conocimientos que permite, con alquímica gracia, reinterpretar la sabiduría ancestral según las demandas del presente.

Aleida Assmann, con gnosis erudita, distingue dos dimensiones en la memoria cultural: la pasiva y la activa. La dimensión pasiva, tenue y vaporosa, cercana al olvido, alberga elementos a largo plazo en archivos que son los pilares fundamentales de la construcción del saber histórico. Estos archivos, cuya finalidad era la constitución de instrumentos de dominación, pueden cambiar y metamorfearse en objetos de interés histórico con el paso del tiempo, adquiriendo nuevas significaciones en su transcurso.

Por otro lado, la dimensión activa, encarnada en el canon literario, actúa como un filtro sagrado que selecciona y conserva aquello que debe ser perpetuado como capital cultural. Esta verdadera canonización, confiere al texto una sacralidad casi mística y , sin duda mítica, eleva textos, individuos y artefactos a la categoría de modelos intemporales, referencias sólidas que sobreviven a las mareas del tiempo. Así, la memoria cultural sostiene con delicado fervor la continuidad y la identidad colectiva, preservando y reinterpretando su preciado legado histórico y cultural, asegurando que cada generación encuentre en él un refugio y una guía.

Al tratar la memoria cultural debemos tener en cuenta una exquisita dicotomía que la caracteriza y al mismo tiempo la distingue notablemente de la memoria comunicativa, al anclar sólidamente su esencia en la perpetuidad y la monumentalidad de sus símbolos. Esta memoria se bifurca en dos dimensiones interrelacionadas y deslumbrantes:

1. *Dimensión Activa*: La más viva donde la memoria cultural se erige en un altar de sacralización, donde textos, obras artísticas y eventos históricos gracias a su capacidad de crear son elevados a un estatus casi divino. El canon cultural inmortaliza sus elementos que se convierten en faros de identidad colectiva, a través de ceremonias, ritos y veneraciones perpetuas. Ejemplos emblemáticos son los textos sagrados, las obras maestras de la pintura y las esculturas conmemorativas, que cruzan los tiempos detrás de su halo de sacralidad.

2. *Dimensión Pasiva*: En esta esfera, la memoria cultural se revela en una actitud relativamente pasiva pero que requiere la acumulación y custodia de documentos y artefactos que, aunque puedan haber perdido el terreno sobre el que ponían sus bases, conservan un valor intrínseco que desvela el pasado. Estos testimonios, demoran resguardados en archivos, museos y bibliotecas, constituyen un conjunto de pliegos de la historia que siempre brillan, aunque se encuentren al borde del olvido.

Así, la memoria cultural, con sus adornos de joyas canonizadas y nobles archivos, se erige como una fortaleza que preserva la herencia del pasado, y que al mismo tiempo la reinventa constantemente, para que el olvido no lo erosione manteniendo una conexión con el presente. En esto se fundan las identidades colectivas asegurando su continuidad.

2.5.1. *Teorías de Jan y Aleida Assmann*

Por otro lado, la memoria cultural tiene peculiaridades muy diferentes respecto a la memoria comunicativa, aunque se coloque dentro del marco general de la memoria colectiva, pero va teniendo sus específicas características que lo diferencian y la connotan en la esfera cultural.

La memoria cultural tiene los puntos de referencia fijos y la participación es muy diferenciada tanto en dimensiones sociales simples y arcaicas como en las más avanzadas y complejas. Se logra por medio de las objetivaciones de las varias instituciones culturales y el pasado está representado en símbolos por mitos orales o escritos. Se compone y se forma mediante manifestaciones e instrumentos culturales como fiestas, conmemoraciones, libros, periódicos, nombres de calles y teatros, representaciones teatrales, películas y monumentos, por medio de los cuales logra transferir y fijar el contenido cultural que se hace memoria. En la memoria cultural el mito y la historia se funden en una única cosa; lo que es relevante no es el pasado de los historiadores o arqueólogos, sino el pasado tal y como se recuerda o, en algunos casos, cómo debe ser recordado. El pasado ha de ser cercano en el sentido emotivo, tiene que ser nuestro pasado, fuertemente concerniente al concepto de identidad para alcanzar propiedades y funciones de la memoria. La fijación objetiva de los recuerdos permite la estabilización de la memoria colectiva, por medio de la cristalización de lo comunicado. Como se ha esbozado anteriormente, la memoria cultural siempre ha tenido sus especialistas, sus «guardianes» encargados de preservarla y dejarla fluir difundiéndola. La auténtica memoria se transmite también a través la constante obra de observación y de fijación de la memoria cultural de los escritores. Los poetas, los enseñantes, los clérigos, los *griots*, etc., todos estos especialistas de la transmisión cultural cumplieron y siguen llevando a cabo la determinante tarea de agente cultural portador de memoria:

The preservation of the cultural memory of the group was originally the task of the poets. Even today, the African griots fulfill this function of guardians of cultural memory. The cultural memory always has its specialists, both in oral and in literate societies. These include shamans, bards, and griots, as well as priests, teachers, artists, clerks, scholars, mandarins, rabbis, mullahs, and other names for specialized carriers of memory. In oral societies, the degree of specialization of these carriers depends on the magnitude of the demands that are made of their memory. Those demands that insist on verbatim transmission are ranked highest. Here, human memory is used as a "data base" in a sense approaching the use of writing: A fixed text is verbally "written" into the highly specialized and trained memory of these specialists. This is typically the case when ritual knowledge is at stake and where a ritual must strictly follow a "script," even if this script is not laid down in writing[2] (J. Assmann, 2008, p. 114-115).

Dentro de la memoria cultural, un aspecto relevante viene representado por la relación con la identidad. Las diversas formas de memoria forman un sistema dinámico que, moviéndose dentro del ámbito de los diferentes polos, generan tensión, transición y muchas veces una superposición entre ellos. La identidad no es un medio de adquisición clara de una conciencia, no tenemos que caer

---

2 «La conservación de la memoria cultural del grupo era originalmente tarea de los poetas. Aún hoy, los griots africanos cumplen esta función de guardianes de la memoria cultural. La memoria cultural siempre tiene sus especialistas, tanto en las sociedades orales como en las alfabetizadas. Entre ellos se cuentan chamanes, bardos y griots, así como sacerdotes, maestros, artistas, oficinistas, eruditos, mandarines, rabinos, mulás y otros nombres para designar a los portadores especializados de la memoria. En las sociedades orales, el grado de especialización de estos portadores depende de la magnitud de las exigencias que se hagan a su memoria. Las exigencias que insisten en la transmisión literal son las más elevadas. Aquí, la memoria humana se utiliza como "base de datos" en un sentido que se aproxima al uso de la escritura: Un texto fijo se "escribe" verbalmente en la memoria altamente especializada y entrenada de estos especialistas. Este es el caso típico cuando se trata de conocimientos rituales y cuando un ritual debe seguir estrictamente un "guión", incluso si este guión no se establece por escrito».

en la trampa de la «ilusión de la identidad» dado que al individuo le corresponden distintas y múltiples identidades según a la que pertenezca y con quién o qué se relacione. La memoria comunicativa y cultural están englobadas en la memoria colectiva representando un sistema generalmente abierto, aunque no lo sea del todo, con sus marcos temporales e identitarios en el nivel personal, generacional, político o cultural. La memoria es igualmente conocimiento de uno mismo, del propio camino, de la trayectoria como individuo y como miembro perteneciente a una sociedad compuesta por instituciones, y así mismo generaciones que son agentes que transmiten los factores religiosos y culturales.

2.5.2. *Para una mejor definición de la memoria cultural: la dimensión pasiva (archivo) y la activa (canon)*

En las últimas décadas una fuerte convicción ha tomado forma y fuerza persistente en la investigación del fenómeno mnemónico, la evidente relación entre cultura y memoria. A través de la cultura se crea un espacio que trasciende de la percepción individual de la temporalidad; pasado, presente y futuro son espacios temporales que se interconectan y se sobreponen entre ellos. Eso determina la desaparición de una verdadera línea de demarcación entre lo que estamos viviendo, lo que vivimos y lo que todavía tenemos que vivir. La cultura, o, mejor dicho, la memoria cultural, crea un fondo de conocimientos que permite no empezar de cero cada vez que nos enfrentemos al nunca fácil asunto de vivir. Nos podemos apoyar en los hombros de un gigante (la cultura), cuyo conocimiento podemos volver a emplear e interpretar más y más veces (A. Assmann, 2008, p. 97), según las necesidades y de las épocas. Este fondo de conocimientos nos consiente de manera absoluta volver a emplear esas sapiencias previas, ese enorme patrimonio, de manera subjetiva, dándole también un matiz visiblemente personal. Esa memoria, que es muy distante de los «hábitos» mecanicistas bergsonianos, determina una red de conexiones entre el hoy, lo extinto y las expectativas, un marco comunicativo dentro de la infinidad temporal. Como bien plantea Aleida Assmann:

Through culture, humans create a temporal framework that transcends the individual life span relating past, present, and future. Cultures create a contract between the living, the dead, and the not yet living. In recalling, iterating, reading, commenting, criticizing, discussing what was deposited in the remote or recent past, humans participate in extended horizons of meaning-production. They do not have to start anew in every generation because they are standing on the shoulders of giants whose knowledge they can reuse and reinterpret. As the Internet creates a framework for communication across wide distances in space, cultural memory creates a framework for communication across the abyss of time[3] (A. Assmann, 2008, p. 97).

Retomando una elocuente definición de Lotman y Uspenskij, que ve la cultura como «la memoria de la sociedad que no se transmite genéticamente», A. Assmann añade la función clave de los símbolos externos. Los símbolos o factores externos son los que provienen de la sociedad y que difieren de los internos que son los meramente neuronales. Nuestra vida y nuestra manera de vivirla están estrechamente relacionadas con las personas o grupos sociales que influencian la memoria individual. El contexto sociocultural al que pertenecemos o con el que nos relacionamos, las personas que encontramos en nuestra vida, los grupos sociales que nos ven en el doble papel de interprete y espectador determinan una parte significativa de nuestra memoria. La familia, el ambiente laboral, los amigos, la escuela, la universidad, todos estos elementos

---

3   «A través de la cultura, los seres humanos crean un marco temporal que trasciende la duración de la vida individual relacionando pasado, presente y futuro. Las culturas crean un contrato entre los vivos, los muertos y los que aún no viven. Al recordar, iterar, leer, comentar, criticar y discutir lo que se depositó en el pasado remoto o reciente, los humanos participan en horizontes ampliados de producción de significados. No tienen que empezar de nuevo en cada generación porque están a hombros de gigantes cuyo conocimiento pueden reutilizar y reinterpretar. Al igual que Internet crea un marco para la comunicación a través de grandes distancias en el espacio, la memoria cultural crea un marco para la comunicación a través del abismo del tiempo».

de la sociedad forman el substrato sociocultural donde se alimenta la memoria personal. Después de este importante componente humano, los símbolos externos son conductores de memoria y tienen una función sustancial en la construcción de la memoria individual. Los objetos, los símbolos externos, las cosas que nos rodean cotidianamente no tienen una memoria propia, pero pueden llevarnos a la mente o activar nuestros recuerdos, un lugar, una lectura, un vino, un paisaje, un árbol, un tipo de vegetación; activan y llaman a la mente hechos, lugares, cosas o personas perdidas en los abismos del tiempo. El término memoria no es una metáfora sino una metonimia que se basa en el contacto de la mente que rememora y el objeto que recuerda (J. Assmann, 2008, p. 111). De manera que:

> Things do not "have" a memory of their own, but they may remind us, may trigger our memory, because they carry memories which we have invested into them, things such as dishes, feasts, rites, images, stories and other texts, landscapes, and other "lieux de mémoire." On the social level, with respect to groups and societies, the role of external symbols becomes even more important, because groups which, of course, do not "have" a memory tend to "make" themselves one by means of things meant as reminders such as monuments, museums, libraries, archives, and other mnemonic institutions[4] (J. Assmann, 2008, p. 111).

En este caso se introduce lo que el historiador Pierre Nora define como *lieux de mémoire*, en definitiva, consistiría en los lugares donde una sociedad de cualquier tipo —que puede ser la nación, la familia, un grupo étnico, un partido— archiva voluntariamente

---

4   «Las cosas no 'tienen' memoria por sí mismas, pero pueden recordarnos, pueden activar nuestra memoria, porque son portadoras de recuerdos que hemos invertido en ellas, cosas como platos, fiestas, ritos, imágenes, historias y otros textos, paisajes y otros 'lieux de mémoire'. En el plano social, con respecto a los grupos y las sociedades, el papel de los símbolos externos adquiere aún más importancia, porque los grupos que, por supuesto, no 'tienen' memoria tienden a 'fabricarse' una a través de cosas que sirven de recordatorio, como monumentos, museos, bibliotecas, archivos y otras instituciones mnemónicas».

sus recuerdos o los identifica como una parte imprescindible de su identidad personal. Estos lugares de la memoria se articulan en topográficos, monumentales, simbólicos y funcionales, consiguientemente archivos, bibliotecas, museos, cementerios. La arquitectura que determina la forma y la división espacial de las ciudades, lo simbólico como conmemoraciones, peregrinaciones, aniversarios o emblemas; y finalmente los libros de texto, autobiografías o asociaciones encarnan esos «lugares de la memoria»:

> Il s'agirait de partir des lieux, au sens précis du terme, où une société quelle qu'elle soit, nation, famille, ethnie, parti, consigne volontairement ses souvenirs ou les retrouve comme une partie nécessaire de sa personnalité: lieux topographiques, comme les archives, les bibliothèques et les musées ; lieux monumentaux, comme les cimetières ou les architectures ; lieux symboliques, comme les commémorations, les pèlerinages, les anniversaires ou les emblèmes ; lieux fonctionnels, comme les manuels, les autobiographies ou les associations : ces mémoriaux ont leur histoire. Mais faire cette histoire amène vite à renverser le sens du mot pour en appeler de la mémoire des lieux aux vrais lieux de mémoire: Etats, milieux sociaux et politiques, communautés d'expériences historiques oude générations amenées à constituer leurs archives en fonction des usages différents de la mémoire[5] (Nora, 1978, pp. 398-401).

---

5   «El punto de partida serían los lugares, en el sentido preciso del término, en los que una sociedad de cualquier tipo —nación, familia, etnia, partido— registra voluntariamente sus recuerdos o los redescubre como parte necesaria de su personalidad: lugares topográficos, como archivos, bibliotecas y museos; lugares monumentales, como cementerios o arquitecturas; lugares simbólicos, como conmemoraciones, peregrinaciones, aniversarios o emblemas; lugares funcionales, como manuales, autobiografías o asociaciones: estos lugares de memoria tienen su historia. Pero hacer esta historia invierte rápidamente el sentido de la palabra y exige que la memoria de los lugares se remita a los lugares reales de la memoria: Estados, círculos sociales y políticos, comunidades de experiencia histórica o de generaciones que construyen sus archivos según los diferentes usos de la memoria».

Los lugares de la memoria pertenecen a la dimensión pasiva de la memoria cultural como derivación de su dinamicidad; sin embargo, incorporan una parte significativa de ella. La rememoración en la memoria cultural —según A. Assmann— se clasifica en dos dimensiones principales, distribuyéndose en pasiva y activa. La dimensión pasiva, a pesar de que sea imprescindible, es la que más se acerca al olvido, aquí es donde se almacenan los elementos que caen bajo el ámbito de la memoria de referencia, que contiene la información reciente y remota obtenida por experiencias previas y es principalmente a largo plazo, permitiendo mantener la información durante periodos de tiempo extenso o permanentes. Dentro de la memoria cultural pasiva hay que destacar el archivo, que es su institución fundamental por excelencia, sobre todo en los estudios literarios postestructurales y postcoloniales, y determina lo que en el futuro se pueda decir: «The archive is the basis of what can be said in the future about the present when it will have become the past»[6] (A. Assmann, 2008, p. 102). No es un espacio conmemorativo, se contrapone a los de las instituciones eclesiásticas, por lo tanto, un lugar de una burocracia desacralizada exento de todos los oropeles formales próvidamente estructurado y despejado.

Los archivos en su función primaria fueron y siguen siendo los instrumentos de las clases dominantes. Surgieron, se desarrollaron junto a la escritura, convirtiéndose en herramientas burocráticas. La necesidad, la capacidad de archivar y conservar es propia de las instituciones de poder puesto que discrimina a los marginados y a las minorías:

> [...] they served the ruling class with the necessary information to build up provisions for the future through stockpiling. They also served as tools for the symbolic legitimation of power and to discipline the population. Examples of such political archives are, for example, the Inquisition files or the files compiled by the East German State Security (Stasi). Ar-

---

6   «El archivo es la base de lo que se podrá decir en el futuro sobre el presente, cuando éste se haya convertido en pasado».

chives always belonged to institutions of power: the church, the state, the police, the law, etc. Without extended archives of data, there is no state bureaucracy, no strategy to organize the future and no control over the past. Archives of data provide important tools for political power (*Herrschaftswissen*)[7] (A. Assmann, 2008, p. 102).

La literatura de tradición oral, como memoria comunicativa, no dispone de archivos, pues en gran parte comprende —y puede poner de relieve— la importancia de las memorias subterráneas (en cursiva meomorias subterraneas) que, como parte integrante de las culturas minoritarias y dominadas, se oponen a la «memoria oficial», y en particular a la memoria nacional. La gente común, las minorías y los marginados carecen institucionalmente de archivos y, en casos excepcionales, son depósitos materiales de memoria.

El tiempo borra las funciones del archivo, las desactualiza, las hace vetustas sin por eso perder importancia, refuncionalizándose, tomando nueva vida:

Once they are out- dated, they lose their political function and relevance, transforming them into a heap of (possibly compromising) rubbish. If they do not disappear altogether, they may enter into the new context of the historical archives. These relics of the past are not trashed, because they are considered to be of historical or scholarly interest. The historical archive is a receptacle for documents that have fallen out of their framing institutions and can be reframed and interpreted in a new context. We must therefore distinguish between *political archives* and *historical archives*. While po-

---

7   «[...] servían a la clase dominante de información necesaria para acumular provisiones para el futuro mediante el almacenamiento. También servían como herramientas para la legitimación simbólica del poder y para disciplinar a la población. Ejemplos de este tipo de archivos políticos son, por ejemplo, los archivos de la Inquisición o los archivos recopilados por la Seguridad del Estado de Alemania Oriental (Stasi). Archivos siempre vinculados a instituciones de poder: la Iglesia, el Estado, la policía, la justicia, etc. Sin amplios archivos de datos, no hay burocracia estatal, ni estrategia para organizar el futuro, ni control sobre el pasado. Los archivos de datos proporcionan importantes herramientas para el poder político (*Herrschaftswissen*)».

litical archives function as an important tool for power, historical archives store information which is no longer of immediate use. They are a very recent institution, dating back to the French revolution. The revolution brought about and sealed a violent break with the past out of which not only a new future but also a new historical sense was born. Ernst Schulin speaks of 'a birth of historical consciousness out of the violent break with tradition'[8] (A. Assmann, 2008, p. 103).

Con la noción moderna de progreso y nuevas formas de búsquedas hacia el pasado, de acuerdo con la historiografía, se tiende a un desarrollo al unísono ya que ambos procedimientos presuponen rupturas entre con el presente. De esta manera todo se reformula desde otras perspectivas nuevas, dejando aislado lo actual de sus propios valores y de sus vínculos con el pasado, al estar sujeto, más allá de sus normas, al escrutinio histórico. Como afirma Aleida Assmann: «Si el poder se basa en archivos políticos, entonces la erudición histórica se basa en archivos históricos» (2008, p. 103). Así que:

The objects in the historical archive have lost their original "place in life" (*Sitz im Leben*) and entered a new context which gives them the chance of a second life that considerably prolongs their existence. What is stored in historical archives is materially preserved and cataloged; it be- comes part of an organizational structure, which allows it to be

---

8   «Una vez desfasados, pierden su función política y su relevancia, transformándose en un montón de basura (posiblemente comprometedora). Si no desaparecen del todo, pueden entrar en el nuevo contexto de los archivos históricos. Estas reliquias del pasado no se tiran a la basura porque se considere que tienen interés histórico o académico. El archivo histórico es un receptáculo de documentos que han quedado fuera de sus instituciones de encuadramiento y que pueden reenmarcarse e interpretarse en un nuevo contexto. Por tanto, debemos distinguir entre archivos políticos y archivos históricos. Mientras que los archivos políticos funcionan como una importante herramienta de poder, los archivos históricos almacenan información que ya no tiene una utilidad inmediata. Son una institución muy reciente, que se remonta a la Revolución Francesa. La revolución provocó y selló una violenta ruptura con el pasado de la que nació no sólo un nuevo futuro, sino también un nuevo sentido histórico. Ernst Schulin habla de 'un nacimiento de la conciencia histórica a partir de la violenta ruptura con la tradición'».

157

easily sourced. As part of the passive dimension of cultural memory, however, the knowledge that is stored in the archive is inert. It is stored and potentially available, but it is not interpreted. This would exceed the competence of the archivist. It is the task of others such as the academic re- searcher or the artist to examine the contents of the archive and to reclaim the information by framing it within a new context. The archive, there- fore, can be described as a space that is located on the border between forgetting and remembering; its materials are preserved in a state of latency, in a space of intermediary storage (*Zwischenspeicher*). Thus, the institution of the archive is part of cultural memory in the passive dimension of preservation. It stores materials in the intermediary state of "no longer" and "not yet," deprived of their old existence and waiting for a new one[9] (A. Assmann, 2008, p. 103).

El canon representa la norma, las reglas y el modelo en lo que inspirarse o adaptarse, representa la dimensión activa de la memoria cultural que soporta a la identidad colectiva. La dimensión activa filtra y selecciona lo que está grabado en la memoria y lo reproduce como capital cultural de una sociedad que se recita y reafirma continuamente, sobreviviendo al paso del tiempo y al cambio generacional e imponiendo a las nuevas generaciones una nueva adaptación y reinterpretación, «This constant interaction with the

---

9   «Los objetos del archivo histórico han perdido su 'lugar en la vida' original (*Sitz im Leben*) y han entrado en un nuevo contexto que les da la oportunidad de una segunda vida que prolonga considerablemente su existencia. Lo que se guarda en los archivos históricos se conserva y cataloga materialmente; forma parte de una estructura organizativa que permite localizarlo fácilmente. Sin embargo, como parte de la dimensión pasiva de la memoria cultural, el conocimiento almacenado en el archivo es inerte. Está almacenado y potencialmente disponible, pero no se interpreta. Esto excedería la competencia del archivero. Es tarea de otros, como el investigador académico o el artista, examinar el contenido del archivo y recuperar la información enmarcándola en un nuevo contexto. El archivo, por tanto, puede describirse como un espacio situado en la frontera entre el olvido y el recuerdo; sus materiales se conservan en un estado de latencia, en un espacio de almacenamiento intermedio (*Zwischenspeicher*). Así pues, la institución del archivo forma parte de la memoria cultural en la dimensión pasiva de la conservación. Almacena materiales en un estado intermedio de 'ya no' y 'todavía no', privados de su antigua existencia y a la espera de una nueva».

small selection of artifacts keeps them in active circulation and maintains for this small segment of the past a continuous presence» (A. Assmann, 2008, p. 100).

Este proceso se denomina canonización, o sea, cargar de una valencia sagrada los lugares topográficos, simbólicos, funcionales, los individuos y objetos; concederles una condición de exclusividad apartándolos del resto y asignándoles la función de modelo. La palabra significa 'santificación', es decir, dotar a los textos, personas, artefactos y monumentos de un estado santificado apartándolos del resto de las cosas, cargándolos con el mayor significado y valor. Por tanto, el canon es un punto fijo, una referencia sólida. Su fijación establece su alto grado de autonomía con respecto a los cambios históricos, liberándolo de las esclavitudes momentáneas de las modas.

A. Assmann divide la cultura activa en tres áreas principales: religión, arte e historia. En particular se detiene en el ámbito religioso e histórico. Nos expone cómo el canon, término de derivación religiosa, representa lo sagrado, o sea, algo que no puede ser cambiado ni intercambiado. En consecuencia, un texto canonizado se utiliza en el tiempo perdurando como base fundamental de la práctica litúrgica en ceremoniales y exegesis textual. Asimismo, los mártires de la iglesia, a través de un proceso de canonización, se santifican convirtiéndose en santos con su conjunto histórico, icónico y celebrativo, enlazado con el nombre y fecha en el calendario. En el arte, los cuadros, la arquitectura, las iglesias y los templos cuentan historias antiguas y míticas y es en la literatura donde se han mudado en clásicos. Por último, la historia, que con los Estados-naciones y su mirada hacia atrás produce narración, mitos y leyendas, redefiniendo de hecho una autobiografía colectiva y que recorre las calles, yace en las plazas, mira los monumentos, celebra sus fechas y sus fiestas. Dice A. Assmann:

> There are three core areas of active cultural memory: religion, art, and history. The term "canon" belongs to the history of religion; it is used there to refer to a text or a body of texts that is decreed to be sacred and must not be changed nor exchanged for any other text. The canonized text is a

stable reference that is used over centuries and millennia in continuous acts of reverence, interpretation, and liturgical practice. Canonization is also a term for the transformation of martyrs of the Christian church into saints. These saints are remembered not only by stories and images but also by their names, which are inscribed into the calendar and reused for the naming of those who are born on these respective days. A Christian church is an institution of the active cultural memory. With its stone tablets and commemorative sculptures on the walls, especially old churches are unique memorial spaces that span several centuries. This cultural memory is kept alive also by architectural styles, traditions of images, and continuously and periodically repeated liturgical rites and practices[10] (A. Assmann, 2008, p. 100).

La memoria cultural, entonces, se basa en dos funciones separadas: sacralización de una escogida selección de textos sagrados, obras maestras artísticas, o eventos clave históricos en un marco atemporal y el almacenamiento de documentos, artefactos del pasado que no cumplen en absoluto con estos estándares, pero que, sin embargo, se consideran lo suficientemente interesantes o importantes como para no dejarlos desaparecer en la carretera hacia la oscuridad mnemónica.

---

10 «Hay tres ámbitos fundamentales de la memoria cultural activa: la religión, el arte y la historia. El término "canon" pertenece a la historia de la religión; en ella se utiliza para referirse a un texto o conjunto de textos que se decreta sagrado y que no debe modificarse ni cambiarse por ningún otro texto. El texto canonizado es una referencia estable que se utiliza a lo largo de siglos y milenios en actos continuos de reverencia, interpretación y práctica litúrgica. La canonización es también un término que designa la transformación de los mártires de la Iglesia cristiana en santos. Estos santos son recordados no sólo por historias e imágenes, sino también por sus nombres, que se inscriben en el calendario y se reutilizan para dar nombre a los que nacen en esos días respectivos. Una iglesia cristiana es una institución de la memoria cultural activa. Con sus lápidas y esculturas conmemorativas en las paredes, las iglesias especialmente antiguas son espacios conmemorativos únicos que abarcan varios siglos. Esta memoria cultural se mantiene viva también gracias a los estilos arquitectónicos, las tradiciones de las imágenes y los ritos y prácticas litúrgicas que se repiten continua y periódicamente».

2.6. El olvido: conceptualizaciones en el orbe literario

En *Leteo - Arte y crítica del olvido* (1999), Harald Weinrich cumple un trayecto etimológico hacia el origen de la palabra olvido para descubrir su auténtico significado despojándolo de las sombras que lo recubre. Así afirma que el origen del verbo latino *oblivisci*, que significa «olvidar», muestra una evolución interesante en el uso lingüístico. Al ser un verbo deponente, tiene forma pasiva pero significado activo, lo que refleja bien la naturaleza del acto de olvidar, una combinación de actividad y pasividad. Sin embargo, en el latín vulgar del período romano tardío, *oblivisci* fue reemplazado por la forma activa *oblitare*, derivada del participio *oblitus*, debido a su simplicidad. Esta forma expresa acciones repetidas, lo cual se adapta también al concepto de olvido. La evolución de este concepto en distintas lenguas, a partir del latín, se centró en el verbo *oblivisci*. Con el tiempo, en el latín vulgar se simplificó a *oblitare*, lo que influyó en las lenguas romances. En español, dio origen a «olvidar» y su familia léxica (olvido, olvidadizo, etc.). En otras lenguas romances, como el francés (*oublier*) y el italiano (*dimenticare*), surgieron formas similares, mientras que en portugués se usan tanto «olvidar» como *esquecer*. Las lenguas germánicas, como el inglés y el alemán, adoptaron otra vía: en inglés, «forget» deriva de *get* («obtener») con el prefijo *for*, que invierte su dirección, y en alemán, *vergessen* sigue una estructura similar. El olvido se modula a través de expresiones modales como «poder», «querer» o «deber», aportando flexibilidad a su significado en distintos contextos lingüísticos (Weinrich, 1999, p. 15).

El olvido puede definirse como la capacidad de borrar de la mente lo que la experiencia ha inscrito. Para evitar que los recuerdos nos afectan alcanzamos, a veces, emprender un trayecto lleno de dificultades, incierto que según se hace voluntario se vuelve más tortuoso e intentar borrar ciertos recuerdos, no siempre se logra olvidar de forma intencional ya que la memoria huye de nuestro control; en cambio, se olvida de manera constante lo que no está presente en la conciencia. El olvido es necesario para vivir plenamente el presente, al igual que el espacio para ver, el silencio para oír o la atmósfera para respirar. Solo notamos el olvido cuando intentamos recordar algo y encontramos una ausencia. Es tan esencial para la conciencia como el sueño o la salud lo son para el cuerpo, ya que permite liberar espacio para enfocarse en el presente y proyectarse hacia el futuro:

> El olvido podría ser definido como la capacidad y el resultado de borrarse de la mente lo que en ella ha inscrito la experiencia («dimenticare» dice la lengua italiana, con singular exactitud). La voluntad podrá ejercerse a veces eficazmente en la tarea de tachar, borrar o anular la memoria; pero en rigor no siempre que se quiere se puede olvidar; en cambio, se olvida a cada instante lo que no está presente a la conciencia; casi todo el pasado queda en estado latente de desmemoria para que sea posible vivir con plenitud lo inmediato. Desde este punto de vista, el olvido es algo tan necesario, y tan imperceptible, como el espacio para ver los objetos, el silencio para oír los sonidos, la atmósfera para respirar el aire, el sueño para restaurar las fuerzas o la salud para vivir normalmente. Como estas realidades, el olvido, por lo común, no se nota. Sólo se hace sentir cuando el sujeto quiere recordar algo (una fisonomía, una palabra, un paisaje, una porción del tiempo) y comprueba que, entre lo que él creyó haber retenido y este estado de ahora que le impulsa a evocarlo, se ha interpuesto una nada: la nada del olvido. Sin el olvido no podría vivir el hombre (Sobejano, 2006, p. 2).

Sin el olvido, que con su opacidad actúa como la sombra inevitable de la memoria, esta última no podría ni siquiera definirse. El olvido puede percibirse como algo que ocurre de forma casi natural o como algo que, de manera similar, puede volver a emerger espontáneamente. Estas dos fases pueden experimentarse como placenteras o dolorosas, dependiendo de qué y cómo olvidamos. En este proceso, el olvido se relaciona con una especie de corrosión en las sustancias de nuestra memoria, donde nuestros conocimientos se vuelven lagunosos, fragmentarios, diezmándolos o incluso provocando su desaparición.

Merece la pena citar un fragmento de ese retrato que Rafael Alberti pinta de Francisco de Quevedo, imaginándolo en un crescendo de sufrimiento y desolación que culmina con la figura de la Muerte, representada de manera clásica con la guadaña: «desengaño, la hipocresía, la envidia, la discordia, la guerra, el llanto, el olvido y, llevando el compás con la guadaña segadora, la Muerte» (Alberti, 2000, p. 346). En este pasaje, el desengaño, la hipocresía y la envidia evocan la falibilidad humana y las traiciones terrenales, mientras que la discordia y la guerra simbolizan el conflicto y la violencia inherentes a la sociedad. El llanto y el olvido, como elementos etéreos y trascendentales, reflejan el dolor emocional y la pérdida, con el olvido manifestándose como una desconexión cercana al final de la vida o una resignación. Este ciclo de sufrimiento se cierra fatalmente con la muerte. La visión que se desprende del fragmento es, por lo tanto, negativa, y no concibe el olvido como un bálsamo anímico para sobrellevar la vida, ya que se presenta justo antes de la muerte en esta secuencia.

El olvido no es simplemente la ausencia de recuerdos o el vacío; es su contrapunto, el filtro que permite a la mente liberar espacio, seleccionar y organizar la narrativa de nuestra vida y otorgar sentido a lo que recordamos o que queremos recordar. Al momento de procesar y fijar la información que llega a nuestra mente, nos enfrentamos al dilema esencial del espacio disponible. En el arte barroco, el olvido se representaba a través de una botella de cuello estrecho, una imagen que sugería una especie de bloqueo, como si la mente no pudiera absorber más. Frente a este obstáculo, la mnemotecnia surgía como una solución para expandir nuestra capacidad de recordar. Sin embargo, también se podría ver esta imagen como una reivindicación del olvido, una señal de que olvidar tiene su propio valor, ya que nos libera del peso de un exceso de datos. De hecho, nuestra memoria depende del acto de olvidar, un filtro natural que permite que solo una pequeña parte de lo que percibimos sensorialmente llegue a ser almacenado. Este filtro no solo organiza lo que recordamos, sino que también nos ayuda a dar sentido a lo que vivimos, a encontrar relevancia y a definir quiénes somos, convirtiéndose en la esencia misma de lo que llamamos recuerdo:

Ora, nel rielaborare informazioni e nello stabilizzare ciò che entra nella nostra memoria, occorre confrontarsi con il fondamentale problema dello spazio. L'oblio così come lo ha raffigurato l'emblema barocco, con la bottiglia al collo stretto, doveva denunciare una disfunzione, e richiamare l'attenzione sul fatto che un rimedio a questo problema poteva consistere nell'arte della mnemotecnica, deputata a ampliare la memoria. L'emblema può essere letto anche al contrario come una approvazione dell'oblio. Allora il suo messaggio diventa: dimenticare è salutare perché riduce l'eccesso di informazioni. In effetti la memoria dipende fortemente dal filtro dell'oblio che, accogliendo solo poche cose dalla massa di sensazioni che giungono al cervello attraverso i canali sensoriali, fornisce i presupposti per prospettive, rilevanza, identità e, con ciò, crea anche la base stessa del ricordo[11] (A. Assmann, 2019, p. 62).

Sin esta capacidad de olvidar, de borrar lo que a veces se manifiesta como superfluo, la memoria sería un caos indomable, un aglomerado de recuerdos siempre creciente, donde cada simple detalle del pasado tuviera la misma entidad que un evento determinante. Todo se amontonaría sin orden ni significado. Cada experiencia —bodas, charlas, nacimientos, lutos— llevaría el mismo peso flotando en la mente sin distinción alguna, ocupando el mismo puesto. El caos se apoderaría del recuerdo, donde lo trascendental y lo trivial compartirían el mismo espacio. Todo sería, a la vez, todo y nada, un maremágnum de memorias invertebradas desprovistas de sentido, incapaces de contar nuestra verdadera historia.

---

11 «Ahora bien, al reprocesar la información y estabilizar lo que entra en nuestra memoria, debemos enfrentarnos al problema fundamental del espacio. El olvido representado por el emblema barroco, con la botella alrededor de su estrecho cuello, pretendía denunciar una disfunción y llamar la atención sobre el hecho de que un remedio para este problema podría residir en el arte de la mnemotecnia, concebido para ampliar la memoria. El emblema también puede leerse a la inversa, como una aprobación del olvido. Entonces su mensaje se convierte en: olvidar es saludable porque reduce la sobrecarga de información. En efecto, la memoria depende en gran medida del filtro del olvido, que, al tomar sólo unas pocas cosas de la masa de sensaciones que llegan al cerebro a través de los canales sensoriales, proporciona los requisitos previos para la perspectiva, la relevancia, la identidad y, con ello, también crea la base misma del recuerdo».

Pensemos en el cuento que ha sido retomado constantemente como modelo, *Funes el memorioso*, el personaje borgiano atrapado en el perenne recuerdo, en una trampa fatal: la incapacidad de olvidar. Funes no selecciona ni descarta, todo lo retiene, un *pastiche* sin forma y contenido, pero en esta sobreabundancia de información, no adquiere un nivel más alto de comprensión, sino que pierde la capacidad de interpretar el mundo de forma significativa, todo resulta adulterado. El olvido, paradójicamente, tiene una función si no invade completamente la mente, es lo que permite recordar con claridad, estructurando los fragmentos de nuestra experiencia en algo coherente dejando que, de manera consciente e inconsciente, todo fluya en nuestra mente creando un característico *collage* de fragmentos de vivencias verdaderas o imaginadas que nos ayudan a interpretar el orbe y la sociedad.

Cuando Augé dice:

> El olvido nos devuelve al presente, aunque se conjugue en todos los tiempos: en futuro, para vivir el inicio; en presente, para vivir el instante; en pasado, para vivir el retorno; en todos los casos, para no repetirlo. Es necesario olvidar para estar presente, olvidar para no morir, olvidar para permanecer siempre fieles (Augé, 1998, p. 104).

Nos invita a explorar la extravagante naturaleza del olvido. Este no se presenta como una simple carencia o vacío sombrío, sino como una fuerza vibrante que, junto a la memoria, se convierte en una llama activa que nos ancla en el presente. Lejos de ser una presencia ociosa y silenciosa, el olvido se despliega en todos los tiempos: en el futuro, como esperanza y promesa de nuevos comienzos, luz lejana pero presente; en el presente, como el efímero instante que nos devora y abruma; y en el pasado, como un eco distante que, sin embargo, no nos esclaviza. En este sentido, el olvido, como un conjuro, nos libera del peso abrumador del ayer y de las inevitables cadenas perpetuas de la repetición. Se revela no solo como un etéreo refugio del alma, sino como un mecanismo sublime que nos otorga el don de la renovación perpetua. Al olvidar, como el fénix, renacemos de nuestras cenizas, descargados de la opresión del recuerdo, siendo fieles no a lo que fue, sino a la posibilidad siempre viva de nuestra transformación. En este juego de claros y oscuros, olvidar se vuelve imprescindible para existir en plenitud, para evitar que las telarañas del pasado nos inmovilicen, permitiéndonos ser seres que se reinventan, libres y siempre fieles a su continuo devenir y evolución.

2.6.1. *Teorías en torno al olvido*

Sócrates, como portavoz de las ideas platónicas en el diálogo *Menón* de Platón, nos enseña que la mayéutica, su método pedagógico, consiste en lograr que un esclavo sin ningún conocimiento de matemáticas alcance verdades geométricas a través de preguntas. Este proceso refuerza el pensamiento teórico platónico, según el cual el aprendizaje es en realidad un «recordar» (*anamnesis*) o, mejor dicho, volver a descubrir las ideas contempladas por el alma antes del nacimiento, y que el cuerpo por su naturaleza terrena limita este acceso. Según Platón, el olvido ocurre al nacer, pero ciertos conocimientos latentes pueden ser reavivados con el estímulo adecuado. Aunque Platón desconfía de los métodos artificiales, como la escritura, que apoyan la memoria «externa», su teoría del recuerdo y el olvido se centra en el uso de la memoria natural.

San Agustín compara su búsqueda de Dios con la mujer de la parábola que, incansable, busca una moneda extraviada en las profundidades de su memoria. Aunque el pecado parece haber «perdido» a Dios de vista, él sigue latente en la memoria humana, aguardando pacientemente a ser redescubierto. Para Agustín, todo ya se encuentra en el alma, las verdades eternas de Dios están sembradas en el corazón de los hombres desde que vimos la luz, solo esperar ser despertadas y llevadas a la luz con dedicación cristiana. En este concepto se contempla una extrema armonía entre la Trinidad divina —Padre, Hijo y Espíritu Santo— y las tres fuerzas del alma humana: memoria, entendimiento y voluntad. De este modo, la memoria se convierte en el sendero hacia Dios, permitiendo al ser humano trascender el olvido provocado por el pecado.

Al hablar del olvido, debemos considerarlo de dos maneras diferentes: como actividad o como proceso, que puede ser, al igual que la memoria, individual o colectivo:

> L'oblio individuale e quello collettivo funzionano come una matita per il trucco: conferiscono i contorni all'immagine del sé e ne conformano la biografia. Pertanto, ciò che abbiamo dimenticato tutti quanti e che tutti vogliamo dimenticare, come sapeva già Ernest Renan, costituisce il fondamento dell'identità nazionale[12] (A. Assmann, 2019, p. 34).

Ernest Renan, citado en la frase, asevera que las naciones se fundamentan en lo que eligen olvidar colectivamente, además de lo que recuerdan (1995, p. 6). Así como cada ser humano tiende o necesita olvidar ciertos episodios para construir una versión aceptable, coherente con nuestra personalidad y que le dé significado a la vida; de manera similar, las naciones tienden a olvidar u omitir momentos de su historia que podrían cuestionar su identidad o unidad. Los eventos traumáticos o contradictorios, como guerras, conflictos internos o eternos, o divisiones internas, a menudo se instrumentalizan, se eliminan o reinterpretan de forma parcial para construir una narrativa nacional unitaria, y a veces facciosa, en el que cabe distorsionado el concepto nación. El proceso de olvido se convierte así en una herramienta funcional para crear cohesión social y un sentido de pertenencia común; sin embargo, no es imparcial, ya que se borra parte de la historia de un país. A veces, este proceso es indispensable para que una sociedad se reestructure; basta con pensar en Alemania después de la Segunda Guerra Mundial. No obstante, también hay un lado oscuro en este mecanismo: olvidar puede significar ignorar las voces de quienes han sido excluidos o marginados de la narrativa oficial.

---

12 «El olvido individual y colectivo funciona como un lápiz de maquillaje: da contornos a la imagen de uno mismo y configura su biografía. Por tanto, lo que todos hemos olvidado y lo que todos queremos olvidar, como ya sabía Ernest Renan, constituye el fundamento de la identidad nacional».

Como vimos, en su esencia más profunda, el olvido, al igual que la memoria, se despliega como una entidad palpitante y vibrante, dotada de una naturaleza intrínsecamente dinámica. No es, pues, un mero trozo de madera inerte que se posa sobre lo que fue, sino una llama de una vela que arde incierta pero constante, casi alquímica, que forja la identidad misma de una sociedad. En esta dinámica de olvidanza, lejos de una simple y lánguida pérdida, se edifica una urdimbre de significados, cargada de matices políticos y culturales, que reconfigura el alma colectiva y redefine sus contornos con cada trazo que se desvanece en el tiempo.

Umberto Eco en su *Piccola lezione sull'arte di dimenticare* nos propone una idea: no solo podemos olvidar, sino que el olvido puede ser una especie de arte que ocurre por saturación o interferencia. A veces, el olvido no es un borrado completo, sino un enredo de conceptos, como si nuestra mente tejiera nudos entre ideas que se parecen, pero no son iguales. Imagínate confundir paronomasia con antonomasia o no recordar exactamente un nombre de un objeto, de un fruto, etc., la imagen del objeto se quiebra en la mente no porque lo hayas olvidado por completo sino porque tanto el error como la corrección se mezclan burlescamente en un bizarro caos mental. Eso implica que, en lugar de recordar la solución, lo que permanece es el dilema, la confusión que, de alguna manera, nos marca más profundamente que la respuesta correcta:

> Non esistono dunque tecniche per dimenticare? Suggerirei che si può dimenticare, e volontariamente, sia grazie all'interferenza tra informazioni sia grazie al loro eccesso. Spesso una nozione o una parola non vengono dimenticati, bensì confusi con altre nozioni o con altre parole, sia per pseudo-sinonimia (per esempio si confondono tra loro le parole paronomasia e antonomasia) sia perché inizialmente di fronte a due cose (parole, nozioni, azioni da compiere) non sappiamo quale sia quella giusta, poi riceviamo l'informazione esatta, ma da quel momento ricordiamo insieme errore e correzione senza ricordare quale sia l'uno e quale sia l'altra. - ovvero il dilemma ci ha impressionato più che non la sua soluzione, ed è quello e non questa che ci si è impresso nella memoria. Per

esempio, essendomi confuso la prima volta, io non saprò mai se strawberry vuole dire «mora» o «mirtillo»[13] (Eco, 2006).

En conclusión, el olvido no debe ser visto simplemente como un vacío o deficiencia, sino que surge como un elemento activo en el desarrollo de las identidades tanto personales como comunitarias. Las obras de Platón y San Agustín ilustran la función esencial que cumple el olvido en la adquisición de conocimientos y la búsqueda de introspecciones espirituales. Además, los ámbitos social y político demuestran que el olvido es un instrumento formidable en la elaboración de narrativas históricas y nacionales. Como sugiere Renan, este fenómeno no solo es inevitable sino también crucial para la cohesión social, incluso cuando implica la exclusión o alteración de eventos problemáticos. Por lo tanto, el olvido actúa como un mecanismo esencial para la renovación y la adaptación, aplicable tanto a las experiencias individuales como colectivas, aunque no sin sus aspectos más oscuros. Tal como sugiere Eco, el olvido, en ocasiones, es un arte que ocurre por saturación o interferencia, un enredo de conceptos y experiencias que nos define tanto como los recuerdos. De esta manera, el olvido se convierte en una fuerza creativa y dinámica que, paradójicamente, enriquece nuestra comprensión del pasado y nos impulsa hacia el futuro.

---

13 «¿No existen, pues, técnicas para olvidar? Yo sugeriría que se puede olvidar, y voluntariamente, ya sea por interferencia entre nociones o por su exceso. A menudo una noción o palabra no se olvida, sino que se confunde con otras nociones o palabras, ya sea por pseudosinonimia (por ejemplo, las palabras paronomasia y antonomasia se confunden entre sí) o porque inicialmente ante dos cosas (palabras, nociones, acciones a realizar) no sabemos cuál es la correcta, luego recibimos la información exacta, pero a partir de ese momento recordamos error y corrección juntos sin recordar cuál es cuál. —Es decir, el dilema nos ha impresionado más que su solución, y es ésa y no ésta la que se ha grabado en nuestra memoria. Por ejemplo, habiéndome confundido la primera vez, nunca sabré si fresa significa 'mora' o 'arándano'».

2.6.2. Las formas del olvido y de la memoria

Aleida Assmann en su libro *Formen des Vergessens* (2016), retoma el número siete como un número sagrado e importante en la mnemotécnica. Siete son los objetos o palabras clave que podemos fijar en nuestra memoria, y también siete son las maneras de olvidar (conservativo, automático, selectivo, represivo, defensivo, constructivo y terapéutico) y propone una tripartición del olvido necesario: el automático, que ocurre de manera silenciosa y está relacionado con el olvido social y la eliminación de productos tecnológicos reemplazables; el conservativo, que preserva lo que la sociedad tiende a olvidar, como lo hacen los museos, archivos o bibliotecas; y el selectivo, un olvido funcional que organiza la memoria, actuando como filtro frente a la sobrecarga de información y estímulos. Estas formas de olvido ayudan a reducir la complejidad del mundo material y gestionan el exceso de datos disponibles.

Marc Augé en *Las formas del olvido*, reflexiona sobre el papel del olvido en la construcción de la memoria colectiva y la vivencia del presente. La estructura del libro se compone de cuatro capítulos: donde los tres primeros nos aclaran sus ideas sobre la relación entre memoria y olvido, y el último las sintetiza. El primer capítulo, *La memoria y el olvido* examina desde una perspectiva psicológico-literaria la relación entre recuerdo y olvido. El segundo capítulo, *La vida como relato* se enfoca en el diálogo que fluctúa entre bases antropológicas y filosóficas, destacando la teatralidad en lo cotidiano, lo ficcional que conlleva el vivir, ya que toda vida puede ser entendida como un relato una narración. El tercer capítulo, *Las tres figuras del olvido* aborda estas tres figuras del olvido que el autor individua con: el retorno (olvidar el presente para recuperar el pasado), el suspenso (olvidar el futuro para retener el presente) y el recomienzo (olvidar el pasado para reconstruir el futuro). A través de ejemplos literarios y su propia experiencia de campo, Augé revela cómo estos conceptos se manifiestan en diferentes culturas. En el cuarto capítulo, Augé subraya la importancia de la memoria histórica y el «deber de olvido» para mantener el equilibrio entre el pasado y el presente. Sostiene que tanto el recuerdo como el olvido son dos fenómenos que se hacen necesarios para afrontar el presente y seguir adelante contemplando una perspectiva futura, un argumento que ocupa un espacio relevante en el estudio de la memoria colectiva.

El texto de Augé resulta ser un texto clave para comprender cómo las sociedades, de forma arbitraria eligen qué recordar y qué olvidar, y cómo esto afecta y determina la construcción de su identidad. Al poner el foco en el mundo africano y tribal, el autor investiga cómo los grandes ritos africanos están diseñados para pensar y administrar el tiempo a través de la memoria, la espera y la atención al presente. Se identifican tres figuras del olvido que organizan el tiempo en estos ritos:

1. *El retorno*: Aquí, se intenta un proceso de recuperación del pasado más ancestral, olvidando el presente y el pasado inmediato. Se ejemplifica con la posesión, donde una persona es habitada por un espíritu o ancestro, pero luego olvida esta experiencia una vez finalizada, mientras los demás son testigos. Se analiza la compleja relación entre el viaje, el retorno y la gestión del tiempo, tanto en la experiencia personal de los viajeros como en la literatura. Se refiere a aquellos que, al viajar, administran lugares y emociones futuras, al mismo tiempo que intentan preservar fragmentos del pasado para revivirlos más adelante. El retorno, sin embargo, conlleva una conflictualidad y es difícil de lograr con éxito ya que requiere una capacidad de olvido que permita anexionar el pasado anterior.

   Un ejemplo literario emblemático que Augé utiliza para ejemplificar este conflicto es *El Conde de Montecristo* de Alejandro Dumas. Al buscar venganza el pasado con un agarre astringente atrapa el protagonista, Edmundo Dantés. A pesar de asumir múltiples identidades, nunca puede reconectar completamente con su vida anterior ni con aquellos que dejó atrás, como Mercedes. Dantés es incapaz de olvidar el pasado reciente y no puede recuperar el más remoto, lo que lo define como un «poseído por la memoria» y lo lleva a la destrucción emocional. La obra, veladamente, establece un especie de paralelismo con la historia de Cristo y su resurrección, que se presenta como un retorno que no es completo ni triunfal, sino fragmentado y decepcionante en comparación con la intensidad de su muerte. De esta forma, tanto lo literario como en lo religioso, el retorno y la memoria subrayan la disonancia entre los tiempos vividos, marcando una distancia inconmensurable entre lo que fue y lo que es. El análisis de Augé compara dos enfoques distintos del retorno en la literatura, ejemplificados por Alejandro Dumas y Marcel Proust.

Proust, en *En busca del tiempo perdido*, trata el retorno desde una perspectiva dicotómica entre memoria y olvido. Este autor explora cómo los recuerdos y las impresiones pueden ser recuperados a través de la memoria involuntaria, como el famoso episodio de la magdalena. La búsqueda del tiempo perdido es una peregrinación que recorre la literatura y la introspección, donde el retorno no es literal sino literario. La obra afirma que el verdadero retorno es un sutil juego de referencias que ocurre en la escritura y en el proceso de recordar y reconstruir el pasado a través del presente. Proust proclama la centralidad de la creación literaria en el proceso mnemónico dado que mediante ella se cumple el retorno real y satisfactorio en la experiencia de la memoria, que puede ser fugaz pero profundamente reveladora.

Ambos autores presentan el retorno como una figura compleja y multifacética. Dumas lo aborda desde la tragedia del pasado irrecuperable y la venganza, mientras que Proust explora el retorno como un proceso introspectivo y literario, revelando la paradoja de la memoria y el olvido.

2. *El suspenso*: Vivir el presente implica una disociación del pasado y futuro, descartando momentáneamente la noción de tiempo. Esto ocurre en ritos de interregno o períodos especiales donde se invierten roles sociales o sexuales, como una teatralización del presente.

3. *El comienzo o recomienzo*: Se materializa en el olvido del pasado para abrirse a todos los futuros posibles, como en

la iniciación, donde un nuevo estatus social nace para el individuo. El iniciado olvida su identidad anterior y se abre a un futuro indefinido.

El presente se materializa come el tiempo del olvido, donde se entrelazan pasado y futuro. El olvido, si bien colectivo, se reverbera en lo individual, mostrando ambivalencia entre lo social y lo personal. El texto se concluye aseverando que la gestión del tiempo y el olvido son actividades colectivas, donde la identidad individual se forma en relación con los otros, y en el contexto ritual, el olvido del tiempo es compartido.

Karl Mannheim, en su ensayo *El problema de las generaciones* (1928), destaca la importancia de la selección del patrimonio cultural y el olvido necesario en el traspaso entre generaciones. Este olvido implica desechar lo que ya no es relevante y abrirse a lo nuevo:

> [...] la constante salida de los anteriores portadores de cultura. El morir de las generaciones anteriores proporciona el olvido que se hace necesario en el acontecer social. Para la continuación de la vida de nuestra sociedad, el recuerdo social es exactamente tan necesario como el olvido o la irrupción de nuevos actos. En este punto es preciso, sin embargo, replantear con qué configuración social está presente el recuerdo y cómo se realiza la acumulación cultural en la sociedad humana. Puesto que lo anímico y espiritual sólo existe en la medida en que se produce y se reproduce actualmente, las vivencias y las experiencias pasadas sólo tienen relevancia en la medida en que están disponibles en la realización actual (Mannheim, 1993, p. 213).

Al abordar la memoria y el olvido, es esencial considerar la compleja relación entre el recuerdo y el olvido en la continuidad social y cultural. La «constante salida de los anteriores portadores de cultura» —es decir, la muerte de generaciones pasadas— crea un vacío o, mejor dicho, un espacio de olvido necesario para la renovación social. Mannheim justifica este vacío como una necesidad, ya que la evolución de la sociedad requiere una selección y una depuración que no solo conserve ciertos aspectos del pasado, sino que también permita que otros se desvanezcan. El olvido, por lo tanto, se vuelve indispensable, ya que facilita la irrupción de nuevas generaciones y actos que transforman el tejido social.

En este sentido, conviene subrayar que la acumulación cultural no es un proceso desbordado ni acontece de manera pasiva o automática. En dicho proceso, intervienen de forma especular lo espiritual y lo anímico, aquellos aspectos más profundos y vibrantes del tránsito humano, que solo existen en tanto que son invocados y revividos en el presente. En este delicado juego de equilibrios el conjunto de vivencias, experiencias y memorias del pasado, por tanto, solo alcanzan su auténtica relevancia cuando logran integrarse y manifestarse en el presente, la memoria actúa como un herrero que junta todos los eslabones de la cadena en un hilo que confiere continuidad, mientras que el olvido, dispensa opacidad cual velo necesario que permite la renovación. El desafío reside, entonces, en cómo una sociedad orquesta el difícil arte de seleccionar lo que ha de ser recordado y lo que debe desvanecerse, y cómo esa selección, cargada de significado, esculpe su identidad y su legado cultural.

En este mismo horizonte, la sobrecarga de información en Internet plantea una problemática análoga. A menudo, cuando nos metemos en la web comenzamos con un propósito claro una simple búsqueda, pero pronto nos invade una marea abrumadora de datos, un exceso que no se revela funcional a la búsqueda y muchos de lo que encontramos resulta irrelevantes o incluso falso. Es un laberinto que nos enjaula y en lugar de encontrar rápidamente lo que necesitamos, nos perdemos en él y sus enlaces que, aunque relacionados con el tema inicial, nos alejan cada vez más del objetivo. Este imponente conjunto nos lleva a la paradoja de terminar perdiéndonos y sabiendo menos de lo que sabíamos al principio, o incluso olvidando por completo el objeto de la búsqueda. Es un ejemplo claro de cómo la abundancia de información puede entorpecer, en lugar de facilitar, el aprendizaje:

> Oggi l'esempio principe di informazione eccedente è dato da Internet. Abbiamo tutti fatto esperienza di una ricerca sul Web in cui eravamo partiti per apprendere qualcosa, abbiamo trovato troppo, abbiamo impiegato molto tempo per get-

tare via informazioni che ci sembravano inutili o false, ma più ancora ci siamo perduti per vari svincoli inter e ipertestuali che ci rinviavano ad altre informazioni, certo collegate a quella che cercavamo, ma sempre più lontane. E alla fine o non ricordiamo più che cosa stavamo cercando o in ogni caso su quel tema ne sappiamo meno di quando avevamo iniziato a navigare[14] (Eco, 2006).

En la sociedad actual, marcada por la hiperinformación, donde conservar todas las informaciones se revela como una hazaña ardua y sin valor ya que una parte relevante de las informaciones no son relevantes o novedosas:

> Porque cientos de miles de científicos producen millones de libros, artículos en revistas y otras ofertas de datos que van mucho más allá de la capacidad del individuo.
>
> Pero en la ciencia sigue teniendo valor —o en cualquier caso nunca ha quedado derogada formalmente— la regla de conducta, procedente de la época del memorialismo y que refleja un *ethos* medieval del conocimiento, según la cual toda actividad investigadora propia presupone el total registro de la «bibliografía de investigación» existente sobre el tema. Quien infringe este integral mandato de documentación se expone a una crítica posiblemente implacable, porque «ni siquiera conoce...». Y así vemos algunos alevines de científicos, que aún no han reflexionado suficientemente sobre las pérfidas dimensiones de la oferta informativa, creyendo después de cuatro años de reunir material para su tesis que aún están al pie de esa montaña y solo pueden mirar con miedo y desesperación hacia la «investigación cumbre» (¡una metáfora de montanero!). Porque es evidente que todos aquellos

---

14 «Hoy en día, el principal ejemplo de exceso de información es Internet. Todos hemos experimentado una búsqueda en la Red en la que nos habíamos propuesto aprender algo, encontramos demasiado, pasamos mucho tiempo desechando información que nos parecía inútil o falsa, pero aún más nos perdimos en diversos entronques intertextuales e hipertextuales que nos remitían a otra información, sin duda relacionada con la que buscábamos, pero cada vez más lejana. Y al final, o ya no recordamos lo que buscábamos, o en todo caso sabemos menos de ese tema que cuando empezamos a navegar».

que no se libran a tiempo del ingenuo *ethos* de la total docu-
mentación, aunque solo sea mediante un toque de frivolidad,
son asfixiados por la masa de datos disponibles, de tal modo
que incluso dejan de poder tomar parte en el proceso activo
de la investigación (Weinrich, 1999, p. 349-350).

Harald Weinrich (1999) subraya la necesidad de operar con
una selección de las informaciones para que por medio del olvido
evitar la sobrecarga de datos. En la investigación científica, el olvido se convierte en una habilidad clave para filtrar información relevante y avanzar en el conocimiento. Esta selección no solo afecta a
los científicos, sino a todos, ya que en la era digital es crucial saber
elegir e interpretar la información útil, mientras se descartan datos
superfluos, constituyendo una forma de «olvido inevitable» en la
vida cotidiana:

> ¿Que cabe hacer entonces? En primer lugar, en toda
> introducción a la actividad científica, es decir, en la enseñanza
> universitaria, se debería ensenar —cosa que hasta ahora
> casi no ocurre—, además de las imprescindibles técnicas
> de adquisición de la información, también el sutil arte de
> rechazar informaciones. Porque la ciencia ya no es practicable
> hoy sin un claro componente de olvido. No hay que tener
> mala conciencia ya que, aunque la oferta de información, con
> la cantidad de datos que llueve anualmente sobre el científico
> desde miles de publicaciones, consistiera realmente, tal como
> se exige, en conocimientos de verdad nuevos, esta perspecti-
> va tendría que espantarnos profundamente. Ninguna sociedad
> puede, sin perder su identidad, digerir tantas innovaciones en
> tan poco tiempo como las que hoy se nos ofrecen como infor-
> mación. Es un consuelo decirse, a uno mismo y a otros, que
> no solo *algunas* informaciones científicas, lamentablemente,
> sino felizmente *muchas* informaciones científicas, no son no-
> vedades. Se las puede postergar no pocas veces con escaso
> riesgo (¡nunca con un riesgo cero!).
>
> ¿Como encontrar pues, entre las demasiadas informaciones
> que nuestras bibliotecas y centros de documentación
> escupen al serle solicitadas, sobre casi cualquier tema, las
> pocas y quizá muy pocas informaciones que realmente
> hacen avanzar el pensamiento? Ese es precisamente el arte

del olvido que todo científico tiene que dominar si no quiere verse paralizado en su actividad por una superinformación crónica. En adelante, llamaremos «oblivionismo científico» a esa competencia derechazo racional de la información (Weinrich, 1999, p. 350-351).

Weinrich con su perentorio análisis del mundo científico contemporáneo nos lleva a emprender una significativa reflexión sobre la inundación de información en la ciencia contemporánea y enfatiza la indispensable exigencia de crear herramientas y estrategias efectivas para atajarla. El aumento exponencial de las publicaciones científicas pone en una crisis evidente el enfoque tradicional de catalogar y adquirir todas las referencias bibliográficas pertinentes se ha vuelto inviable. Esta abrumadora afluencia de datos puede incapacitar a los investigadores, crear un vacío en este enorme caos, particularmente a aquellos que son más nuevos en el campo, mientras lidian con la inmensidad del conocimiento existente. En consecuencia, el autor aboga por la inclusión no solo de técnicas para adquirir información sino también del «arte de rechazar la información» u «oblivionismo científico», que se refiere a la habilidad de identificar y seleccionar solo aquello que realmente mejora la investigación. En un paisaje inundado de datos, la práctica del olvido intencional y selectivo es esencial para evitar perderse en el mar de información y continuar avanzando en el quehacer científico.

2.7. Memoria colectiva y medios de comunicación
(Influencia de los medios en la memoria colectiva y Análisis literarios en los mass-media modernos)

Durante todo el siglo pasado y, mayormente, a principios del siglo en el que vivimos, los medios de comunicación colectivos, especialmente los electrónicos, han evolucionado de manera incontrolable y a pasos agigantados, impulsados por las nuevas tecnologías y los cambios antropológicos y sociológicos. El orbe se ha transformado de manera exponencial, sin comparación con épocas anteriores. Estas transformaciones han tenido como protagonistas principales la concepción de urbanidad y la política. Con el paso del tiempo, de década en década, los mass-media fueron apoderándose de la audiencia, ejerciendo una determinante influencia sobre la muchedumbre humana hasta convertirse en el «cuarto poder». Desde los años sesenta hasta los ochenta, se convirtieron en herramientas relevantes para la difusión de información, instituciones esenciales que determinaban el grado de socialidad. No obstante, hacia el umbral del año 2000, los medios, otrora confinados por las rígidas fronteras de lo meramente informativo, quebraron sus límites ancestrales para erigirse en el baluarte supremo del poder ideológico que dominaba el pulso de la sociedad. Ya no eran simplemente vehículos de comunicación; se transformaron en el vértice fulgurante de una renovada arquitectura de control y seducción, desde donde, con sutil maestría, tejían las hebras invisibles de la persuasión que modelaba el pensamiento colectivo.

Tal como indica Esteinou, los medios de comunicación, gracias a su desarrollo tecnológico y su rol en la producción cultural, juegan un papel central en la creación y reproducción de la memoria y el olvido social. Con su gran capacidad de influencia, reemplazan la memoria histórica profunda por una memoria mediática rápida y superficial, especialmente en las ciudades. Esto transforma la memoria colectiva y promueve un olvido comunitario que refuerza las estructuras de poder existentes. Al fabricar un presente autocomplaciente y desconectado del pasado, los medios debilitan la conciencia histórica, alimentando una sensación posmoderna de la muerte de las ideologías y utopías (Esteinou, 2010, p. 83-84).

El advenimiento de la sociedad extensa y el Estado ampliado encuentra su raíz en la preeminencia de las industrias culturales electrónicas, que actúan como arquitectos invisibles en seis dimensiones esenciales: económico, político, social, cultural, psíquico y energético. En el ámbito económico, los medios no solo refuerzan el Producto Interno Bruto, sino que forjan nuevos hábitos de consumo que, con el tiempo, se consolidan como necesidades vitales. En el plano político, erigen una «plaza pública virtual», sustituyendo los antiguos espacios de deliberación y moldeando el consenso social. Socialmente, se erigen como grandes intermediarios entre el poder y la ciudadanía, orquestando convocatorias masivas y dirigiendo la movilización colectiva. Culturalmente, los medios transmutan la percepción de la realidad, generando paisajes psíquicos que alimentan los imaginarios colectivos y redefinen nuestra relación con el mundo. Así, cada nuevo medio no solo desplaza a sus predecesores, sino que renueva el tejido cultural, tejiendo una nueva narrativa mediática a cada paso (Esteinou, 2010, pp. 77-78). Es a nivel psíquico donde los medios de comunicación de masas ejercen una mayor influencia, determinando un cambio radical en el concepto de memoria. La memoria se convierte en un bien de consumo inmediato, promoviendo al *homo ludens*: todo es inmediato, todo es un juego que se agota pronto, aplastando la memoria histórica y fomentando el olvido. Así, todo se consume rápidamente, dejando vacíos que deben ser sustituidos con otros de forma continua, incesante y rápida. La información es un juguete que al romperse tiene que ser remplazada:

> Sustituyen la *memoria histórica* larga y profunda por la *memoria mediática* rápida, corta y superficial, sobre todo en las urbes. Edifican con enorme fuerza el presente simbólico de las colectividades. Colaboran a construir culturalmente —con un enorme peso subjetivo— la historia cotidiana de la sociedad. Contribuyen a cimentar el proceso de socialización de los sujetos. Promueven al *homo ludens* que se mueve por estímulos y planteamientos reactivos que envían los medios a la población. Se introducen psíquicamente como acompañantes cotidianos en casi todas las áreas de la vida mental, en particular en la población urbana. El tiempo libre en las ciudades se invierte de forma cada vez más creciente en el aparato mediático y sus derivados tecnológicos, como la Internet (Esteinou, 2010, p. 80).

Los medios influyen en la pertenencia social y emociones colectivas:

> A partir de la información que difunden, colaboran a crear actitudes específicas en las personas, los grupos, las instituciones, la sociedad y el mundo en general. Construyen so-

179

cialmente nuevas interactividades mediáticas. Crean en los auditorios sensaciones de pertenencia o desarraigo a grupos, regiones, naciones, idiomas y culturas. Alimentan imaginarios, expectativas, sueños, esperanzas, necesidades y deseos en los públicos. Organizan el flujo emocional de la sociedad y producen grandes estados anímicos colectivos, con lo que crean su propio ciclo sentimental a lo largo de todo el año (Esteinou, 2010, p. 80-81).

Como sugiere Martín Barbero, las industrias culturales audiovisuales aplastan la temporalidad sobre la instantaneidad, reduciendo la actualidad a la inmediatez del presente. En medios como la radio o la televisión, la simultaneidad entre el acontecimiento y su representación se ha vuelto esencial, interrumpiendo cualquier programación para conectar con lo que está ocurriendo en ese momento. Este presente efímero se presenta a toda velocidad, sin reposo, igualando en duración sucesos tan distintos como una masacre o un escándalo de farándula, lo que revela la extraña economía temporal de los medios, donde la información es cada vez más fugaz (Martin Barbero, 2001, pp. 54-56).

El concepto de «actualidad» y el presente han sufrido una compresión impresionante en un mundo que corre velozmente, donde el tiempo es fugaz y todo se vuelve instantáneo. Este presente se reduce a una mínima fracción, impulsado por la tecnología moderna, en especial por la fibra óptica. En el último siglo, el concepto de «actualidad» ha cambiado de manera radical, hasta volverse casi efímero. La urgencia por acelerar los tiempos ha alterado nuestra percepción, concentrando todo en el instante breve donde el acontecimiento y la cámara coinciden. En este escenario, lo que prevalece no es una memoria cultural rica y profunda, sino una memoria operativa y funcional, almacenada en dispositivos digitales, donde la velocidad y la información comprimida reemplazan la comprensión histórica y profunda.

La experiencia social y la formación cultural han evolucionado en las últimas décadas. Resalta una transformación significativa en comparación con la modernidad estética de los siglos XVIII y XIX.

Este cambio se manifiesta en dos áreas clave: la práctica artística y la escritura (Mercadal, 2016, p. 10):

1. *Transformación Cultural:* Se observa que las prácticas artísticas modernas están orientadas a explorar nuevas dimensiones de la vida cotidiana. Este enfoque busca descubrir y potenciar aspectos de la experiencia común que antes podrían haber sido pasados por alto. En lugar de seguir las fórmulas estéticas del pasado, el arte se dirige hacia una representación más auténtica y relevante de la vida diaria.

2. *Escritura como Exploración Real:* La escritura contemporánea se describe como un esfuerzo por capturar la vida en su forma más pura y tangible. Este enfoque se aleja de las abstracciones y pretende reconducir la experiencia material del mundo hacia un entendimiento más inmediato y visceral. La escritura se convierte en una herramienta para redescubrir y conectar con lo real de manera directa.

2.7.1. *Tecnología digital y memoria creativa*

(Impacto de la digitalización en la memoria creativa y Preservación y olvido en la literatura de la Era digital)

La tecnología digital en la última década ha ido implementándose cada vez más. Diferentes formas de escritura han encontrado y definido nuevas formas de creación innovadora. La memoria, de este modo, ha tomado un papel clave en la creación, y los archivos digitales se han convertido en una moderna Biblioteca de Alejandría, donde es posible encontrar casi todo lo que se desea. Es una memoria siempre activa y disponible, lo que permite que, si un escritor necesita información, un periodista busca elementos para un artículo o un investigador requiere datos para completar su trabajo, ahí están las fuentes a las que puede acceder y aprovechar como un vasto patrimonio mnemónico.

Además, la web se ha convertido en una memoria continua y constante. Sin embargo, cuando hablamos de archivos no oficiales, es crucial evaluar la fuente y filtrar la información, ya que la «basura informática» también abunda en Internet. Por lo tanto, es necesario depurar el contenido. Este vasto depósito de información, ya sea verdadera o falsa, forma parte de un torrente imparable que, día tras día, nos invade y nos sumerge como un tsunami en el que a menudo resulta difícil mantenernos a flote. La única defensa efectiva es fortalecer y afinar nuestro sentido crítico para discernir, en medio de esta corriente, lo que realmente es una noticia o información veraz, de lo que no lo es.

Esto es una prerrogativa indispensable, especialmente cuando hablamos de literatura, memoria y mundo digital. En este caso, la memoria no solo puede ser una fuente de información, sino que, al mezclarse de manera armónica con la ficción, se convierte en un inmenso caudal que nutre la inventiva de los escritores. La revolución digital ha dado origen, y sigue haciéndolo, a nuevos escritores, así como a nuevos lectores. Las relaciones entre literatura e Internet han sido, en estas últimas décadas, un terreno innovativo y fértil para explorar, de hecho, gran parte de la bibliografía existente que ha abordado una crítica literaria sobre los «nuevos» experimentos de creación literaria en formatos electrónicos, como los hipertextos, las creaciones colectivas y las blognovelas, etc.

Internet con su fuerte impacto junto con las nuevas tecnologías no solo ha cambiado la forma de escribir, sino que también los contenidos se han integrados a ese fulgurante cambio, como observa Gómez (2011), en la literatura impresa se hace patente a través el creciente uso de estos temas en la narrativa contemporánea. Thomas Pynchon, Philip K. Dick y William Gibson son escritores que se han puesto preguntas sobre cómo el impacto de las tecnologías puede alterar nuestra forma de percibir la realidad que nos rodea. En especial, el género ciberpunk ha desarrollado una visión distópica imaginando donde lo humano y lo tecnológico mezclándose forman parte de la misma realidad. La amplia transformación digital que hemos presenciado en los últimos años, que se ha infiltrado sutilmente en nuestras vidas, nos obliga a reflexionar sobre nuestra identidad y a considerar en qué medida el progreso tecnológico se aleja de nuestra naturaleza humana inherente. En este sentido, las representaciones cinematográficas, pioneras en este género como

Neuromante (1982) y películas como *Blade Runner* (1984) o la serie de películas de *Matrix* que se compone de *The Matrix* (1999), *The Matrix Reloaded (2003), The Matrix Revolutions (2003) y The Matrix Resurrections* (2021) han estimulado y han popularizado preocupaciones colectivas o elucubraciones futuristas en historias que escrudiñan el nexo entre el cerebro humano y la máquina y su posible combinación. Además, el éxito de novelas como la trilogía *Millennium (2005-2007),* una investigación policíaca a través de la Red, son recientes y muy populares ejemplos, como podría serlo Stieg Larsson y el uso de Internet en investigaciones policiacas, que también han marcado un subgénero popular en la literatura actual, nuevas formas de interacción social y afectiva han sido abordadas a través de la tecnología (Gómez 2011, p. 69-70).

En la novela española, señala Gómez, el uso de la tecnología y la red ha sido explorado por varios autores. *La piel del tambor* (1995) de Pérez Reverte presenta a un pirata informático que se infiltra en el Vaticano. Lorenzo Silva, en *El blog del inquisidor* (2008), reconstruye un proceso inquisitorial del siglo XVII a partir de un hallazgo en Internet. *Clara dice* (2009), de Carlos Roncero, narra una investigación de asesinato con pistas dejadas en la web. También hay un subgénero de *best-sellers* centrado en las relaciones personales generadas por la tecnología, como *El amor en los tiempos del ch@t* (1999) de Palma Infantes, *Sueños digitales* (2000) de Edmundo Paz Soldán, y la antología de varias autoras *Al otro lado un extraño* (2001).

2.7.2. Memoria, Literatura y Creación Digital en la Era de los Medios y la Tecnología

Desde la tableta de cera, que al borrarla se convertía en una tabula rasa, hasta el papel y la digitalización de la escritura, ha cambiado mucho en cuanto a cómo escribimos y borramos. Ahora, en el soporte digital, se puede escribir de manera ilimitada y borrar palabras sin dejar rastro, ya que el texto se recompone automáticamente para llenar los espacios vacíos. Este formato blando hace que escribir sea muy cómodo.

En los años noventa y principios de los 2000, el espacio y el discurso literario experimentaron una transformación ligada a la apertura hacia lo íntimo. Esto se manifestó en formatos como diarios personales, que en ciertos momentos se compartían públicamente. También surgieron experimentos en los que los textos se creaban de manera colectiva, como en novelas de ficción colaborativa, o personas que, de manera individual, deseaban exponerse y optaban por revelar aspectos íntimos de sus vidas a través de sus escritos, por diversas razones, en momentos específicos. Este fenómeno ha cobrado un fuerte y renovado impulso debido a la transformación de la sociedad en la que estamos inmersos, evidenciada en la evolución tecnológica de la palabra en su variante electrónica y su cada vez más fácil y constante difusión a través de Internet.

Cómo los textos se componen, se registran, se transmiten y se conservan ha sido objeto de una transformación profunda en sus mismas bases, dado que se ha producido una radical intervención de creación y circulación de la escritura. Este cambio perturba no solo las reglas y convenciones tradicionales de los géneros literarios, sino también las modalidades tecnológicas que posibilitan la creación y distribución de los textos (Petrucci, 1999, p. 296). La escritura, en el último año, se ha transformado profundamente: debido a la digitalización, ha dejado de estar limitada a un soporte físico y pasa a ser más fluida, accesible y mutable, lo que crea nuevos modos de uso, interacción, conservación y difusión del contenido.

El uso masivo de formas nuevas de concebir y generar textos como los *weblogs* ha brindado la posibilidad a muchos escritores «novatos» o «inexpertos» un espacio donde dibujar sus ideas y comunícalas, accesible y gratuito para practicar la escritura personal, sin estar en manos de editoriales, ni estar sujeto a determinadas estructuras empresariales o, en el caso de un escritor más maduro, exigencias de éxito editorial. Al mismo tiempo, los temas y los motivos se han ampliado, y se ha abierto la puerta a un universo de discursos antes reservados (más o menos interesantes), convirtiéndose en un lugar donde, en ciertos casos, la necesidad de sacar a fuera lo más recóndito y de exponerse se transforma en una forma de expresión pública.

La historia de los blogs, es bastante reciente, y se remonta a 1994, señala Cortés (2006), coincidiendo con la apertura pública de Internet y el surgimiento de los primeros *Online Diaries* (diarios en línea). Estos eran páginas web donde se publicaban bitácoras personales con un orden inverso, mostrando las entradas más recientes primero. Ejemplos pioneros como el *Open Diary* de Claudio Pinhanez, el diario de Justin Hall o el de Carolyn Burke, establecieron un modelo que rápidamente fue imitado por cibernautas. A través de comunidades electrónicas como *Open Pages* y *Diarist.Net* ayudaron a consolidar esta práctica y a conectar a escritores y lectores de estos nuevos diarios en línea. La escritura en línea estalló verdaderamente con la aparición de plataformas dedicadas exclusivamente a alojar diarios personales. *Xanga*, el primer servicio de este tipo, se lanzó en 1996 y pasó de incluir unos 100 diarios en 1997 a tener más de 20 millones de usuarios en 2005. Otros servicios, como *Open Diary* (1998), *Live Journal* y *Blogger* (ambos en 1999), siguieron el mismo camino y experimentaron un crecimiento similar (Cortés, 2006, pp. 2-3).

La escritura personal digital ha experimentado una revolución en términos de destinatario y contenido gracias a los primeros «diarios abiertos» en línea dieron un salto significativo con la llegada de las plataformas de alojamiento masivo. Estas nuevas herramientas de *blogging* no solo ampliaron las posibilidades, sino que remodelaron el entorno digital, incorporando texto, hipervínculos, imágenes, audio, video y comentarios. Así nació el blog, un formato multimedia interactivo único, que trasciende la escritura física tradicional y se adapta completamente a las innovaciones tecnológicas de la red:

> Sin embargo, con la apertura de este tipo de servicios, los «diarios abiertos» que habían puesto en marcha todo el mecanismo quedaron asimilados dentro de una maquinaria que abarcaba un fenómeno mucho mayor que el de la escritura de bitácoras, pues los servicios de alojamiento pusieron a disposición de sus usuarios toda una serie de recursos (*blogging software*) que vinieron a modificar el espacio en el que escribían, a hacerlo propicio para varios tipos de escritura personal, a dar la posibilidad de combinar texto, hipervíncu-

los, imágenes, audio y video; a posibilitar la introducción de comentarios de los lectores, y, en fin, a crear el primer tipo de documento personal en línea que no es un reflejo exacto de ningún tipo de escritura física, sino que es nativo de la red: el blog (Cortés, 2006, p. 2).

Cada vez es más frecuente que los libros impresos divulguen su procedencia digital. Mientras las obras clásicas se digitalizan, ahora algunas editoriales llevan al papel textos virales de Internet, buscando conferirles un aura de prestigio y atraer a los lectores que aún prefieren el formato físico. Evidentemente, el ser humano, a lo largo de su historia, ha atravesado cambios radicales, y su código genético conlleva una notable capacidad de adaptación. Así ocurre también con la tecnología: quien emplea de manera constante una herramienta se ajusta a ella. El *homo faber*, en esta simbiosis, construye, pero al mismo tiempo se construye, no solo otorga vida a la herramienta, sino que esta, a su vez, moldea al artesano que la maneja, alterando su forma de actuar. La simbiosis que surge entre el objeto y su usuario genera una resistencia intrínseca a su sustitución, arraigando la herramienta en lo más profundo de quien la utiliza (Rodríguez de las Heras, 2011, p. 106).

Hoy en día, la cantidad y diversidad de nuevas formas de escritura y lectores fascinados por el mundo literario son tan grandes que, si pudiéramos comprender con total claridad estos cambios, junto con los innovadores modelos de negocio editoriales y el impacto cultural en la comunicación escrita, el debate sobre la evolución de la cultura escrita se clarificaría notablemente. En lugar de teorizar sobre cómo estos cambios están afectando al panorama, podríamos tener en una mano un libro tradicional y en la otra un dispositivo electrónico, comparando sus efectos de manera objetiva. Esta evaluación directa y minuciosa nos permitiría entender de manera más profunda cómo están transformando o evolucionando la escritura y la lectura en nuestra era digital (Rodríguez de las Heras, 2011, p. 102).

III Parte

3. La Memoria y los contextos literarios

Esta última parte está protagonizada por la memoria en su interacción con la literatura, que trasciende el simple memorar; donde el recuerdo se convierte en medio para dar a luz a ideas y pensamientos que constituyen las herramientas de la creación, interpretación y resignificación del viaje de la vida «Viaggiare, come raccontare, —come vivere— è tralasciare»[1] (Magris, 1997, p. 71), donde contar historias es vivir y, omitir, es una decisión obligada, no siempre negativa, ya que implica una selección de lo mnemónico en un marco emocional y narrativo. En esta parte, se analiza cómo un selecto número de autores entra en lo profundo de los laberintos de la memoria que observan cada uno desde sus propias perspectivas estéticas, configurando una narrativa compuesta por paisajes mnemónicos que danzan entre el olvido, la evocación, la búsqueda y la construcción identitaria.

Desde la poética de Luis Cernuda en la cual la memoria se fusiona con el olvido bordeados de su sabiduría y excelsa técnica, hasta los laberínticos juegos narrativos de Borges, pasando por el recorrido real maravilloso entre la memoria y la ficción de la introspección transformadora de J. M. Caballero Bonald y las geografías del recuerdo que se componen de personajes, impresiones, lugares en la obra de Claudio Magris, este recorrido literario ilustra cómo la memoria que desmenuza, sumerge, abona, riega y borra; se convierte en un microcosmos de posibilidades creativas. En estas obras, los contextos literarios no solo albergan el pasado, sino que también dialogan con él, extraen la identidad narrativa ofreciendo esencialmente nuevas maneras de comprender la temporalidad y la identidad en el espacio literario.

---

1   «Viajar, como contar, —como vivir— es omitir».

3.1. Donde habite el olvido: la memoria fértil, el habitante del olvido Luis Cernuda

La obra de Luis Cernuda se engasta en el panorama lírico español indeleblemente. El poeta sevillano representa un modelo de escritura que mezcla, con excelsa sabiduría, técnicas, temas, motivos y estilo, imprimiendo su toque personal. Sin duda, queda demostrada la relevancia de su obra, sobre todo, en la influencia que ejerció sobre los escritores de la generación del 50: sin el ejemplo poético de Cernuda, autores como Gil de Biedma, Brines y Valente, entre otros, hubieran sido privados de un elemento fundamental en su lírica. Estos reconocidos escritores contemporáneos concurrieron al redescubrimiento y la revalorización de un poeta que, hasta entonces, había permanecido en una especie de sombra hasta el fin de sus días. Solo un año antes del fallecimiento de Cernuda, en octubre de 1962, se le dedicó un estupendo y evocador homenaje publicado en la revista *La Caña Gris*, números 6 y 8, donde, de forma muy significativa, los poetas de la generación del 50 ya citados y José Olivio Jiménez, Castellet, etc., le reconocían y confirmaban su calidad de «maestro» y la autoridad de su enseñanza.

Cernuda, con su propia personalidad y su tan sofisticada pluma, se diferencia de los poetas de su generación por una necesidad expresiva que lo impulsa a buscar, experimentar y concebir una manera nueva de vivir lo poético y la poesía. El contacto con la literatura inglesa, que conoció muy de cerca, fue decisivo al impregnar su lírica y abrirle nuevas perspectivas que respondían a su constante exigencia de aprendizaje y de superación de los confines geográficos en su creatividad. Sin duda, ese contacto con la cultura anglosajona representó una curiosa novedad en la España de entonces; solo Miguel de Unamuno había cruzado los límites geográficos del país para nutrirse de una literatura que no fuera exclusivamente autóctona. A este propósito, declara perentoriamente Cernuda: «Aprendí mucho de la poesía inglesa, sin cuya lectura y estudio mis versos serían otra cosa, no sé si mejor o peor, pero sin duda otra cosa» (Cernuda, 1975, p. 920).

En 1902, en Sevilla nace Luis Cernuda. Su infancia se caracteriza por la introversión de su carácter característica que lo acompañará a lo largo de la vida influenciado, probablemente, por el ambiente burgués y marcadamente cerrado en el que se crió, lo que alimentó su necesidad de rebelión. En su familia nunca encontró lo que necesitaba: comprensión y afecto (Sánchez Rosillo, 1992: 103). Esta tendencia a la soledad y al aislamiento del mundo que lo rodeaba le permitía viajar y crear en su mente espacios paralelos llenos de presencias encantadas que se materializaban en su imaginación. Su familia no le dio muchos estímulos culturales, pero la biblioteca del padre, un coronel de ingenieros, poseía muchos libros de viaje que llevaban al pequeño Luis a escenarios míticos y exóticos. En la mitología griega, descubrió un mundo de imaginación y maravilla, así como una teogonía que contiene una moral donde está presente una conciencia real de la felicidad moral y física, alejada de la rigidez católica.

Con tan sólo 9 años, el joven Cernuda experimentó sus primeras inspiraciones literarias y desarrolló una fascinación por la poesía mientras leía a Gustavo Adolfo Bécquer, particularmente conmovido por la importancia que tuvo para su ciudad natal el traslado de los restos de Bécquer desde Madrid a Sevilla en 1911. Se puede afirmar que el poeta romántico fue su padrino espiritual y quien lo introdujo en la lírica (Delgado, 1975, p. 12). Pero fue durante sus estudios en la Facultad de Derecho de Sevilla cuando se consolidó su talento poético. En la Universidad fue alumno de Pedro Salinas, quien pronto apreció su valía y fue su mentor orientándolo en la participación en tertulias y hacia las provechosas lecturas de Fray Luis, Góngora, Garcilaso, Herrera, etc. También le aconsejó una profunda lectura de los simbolistas franceses. André Gide, sin embargo, fue el que más sugestión ejerció sobre su alma literaria. La moderna autonomía de pensamiento del poeta francés ejerce un fuerte influjo sobre el sevillano. De Gide le fascinó y lo iluminó literalmente su poética de ruptura que tiende a la libertad y a la honestidad, dejando de lado los vínculos morales y puritanos, buscando la esencia y llevándolo a tomar conciencia de su naturaleza sexual (Villena, 1984, p. 12).

En 1925, Cernuda se licencia en Derecho, en muy joven edad, consigue la publicación de sus primeros poemas en *Revista de Occidente,* gracias a Juan Ramón Jiménez. Al año siguiente, con la intención de introducirse en el mundo editorial colaborando en distintas publicaciones: *La Verdad, Mediodía* y *Litoral,* entre otras se empieza a intuir la naturaleza errante del destino de Cernuda que deja Sevilla y viaja a Madrid para seguir su vocación literaria. Su primer libro lírico, *Perfil del aire* (1927), ve la luz dos años más tarde. No enteramente comprendido, sufre el rechazo por la crítica; y en el mismo año tras conocer a Federico García Lorca en un homenaje a Góngora en el Ateneo de Sevilla, escribe *Égloga, elegía y oda* (1928). Definitivamente, Madrid se convierte en su residencia. En la capital española publica casi uno detrás otro, *Un río, un amor* (1929), *Los placeres prohibidos* (1931), *La invitación a la poesía* (1933), *Donde habite el olvido* (1934) e *Invocaciones* (1935). El periodo de la II República lo ve como protagonista de una muy intensa y comprometida actividad cultural que se articula en colaboraciones y publicaciones, dando conferencias y realizando lecturas públicas de sus poemas. Al comienzo de la Guerra Civil, Cernuda se encontraba en París cuando le llega la triste noticia del asesinato de Federico García Lorca y escribe la elegía titulada «A un poeta muerto» (F. G. L.), publicada en 1937. A su regreso a Madrid, se integra con fervor político en la Alianza de Intelectuales Antifascistas. En febrero de 1938 es invitado a dar unas conferencias en Londres y acude con el convencimiento de una breve estancia. Ese año, por su compromiso político republicano, como muchos de su generación, conoció el exilio. Elabora entre Francia y Reino Unido un libro de poesías que ve la luz en Glasgow cuando Cernuda concluye una breve estancia en París y regresa al Reino Unido. Allí, consigue trabajo como lector en la Universidad de Glasgow, donde termina *Las nubes* (1940), un libro de poesía sobre la Guerra Civil española. En esta ciudad escocesa envuelto por las grises lluvias norteñas escribió *Ocnos* (1942) y *Como quien espera el alba* (1943); ese año de 1943, obtiene otro contrato como profesor en Emmanuel College de la Universidad de Cambridge y se muda a Inglaterra, al año siguiente publica *Vivir sin estar viviendo*

(1944). En 1947, es profesor de Lengua y Literatura Española en el Mount Holyoke College de Massachusetts en Estados Unidos. Las peregrinaciones, que caracterizaron su vida y las de los intelectuales que firmemente se opusieron al régimen no se acabaron. Desde 1949, con el deseo de reencontrar su paraíso perdido y su lengua, realizó frecuentes viajes a México donde mantiene relaciones con los intelectuales del país y del exilio español: Manuel Altolaguirre, Jorge Guillén, Lezama Lima, María Zambrano, Octavio Paz, etc. En 1954 es profesor de la Universidad Nacional Autónoma de México, hasta su muerte en 1963.

El largo destierro no le permitió volver a ver España y le produjo una forma de melancolía que encuentra en la memoria su desborde natural. En Londres, Cernuda experimenta la soledad a la que, en cierto sentido, estaba acostumbrado, dada su naturaleza retraída y cierta misantropía que marca su trayectoria vital. Sin embargo, esto alimenta su estado mustio y su recurso a lo mnemónico y a la fantasía para llevar, de algún modo, su patria en la mente. Leopoldo Panero nos relata cómo vivía Cernuda en la capital inglesa: «Vivía Luis Cernuda en Londres en una habitación quimérica y minúscula, cuidadosamente tenida y silenciosamente habitada, cuya ventana se abría a nivel de los árboles de Hyde Park» (Panero, 1949, p. 184).

3.1.1. *La configuración de la memoria: bajo el velo de* Las Nubes *entre el exilio y la eternidad*

Con *Las nubes*, sin embargo, se abre uno de los capítulos más intensos de la vida del poeta sevillano. Es una etapa, ya a sus 36 años, en la que ha alcanzado plenamente la madurez, y que debemos interpretar desde el punto de vista humano y literario, por tanto, está en su plenitud como escritor. Muchas cosas cargadas de dolor han pasado y su alma está atormentada. El recuerdo de acontecimientos pasados ha surcado su memoria indeleblemente, reverberando en su vida. La muerte y el olvido adquieren ahora mayor densidad, ya que antes, en la juventud, eran algo periférico e intangible; ahora son temas que el propio autor percibe de manera más intensa y que su sensibilidad poética examina con mayor profundidad. La seriedad y solemnidad que siempre lo caracterizaron se acentúan, junto a su pasión por el arte y un continuo afán de búsqueda para completarse en el acto creativo, lo que determina un espesor en su sombría visión.

La colección de poemas que se recogen en *Las nubes* se elaboraron con lentitud entre 1937 y 1940, siguiendo los ritmos vitales y las peripecias del autor en la Europa en esos años turbulentos. Los primeros ocho poemas fueron redactados en España, principalmente en Valencia, y los siguientes que componen la obra se escribieron en París, Londres y Glasgow, cuando Cernuda aún albergaba la esperanza de un regreso inmediato a España. El que resultó definitivo traslado a Gran Bretaña se produjo en septiembre de 1938, huyendo de los horrores que la Guerra Civil había marcado en su memoria, lo que determinó un cambio decisivo en su manera de estructurar y pensar la poesía, como ya había sucedido tras encontrar la poesía de Hölderlin. Cernuda, en su sombría soledad, se sumergió en el estudio de la literatura del país que entonces lo estaba acogiendo. Esos textos resultaron ser deleitosas e intensas lecturas que fueron profundamente asimiladas y bajo su poder de atracción empezaron a ejercer una benévola influencia en su trabajo poético (Sánchez Rosillo, 1992, p. 131).

Lo elegíaco acompaña cada poema de *Las nubes*; ese profundo lamento y el dolor del exilio evidencian una honda melancolía y el deseo de agarrar y aprisionar, aunque fuera solo por un instante, el recuerdo de su España. Atormentado por su patria y su triste derrota, sordamente grita su desesperación. Desde aquel momento, la memoria de España se fragmenta, y su recuerdo se compone de lo real y de la idealización que se materializa con su Andalucía, su Edén mítico. Idealización que evoluciona al mudarse a México, un país que tanto le recordaba su Edén perdido y que termina siendo el nuevo.

Incluido en *Las nubes*, Cernuda encuentra su refugio en «Atardecer en la catedral», donde busca la paz y el amparo frente a los dolores que la vida de exiliado le procura; el poeta halla el sosiego en el edificio que es «como un sueño de piedra». La catedral representa un lugar de memoria eterna, donde predominan la quietud y la solemnidad; es una estructura que se eleva hacia lo divino y posa sus cimientos en lo terrenal, suspendida entre lo tangible y lo espiritual. Un espacio extático, donde los elementos materiales se fusionan con lo inmaterial. Su longevidad y permanencia, como refugio espiritual a lo largo del tiempo, la convierten en un edificio cargado de memoria, capaz de ofrecer consuelo y olvido, una especie de liberación de los malos recuerdos y del odio, de las tensiones cotidianas, donde el cuerpo se disuelve en la oscuridad, operando una inmersión en lo sublime, lo trascendente y lo eterno. Es un lugar donde los recuerdos se diluyen en la paz profunda del olvido:

> Como un sueño de piedra, de música callada,
> Desde la flecha erguida de la torre
> Hasta la lonja de anchas losas grises,
> La catedral extática aparece,
> Toda reposo: vidrio, madera, bronce,
> Fervor puro a la sombra de los siglos.

> [...] Aquí encuentran la paz los hombres vivos,
> Paz de los odios, paz de los amores,
> Olvido dulce y largo, donde el cuerpo
> Fatigado se baña en las tinieblas
> (Cernuda, 1977, p. 238).

En el fragmento sucesivo, esta «sombra divina hablando en el silencio» evoca el sufrimiento interior, creando una tristeza profunda que se oculta, pero que encuentra consuelo a través de la intervención de lo sagrado. El lenguaje naturalista en «aromas, brotes vivos surgen, afirmando la vida» refuerza el contraste entre la vida que emerge con fuerza y la tristeza inicial, que da paso al renacimiento que ocurre en el templo, como símbolos del ciclo natural de renovación y esperanza. El «soplo animador de nuestro mundo» es una metáfora de la fuerza vital que insufla vida, y que a través de la memoria garantiza continuidad, especialmente en los momentos oscuros, «la noche de los hombres». La memoria conecta el dolor con la reconciliación, transformando el sufrimiento en un medio para encontrar consuelo divino y renovación espiritual. A través del recuerdo, el pasado doloroso se resignifica, ofreciendo alivio y permitiendo que el ciclo de la vida aporte esperanza y continuidad:

Llanto escondido moja el alma,
Sintiendo la presencia de un poder misterioso
Que el consuelo creara para el hombre,
Sombra divina hablando en el silencio.
Aromas, brotes vivos surgen,
Afirmando la vida, tal savia de la tierra
Que irrumpe en milagrosas formas verdes,
Secreto entre los muros de este templo,
El soplo animador de nuestro mundo
Pasa y orea la noche de los hombres
(Cernuda, 1977, p. 238).

En Londres, el poeta recibe «La visita de Dios». Ya perdida su juventud, pobre y abandonado en tierra ajena, sin esperanza ni proyectos para el futuro, se reconecta con su yo espiritual e intenta hablar con ese Dios que parece distante, como un lejano recuerdo. Le pide compasión y, sobre todo, que no desaparezcan del mundo los nobles deseos, porque si estos murieran, el mismo Dios desaparecería de la memoria de los hombres, tragado por el olvido:

El tiempo, ese blanco desierto ilimitado,
Esa nada creadora, amenaza a los hombres
Y con luz inmortal se abre ante los deseos juveniles.
Unos quieren asir locamente su mágico reflejo,
Mas otros le conjuran con un hijo
Ofrecido en los brazos como víctima,
Porque de nueva vida se mantiene su vida
Como el agua del agua llorada por los hombres.

[...] No golpees airado mi cuerpo con tu rayo;
Si el amor no eres tú, ¿quién lo será en tu mundo?
Compadécete al fin, escucha este murmullo
Que ascendiendo llega como una ola
Al pie de tu divina indiferencia.
Mira las tristes piedras que llevamos
Ya sobre nuestros hombros para enterrar tus dones:
La hermosura, la verdad, la justicia, cuyo afán imposible
Tú sólo eras capaz de infundir en nosotros.

Si ellas murieran hoy, de la memoria tú te borrarías
Como un sueño remoto de los hombres que fueron
(Cernuda, 1977, pp. 228-229).

Cernuda se pierde en la vastedad y la indiferencia del tiempo ante la existencia humana. El vacío que todo lo genera es «nada creadora», la paradoja que destaca su dualidad. El recuerdo de la juventud evoca unos deseos llenos de energía y esperanza que chocan con la ilusión del control o la conquista del tiempo, como si su fulgor pudiera perdurar para siempre. La fuerza del recuerdo se disuelve en el intento desesperado de capturar o detener el tiempo, de prolongar lo efímero. Esto genera una visión más madura y resignada, en la que se intenta proyectar la vida y trascender la mortalidad. Somos conscientes de que formamos parte de un ciclo perenne en el que la humanidad sobrevive y enfrenta la fugacidad del tiempo a través de la descendencia, alimentada por la memoria y el bagaje de conocimientos necesarios para proyectarse en el mañana.

En el periodo en que fue profesor en Glasgow, Cernuda comenzó a ocuparse de una colección de poemas en prosa que más tarde se titularía *Ocnos*, y que se concretó con su publicación en 1942. El recuerdo de su ciudad natal, la nostalgia y la esperanza componen este libro. La memoria viaja a través de las suaves notas musicales. Pensamientos y recuerdos surgen de la música que transporta al oyente y al ejecutor hacia las esferas ultrasensibles. Juan Goytisolo describe los poemas en prosa de *Ocnos* como parte de la primera y más dolorosa fase del exilio de Luis Cernuda. En ellos, el poeta evoca con delicadeza sus vivencias en Sevilla, una ciudad que añoraba y odiaba al mismo tiempo, de la que huyó en su juventud y nunca regresó. El autor retoca sus recuerdos de juventud en la ciudad, como si fueran una vieja fotografía, suavizando sus imperfecciones (Goytisolo, 1981: 7). En esta obra, la conexión de Cernuda con sus orígenes encarna de pleno parte del proceso creativo. El poeta sevillano explora su pasado con una mirada hacia atrás que escruta los inicios, un rastreo del pasado que le permite reconectar con sus raíces.

Esa búsqueda cruza la luz, los colores, los sabores y los acentos del pasado, y evoca también percepciones sensoriales que catapultan al poeta y al lector a una rica y vívida sensación. Esto implica una profunda inmersión en el pasado, con la que es posible resucitar las vivencias emocionales y construir una mentalidad que abarca un abanico de sentimientos. Los recuerdos desvelan y dibujan un marco que sustenta la realidad del poeta. Cernuda bucea en el mar de su memoria con la esperanza de encontrar una revelación que explique un mundo en continuo movimiento y que ha cambiado irreversiblemente para él:

> El tiempo y los espacios abruptamente mutantes que la voluntad detectivesca de Baudelaire pretende capturar en sus poemas en prosa se trastoca en la obra de Cernuda en una mirada que bucea en la inmovilidad de las cosas que se sienten eternas para darles un poco del sentido fugaz de las palabras. La mirada de Baudelaire no puede ser inocente puesto que está constituida por la experiencia y el desplazamiento que el avance de la modernidad provoca en el paisaje urbano y en la actitud e identidad de las personas. [...] La mirada de Cernuda, en cambio, se retrotrae hacia la semilla desde la que se generan los primeros recuerdos. El poeta, por tanto, acomete un viaje de retorno, una suerte de *regretio ad uterum* hacia el centro en el que palpitan la luz, los colores, los sabores y los acentos que nombran y ordenan de una manera particularmente afectiva al mundo (Domínguez, 2008, p. 34).

Cernuda vive una epifanía en su vida, una experiencia que se siente intensa y reveladora, capaz de transformar o construir una visión nueva y auténtica. Esta nueva condición le permite descubrir cosas y verlas bajo una luz diferente, renovando su conexión con el mundo que lo rodea. A través de los recuerdos, Cernuda logra comunicarse con el pasado y, como suele ocurrir, la memoria acarrea fragmentos que revelan la realidad bajo distintas perspectivas. Todo esto provoca en él una «urgencia expresiva», un impulso incontrolable por plasmar esta vivencia en palabras. Es una iluminación que subraya la necesidad de convertir estas experiencias en expresión artística como un medio para saborear, procesar y compartir las intensas vibraciones del alma:

> Una de aquellas tardes, sin transición previa, las cosas se me aparecieron como si las viera por vez primera, como si por primera vez entrara yo en comunicación con ellas, y esa visión inusitada, al mismo tiempo, provocaba en mí la urgencia expresiva, la urgencia de decir dicha experiencia. Así nació entonces toda una serie de versos, de los cuales ninguno sobrevive (Cernuda, 1994, p. 626).

Sin embargo, los recuerdos, «de los cuales ninguno sobrevive», engañan a la memoria y dejan un halo de melancolía y meditación trascendental. A pesar de la intensa fuerza de los recuerdos que pulsan en la mente y la importancia de ese momento creativo, los versos, al igual que los recuerdos que nacen de esta epifanía, son efímeros y se pierden. La imposibilidad de enjaular o retener a esas Musas, hijas de Mnemósine que traen la inspiración, muestra la lucha del poeta, que no es otra que el combate de todo ser humano frente a la transitoriedad de los momentos que resultan difíciles de capturar. Esta batalla se convierte en un juego de espejos encantados, donde el instante creativo se desliza como un delicado suspiro, y el alma del poeta, ávidamente, busca apresar la esencia voluptuosa y tridimensional de lo vivido, escondida en el velo de las palabras. Cernuda, con su pluma cargada de nostalgia y deseo, nos invita a habitar los intrincados jardines de la meditación, la creatividad pronto se evapora como el perfume de las flores. La vida misma se disuelve ante nuestros ojos y así, también, el acto creador, nacido de recuerdos evanescentes, se nos escapa, dejando apenas el rastro de su resplandor.

3.1.2. *La estética del recuerdo: arte y memoria en* Ocnos *y* Como quien espera el alba

Ocnos es un testimonio de la tensión dicotómica entre los dos elementos primordiales: lo que permanece en los siglos, como las duras piedras que simbolizan la memoria preservada, y la volatilidad del aire, que despliega su naturaleza efímera e inaprensible, recordando lo intangible y pasajero. La obra de Cernuda es una crónica poética en la que dos fuerzas extremas y opuestas se enfrentan:

memoria y olvido. Luchas que marcan la eterna contienda entre lo que se puede conservar y lo que, inevitablemente, está destinado a perderse en la espiral del tiempo.

En *Ocnos*, la tiranía del tiempo perpetra su maldad contra el poeta separándole de su Edén. Cernuda revive su exilio forzado donde permanece el deseo constante de reconquistar el paraíso original de su infancia y juventud. Este anhelo de recuperar un estado de plenitud perdida, aunque conscientemente inalcanzable, esta protagonizado por el tiempo, la memoria y la palabra. La palabra del poeta que con su musicalidad quiere engañar al tiempo. El yo poético se distancia de la narración, evidenciando la necesidad expresiva del autor y el palpable deseo de ocultarse tras las palabras, como si observara su propia vida desde fuera, contemplando la existencia con una mirada externa. Este distanciamiento es funcional, logrando un efecto sinestésico desde la lejanía. Las emociones, enigmas y sugestiones otorgan a la prosa el toque justo de lirismo, hipnotizando al lector. La música, que fascina y seduce, se evoca en poemas como «El piano» o en la guitarra de «La música y la noche», y también en «El placer», donde el sonido del acordeón imagina a los amantes enlazados en un vertiginoso abrazo antes de hundirse en la muerte. *Ocnos* es un libro de recuerdos, que se complementa con una meditación poética sobre la naturaleza fragmentada de la existencia humana tal y como la memoria y el poder limitado del lenguaje para capturarla en su totalidad:

> La lucha eterna entre la solidez de la piedra que guarda la memoria, y que nos sobrevivirá, y la tenue e inaprensible materia del aire, se hace carne en las crónicas que componen *Ocnos*. En sus páginas se transluce el drama original de la separación edénica por la presión del tiempo. Este anhelo, tácitamente imposible de satisfacer, aunque no de reflejar, alumbra una palabra poética disfrazada de un género mestizo, la crónica, que congrega en su misma esencia a los tres protagonistas de este drama de escisión: el tiempo, la memoria y la palabra. Una palabra que quiere poner distancia del yo que vive y transcribe su experiencia, escindido o disfra-

zado en la segunda y la tercera persona, subrayando, de esta forma, la naturaleza sinestésica, enigmática e hipnótica de *Ocnos* (Domínguez, 2008, p. 29).

En *Como quien espera el alba* (1947), obra enteramente escrita en Inglaterra, que sin duda se puede definir como una continuación de *Las nubes,* con la que comparte tema y la forma expresiva. En esta obra el yo poético se aleja de la primera persona para observar y objetivar la realidad de su poema. En esta obra empieza una meditación sobre el tema del tiempo y la caducidad de la vida. Aquí, también, está presente lo mnemónico en la melancolía y la pérdida de la hermosura. En esta obra una profunda melancolía empapa sus páginas, ya que el poeta toma conciencia de la imposibilidad de volver a España, definitivamente. Dice Cernuda:

> Leyendo un estudio de un cierto arabista acerca de la vida y de la doctrina de un teólogo musulmán, hallé esta respuesta del teólogo en cuestión a uno de sus discípulos; mientras caminaban por la calle uno de sus discípulos, uno de aquellos, le preguntó al oír un son de flauta: «Maestro ¿Qué es eso?» Y el maestro le respondió: «es la voz de Satán que llora sobre el mundo». Según aquel teólogo, Satán ha sido condenado a enamorarse de las cosas que pasan, y por eso, llora: llora, como el poeta, la pérdida y la destrucción de la hermosura (Cernuda, 1975, p. 843).

La naturaleza efímera de la belleza y el sufrimiento que conlleva su pérdida se manifiestan en la figura de un ser atrapado en la tragedia de amar lo que inevitablemente se eclipsa. El poeta, como Satán, llora la belleza que se desvanece con el tiempo, la constante destrucción de aquello que es y de pronto no será. Es la conciencia de la fragilidad de lo bello, del recuerdo y del ser humano, y el deseo de cristalizarlo antes de que se derrita en la aridez del abandono. El dolor de la pérdida inmediata y constante que las personas experimentan, y que el poeta transfiere a las páginas, captura esa visión existencialista y estética sobre la condición humana, que muchos artistas experimentan ante la transitoriedad de la vida, la naturaleza y el arte mismo. Así, el poeta se convierte en un reflejo de la humanidad y recoge ese lamento eterno, sensible a la belleza, pero siempre consciente de su inevitable destrucción. Nuevamente, la música aparece como símbolo: el sonido de la flauta transfigura un emblema de lo pasajero, de aquello que, por su propia naturaleza, no puede perdurar.

Como dijimos, en 1952, Cernuda reside en México, donde vuelve a encontrar su idioma después de muchos años transcurridos en Inglaterra y en Estados Unidos. Además, se reúne con viejos amigos, aunque problemas económicos atenúan su vida. En aquel periodo, empieza a componer *Desolación de la quimera*, que concluye un año antes de su muerte. El poeta, ya maduro, sigue en esta obra su reflexión sobre el tiempo, que conlleva nostalgia y recuerdos. Su escritura se hace más directa y rehúye cualquier ornamento retórico; las influencias anglosajonas resultan más evidentes y el eco de Eliot se hace patente en los versos del poeta sevillano, quien recurre al uso de técnicas aprendidas de este último, como la intertextualidad, que consiste en incorporar en el texto fragmentos de versos de otros autores que se ocultan en el discurso. La temática que caracteriza la obra de Cernuda, donde la amargura y el desencanto son constantes, está presente en esta obra, a la que se añade el último y quizá el más llamativo motivo: la vejez, un tema que empezaba a asomarse y que no llegó a desarrollar por completo debido a su prematura muerte. El recuerdo y la nostalgia de España nunca le abandonaron, y justo en este libro la amargura, la nostalgia y el recuerdo adquieren un matiz diferente, más cargado por el peso de la edad. El desengaño envenena lentamente sus versos. En un fragmento de «Es lástima que fuera mi tierra» dice:

> Soy español sin ganas
> Que vive como puede bien lejos de su tierra
> Sin pesar ni nostalgia. He aprendido
> El oficio de hombre duramente,
> Por eso en él puse mi fe. Tanto que prefiero
> No volver a una tierra cuya fe, si una tiene, dejó de ser la mía,
> Cuyas maneras rara vez me fueron propias,
> Cuyo recuerdo tan hostil se me ha vuelto
> Y de la cual ausencia y el tiempo me extrañaron
> (Cernuda, 1975, p. 477-478).

La compleja relación del poeta con su identidad y su país, España, es evidente. Cernuda parece alejarse emocionalmente de su nación, casi rechazando su recuerdo, en un desapego que sugiere una desgana, resultado claro de su exilio y de las tensiones vividas en su tierra natal. La vida lejos de España no parece provocarle ni pesar ni nostalgia, pero no es otra cosa que una dureza que reverbera los conflictos interiores, el sufrimiento personal, espiritual y político del poeta y la triste aventura de la vida en el extranjero, que fueron compañías de su vida.

El recuerdo de España se vuelve «hostil», entre una mirada hacia atrás que se carga de matices amargos y dolorosos. Todo lo vivido antes del exilio regresa imponente en su memoria: la Guerra Civil, el exilio forzado y la situación familiar destilan la toxicidad de un pasado imposible de borrar. La distancia se convierte en una defensa para sobrevivir, y la «ausencia», junto al paso del tiempo, han modificado sus recuerdos y su percepción de España, alejándolo física y moralmente de su identidad primigenia. La ausencia ha forjado, o intenta forjar, una nueva identidad que parece oponerse a la primera. Es una lucha interior entre lo que fue y lo que es, en un continuo devenir.

El tiempo es implacable y la memoria se pierde en el olvido, pero los seres humanos encuentran sentido y continuidad a través de los ciclos de la vida. Así, Cernuda nos brinda una meditación penetrante sobre la lucha contra la inevitabilidad del tiempo con su gotear incesante y la búsqueda de inmortalidad a través de la procreación. Entre lágrimas y risas, la vida fluye y se repite, marcada por el sordo y latente lamento de su finitud. La memoria de quien vivió antes, los libros, los templos, las iglesias, las bibliotecas, las emociones compartidas, las enfermedades, los nacimientos, los lutos, etc., todo queda como testimonio del tiempo que pasa, una memoria viva que intenta explicar la humanidad a los seres humanos.

Para el poeta, el olvido proporciona un bálsamo. Anhela el espacio soporífero de la nada, donde las pasiones se duerman y reina la paz: la ausencia de deseos, de recuerdos y de dolor. Los «vastos jardines sin aurora» representan una cancelación absoluta, un disolverse en la eternidad, lejos de los tormentos. El «olvido» es el lugar donde el yo desaparece por completo, donde cada aspecto del ser humano pierde relevancia, donde las emociones y el cuerpo pierden importancia. El texto está lleno de imágenes que enfatizan la idea de desaparición en una eternidad sin luz, un lugar donde la memoria cesa de existir y solo quedan sus restos inmateriales, la piedra olvidada entre ortigas. Todo se pierde: nombre, deseo e identidad. Cernuda en 1934 escribe sobre su exigencia emocional de ausencia, como camino hacia la libertad y la serenidad «Donde al fin quede libre sin saberlo yo mismo», y anticipa el mundo poético que transitará toda su vida. El olvido es necesario y no aterrador, un alivio que garantiza una paz extrema. Refugiarse o escapar, entonces, allá, a donde, finalmente, habite el olvido:

> Donde habite el olvido,
> En los vastos jardines sin aurora;
> Donde yo sólo sea
> Memoria de una piedra sepultada entre ortigas
> Sobre la cual el viento escapa a sus insomnios.
>
> Donde mi nombre deje
> Al cuerpo que designa en brazos de los siglos,
> Donde el deseo no exista.
>
> En esa gran región donde el amor, ángel terrible,
> No esconda como acero
> En mi pecho su ala,
> Sonriendo lleno de gracia aérea mientras crece el tormento.
>
> Allí donde termine este afán que exige un dueño a imagen suya,
> Sometiendo a otra vida su vida,
> Sin más horizonte que otros ojos frente a frente.
>
> Donde penas y dichas no sean más que nombres,
> Cielo y tierra nativos en torno de un recuerdo;
> Donde al fin quede libre sin saberlo yo mismo,
> Disuelto en niebla, ausencia,
> Ausencia leve como carne de niño.
>
> Allá, allá lejos;
> Donde habite el olvido
> (Cernuda, 1964, p. 89).

3.2. Los laberintos mnemónicos: ficciones y memoria en Borges

En la memoria confluyen muchas informaciones; es un conglomerado de vivencias, impresiones, imágenes, sensaciones y melancolía que se enreda en una espiral de recuerdos que, de vez en cuando, sin que lo queramos, aparecen o desaparecen. Son destellos que irrumpen en nuestra mente, iluminándola de manera rápida y fragmentaria, como teselas de la existencia o fragmentos de sueños. Todo se mezcla, todo tiene una conformación brumosa. El recorrido por la memoria es un entramado de calles o senderos, un laberinto en el cual podemos perdernos a menudo, en una búsqueda constante de la salida. La memoria es laberíntica. Borges utiliza esta estructura para reflejar la complejidad del universo, donde la posibilidad de abrir y cerrar paréntesis de forma infinita en la gramática se actualiza en su realidad literaria. El laberinto no es solo un símbolo de enredo, sino una representación de la potencialidad infinita de la existencia y el conocimiento, que genera un continuo vaivén en los meandros de la mente. Los recuerdos generan otros recuerdos que se entrelazan y penetran unos dentro de otros.

Este primer grado de construcción laberíntica coincide con la elemental estructura de la recursividad. El laberinto está formado por laberintos y está engastado en laberintos de laberintos. Los pliegues y repliegues del laberinto siguen la sintaxis de la apertura y cierre de paréntesis. Con la diferencia de que, en el caso de los laberintos borgesianos, la infinitud potencial de la gramática se halla actualizada en la realidad: la pura posibilidad que da la sintaxis de seguir abriendo y cerrando paréntesis concéntricos hasta el infinito es aquí una característica real del universo (Almeida, 1999, p. 9).

El concepto de laberinto se fusiona con el de memoria, o puede entenderse como una metáfora de esta. La oscuridad, la fragmentariedad y la constante expansión en un entramado infinito donde los caminos se entrecruzan, son características compartidas por ambos. La memoria es un espacio mental complejo, construido como un palimpsesto, en el que los recuerdos se estratifican, se superponen, se pliegan y despliegan a lo largo del tiempo. Esa naturaleza recursiva los conecta: al hablar de memoria, surge la imagen de un árbol con infinitas ramificaciones que se extienden en un tiempo ilimitado, sin un punto de llegada definitivo. Tanto en la memoria como en el laberinto, no hay linealidad: todo se fragmenta, los límites se rompen y nuevos se forman. Nada es fijo, ya que ambos mutan continuamente y fluyen, capaces de abarcar lo vivido, lo imaginado y lo soñado, en un juego constante de asociaciones y reconstrucciones. En «El jardín de senderos que se bifurcan» un relato de *Ficciones*, el laberinto está hecho de tiempo, que es, a la vez, un libro. En este cuento, el personaje central, Yu Tsun, se enfrenta a una realidad donde constantemente se quiebra el concepto de linealidad bifurcándose constantemente y generando, así, variadas posibilidades:

> Bajo los árboles ingleses medité en ese laberinto perdido: lo imaginé inviolado y perfecto en la cumbre secreta de una montaña, lo imaginé borrado por arrozales o debajo del agua, lo imaginé infinito, no ya de quioscos ochavados y de sendas que vuelven, sino de ríos y provincias y reinos... Pensé en un laberinto de laberintos, en un sinuoso laberinto creciente que abarcara el pasado y el porvenir y que implicara de algún modo los astros (Borges, 1974, p. 475).

Este laberinto de tiempo, «creciente que abarcara el pasado y el porvenir» tal como elecciones, refleja el carácter fragmentario y expansivo del conocimiento y de la realidad misma donde pasado, presente y futuro se conectan en el ahora y, desde luego, de la memoria donde cada decisión abre un nuevo camino, y cada recuerdo abre nuevos recuerdos sin una única verdad o destino. Los senderos se van generando y cada uno tiene su clave interpretativa en un determinado instante, claves que cambian según el momento. La bella metáfora del «laberinto de laberintos» que Borges utiliza nos muestra la misma naturaleza del recuerdo, ya que lo que constituye la memoria no es otra cosa que el recuerdo de los recuerdos; un hilo conductor conecta los recuerdos en nuestra mente, que nunca se agotan, e incluso cuando los recuerdos irrumpen de manera inesperada, nos encontramos navegando o naufragando en un espacio interminable, en el infinito de la vida y de las vidas. Perdernos en ellos es, al mismo tiempo, fuente de tristeza y de felicidad, ya que nos dejamos llevar en este mar de recuerdos de forma placentera y melancólica, perdiendo nuestra mirada en ese vaivén emocional. Cada evocación puede conducirnos a nuevos conocimientos o redescubrimientos cada vez más profundos, donde líneas imaginarias se entrelazan, y lo que parecía desconectado comienza a unirse, añadiendo nuevos significados a nuestra existencia.

Este vínculo profundo y enmarañado entre el laberinto y la memoria evoca, con pomposa majestuosidad, la ardua travesía de orientarse en tan enigmático espacio y tiempo. Perdidos en los ejes espacio-temporales, al igual que en los sinuosos corredores de un laberinto antiguo, en los vastos territorios de la memoria nos extraviamos una y otra vez, repitiendo incansablemente nuestros pasos errantes. Revivimos ecos desvanecidos y luces de recuerdos difusos que, en un intrincado movimiento, se entrelazan caprichosamente, mientras enfrentamos la sublime imposibilidad de capturar en su totalidad la vastedad de ese reino interno, de ese mundo ancestral. La memoria, como el insidioso laberinto, abarca el tiempo en su sentido más amplio y universal, lo consciente y lo velado en las sombras del inconsciente, trepa en nuestra mente tejiendo una red de significantes que buscan sus significados y que se expande sin cesar, reflejando la infinita y caleidoscópica complejidad de la existencia humana. Dijo Borges en «El hilo de la fábula» que se concluye con estas líneas:

> El hilo se ha perdido; el laberinto se ha perdido también. Ahora ni siquiera sabemos si nos rodea un laberinto, un secreto cosmos, o un caos azaroso. Nuestro hermoso deber es imaginar que hay un laberinto y un hilo. Nunca daremos con el hilo; acaso lo encontramos y lo perdemos en un acto de fe, en una cadencia, en el sueño, en las palabras que se llaman filosofía o en la mera y sencilla felicidad (Borges, 1974, p. 481).

La vida es enigmática y se presenta como un misterio irresoluble, una búsqueda interminable de significado. «Nuestro hermoso deber es imaginar que hay un laberinto y un hilo», a través de la imaginación creamos herramientas esenciales para enfrentar el arcano del mundo, para comprenderlo. Y, como hemos visto, con el soporte de la memoria, revivimos nuestra vida o creamos mundos posibles para entender más, para sondear la vida y el infinito. En este acto de fe, no se trata tanto de encontrar la verdad absoluta, sino de vivir con la idea de que hay un orden o un sentido, aunque inalcanzable.

Borges nos invita a considerar qué momentos, o fragmentos de verdades significativas, pueden manifestarse de maneras inesperadas, no necesariamente en una gran revelación, sino en apariciones fugaces, en pequeños recuerdos, en la literatura, en la experiencia artística, en el pensamiento, o simplemente viviendo. La búsqueda, ese continuo viaje hacia la verdad y el conocimiento, aunque infructuoso en términos absolutos, es en sí misma una parte esencial y valiosa de la experiencia humana.

La memoria desarrolla un importante papel en la sociedad: conecta al individuo con su comunidad y su tradición. Este vínculo interpersonal entre lo individual y lo comunitario, entre lo que puede ser una mera experiencia personal y el enorme bagaje cultural de la humanidad, es fundamental para entender de qué se nutre y cómo se sustenta la memoria en el tiempo. La herencia cultural, pura o reformulada, nos permite conectarnos con el pasado y los pasados, tanto como con los seres humanos que pueblan este orbe. Borges no se exime de contarnos que la memoria es un conglomerado, un laberinto de líneas; no es estática ni intercambiable, sino que necesita ser alimentada por una continuidad histórica y cultural que la legitime. Como señala Teobaldi:

> Así, la memoria se transforma en un conglomerado de palabras y de acontecimientos que tienen sentido tanto para el individuo que las recibe como para la comunidad de la cual forma parte ese individuo. Pero, al poseer una memoria ajena tan poderosa, la identidad del narrador empieza a desfigurarse. Entonces, sumido en una profunda tristeza y en el

límite de la desesperación, el protagonista decide transferirla a otro. Si se retoma lo que Borges afirmaba en «El escritor argentino y la tradición», la memoria como sustento de la tradición no puede ser intercambiada por otra, sino que necesita de una continuidad formada por toda una acción previa, y por una actitud que apunta al sostén de esa memoria (Teobaldi, 2008, p. 237).

No cabe duda de que, desde una perspectiva más humanamente insondable, la memoria es un acto de amor visceral que conecta a las personas entre sí, trascendiendo las barreras cronotrópicas. A través de ella, los ausentes se hacen presentes, las experiencias del pasado reviven en el presente y los sentimientos, valores y pasiones no se limitan a un único momento en el tiempo. Esta visión de la memoria también critica la nostalgia sentimental que idealiza el pasado. No se trata de recordar un tiempo que, erróneamente, consideramos mejor que el presente, sino de reconocer que muchas veces el pasado estuvo lleno de tragedias y dificultades. El verdadero recordar, entonces, no distorsiona la historia, sino que permite que los vínculos emocionales y humanos sigan vivos, enriqueciendo la experiencia actual. Así, la memoria no es solo una función cognitiva, sino un acto de conexión y amor hacia los demás, hacia quienes estuvieron antes y hacia lo que sigue siendo significativo en el presente. Dice Claudio Magris:

La memoria è il senso della coralità di tutti gli uomini, anche di quelli in quel momento non visibili, che essa scopre presenti, e dar vita agli assenti, come ha scritto Lorenzo Mondo, è un atto d'amore. Le persone, i valori, gli affetti, le passioni sono, anche se legate a un preciso momento temporale, non appartengono soltanto ad esso, così come una poesia scritta in un certo giorno di un certo anno non appartiene soltanto a quella data, bensì al presente della vita e continua a esistere e a crescere. Questo ricordare, strettamente connesso con l'amore, ha ben poco a che vedere con la memoria meccanica, con la capacità di registrare e ritenere molti dati, e con la querula nostalgia sentimentale del passato, trasfigurato e falsificato come se fosse stato migliore del presente, anche se è stato invece così spesso orribile e pieno di sciagure (Magris, 2005).

3.2.1. Interpretación figurada de la memoria

Hay un paralelismo entre la memoria y la literatura, esta última es como una poesía que, aunque escrita en un día específico, no queda atrapada en esa fecha, sino que sigue resonando y creciendo en la vida actual: «Tempi futuri e passati, un solo punto, un solo tempo... Un infinito presente?»[2] (Magris, 2019, p. 54).

La literatura, siendo un acto comunicativo y expresivo necesita conectar al autor con el lector, la dualidad del proceso creativo y la experiencia del lector. El encuentro entre el lector, el libro y el autor es una experiencia íntima y transformadora, donde la obra cobra vida al alejarse de su autor y el texto se convierte en un espacio de descubrimiento personal. La literatura en general y, en particular, la poesía no solo es un producto del poeta, sino que se completa en la interacción con el lector, que descodifica el mensaje y construye uno nuevo aportando su propia interpretación y filtrada por la emoción:

> La poesía es el encuentro del lector con el libro, el descubrimiento del libro. Hay otra experiencia estética que es el momento, muy extraño también, en el cual el poeta concibe la obra, en el cual va inventando o descubriendo la obra. Según se sabe, en latín las palabras «inventar» y «descubrir» son sinónimas. Todo está de acuerdo con la doctrina platónica, cuando dice que inventar, que descubrir, es recordar (Borges, 1997, p. 149).

Al hablarnos de creatividad, Borges pone en relación los términos «inventar» y «descubrir», que, siendo sinónimos en latín, nos ofrecen una visión sugestiva y nos abren una puerta fascinante hacia la comprensión del proceso creativo. Por tanto, no se trata exclusivamente de una creación *ex novo* de algo que nunca ha exis-

---

2   «Tiempos futuros y pasados, un solo punto, un solo tiempo... ¿Un presente infinito?».

tido antes. Dicho proceso implica una búsqueda, un descubrimiento que se completa en el mismo acto en el que, como un arqueólogo, desenterramos lo que puebla nuestra mente y que ya habita en el vasto universo de las ideas. Es una proyección universal de la mismidad que encuentra lo colectivo y su memoria, tomando forma en lo más profundo del ser del poeta.

Esta visión, claramente platónica, conecta la creación con el recuerdo, sugiriéndonos que la verdadera creación es, en esencia, un conjunto de historias, experiencias y sueños que se condensan en el acto de recordar. La experiencia humana, individual y colectiva, que encuentra su desahogo creativo en la literatura, revela que la creatividad está inextricablemente unida a ese magma caleidoscópico experiencial que todos compartimos, así como a la historia que hemos vivido.

Lo que nos quiere expresar Jorge Luis Borges en *Ficciones* es cómo la escritura representa una peripecia en el mundo creativo, un viaje que puede definirse como fascinante y melancólico. Cada relato se prefigura como una intensa reflexión sobre la condición del escritor, lo que conlleva sostener un acto creativo y los desafíos de ese menester. A través de varios relatos, cuentos y diversas anécdotas, nos lleva a emprender un camino dentro de su visión del mundo, donde la escritura ocupa un espacio consistente y funcionalmente se convierte en un intento de detener el tiempo. De esta manera, la tristeza que invade el alma de los personajes, que se sienten como encadenados y atrapados a un destino inexorable, les quita el aire y los priva de la libertad. El *taedium vitae* que afecta a sus personajes se convierte en una melancolía latente y sutil. En Borges, la escritura va más allá de un proceso simplemente mecánico; no es solo un artefacto; la escritura tiene un papel determinante y eleva la reflexión a un nivel metafísico, invitándonos a plantearnos interrogantes sobre lo que es la ficción, el papel del tiempo y cómo este influye sobre nuestra alma; y, sobre todo, cuál es la naturaleza del individuo y su identidad. La metatextualidad impregna sus textos y fluye a través de las densas páginas de sus libros. En cada página, sentimos la complejidad de la existencia humana reflejada en su prosa, haciéndonos partícipes de esa incansable búsqueda por significado. Para Borges, «el poeta sería un amanuense de esa fuerza misteriosa que puede salir de su mente, en la cual, tal como creía el poeta irlandés Yeats, está contenida la gran memoria, la memoria de todos los antepasados, y quizá la memoria de los arquetipos platónicos» (Borges, 1993, p. 107).

Al definir al poeta como «amanuense de una fuerza misteriosa», nos abre una puerta especulativa sobre la naturaleza del acto creativo y su correlación con la memoria individual y colectiva. El poeta no está sumergido en un vacío oscuro, sino que su tarea es excavar y convertirse en un medio a través del cual emergen verdades preexistentes, accesibles mediante la introspección y la conexión con el legado cultural y ancestral. La referencia a la «gran memoria» de Yeats define la naturaleza palimpséstica de la creatividad poética. Esta creatividad es fruto de una estratificación entrelazada con los surcos que el acervo de experiencias ha dejado y que, a su vez, ha formado el cúmulo de conocimientos generados por las generaciones pasadas.

En Borges, es evidente que el acto creativo nace de un proceso de recuperación. El poeta penetra en los abismos de la memoria, evocando y reviviendo lo que ha estado oculto u olvidado en la conciencia colectiva. De este modo, la poesía se convierte en un canal para acceder a verdades profundas que resuenan en el interior del lector, conectándolo con su propia historia y la de su comunidad. El acto poético, en su complejidad, tiene el poder de iluminar aquello que, aunque olvidado, sigue siendo un órgano esencial de nuestra existencia.

El arte poético y la literatura en general, son evocación. Lo que está presente en lo profundo de la conciencia, en un fondo gris y melancólico, vuelve a emerger y puede hasta sorprendernos con una revelación inédita. A través de la poesía arcanamente accedemos a lo más íntimo y primordial, con lo más puro y bello, lo esencial; en un tiempo sin tiempo, se reconectan emociones, símbolos, verdades o trastornos que ya estaban dormidos. Borges sostiene que: «uno de los efectos de la poesía debe ser darnos la impresión, no de descubrir algo nuevo, sino de recordar algo olvidado» (Borges, 1997b, p. 149). La idea de «recordar algo olvidado» resalta el poder revelador de la poesía y de la literatura en general, que intenta alumbrar esos oscuros rincones de la mente y del alma para devolvernos sensaciones, percepciones y recuerdos. La poesía trae de vuelta la esencia y lo enigmático de lo vivido.

Hemos visto cómo, para Borges, la poesía y la literatura en general recogen en su seno la herencia de las experiencias pasadas, el magma de las vivencias personales y colectivas. La escritura representa un continuo desafío, un acto creativo que, a través de sus fuentes y sus dificultades, busca su clave expresiva. Todo esto constituye una preocupación central para el escritor argentino.

En *Ficciones*, Borges nos revela, con inquietud, que el oficio de escritor representa una preocupación constante para él. Lejos de ser un simple acto de creación, la escritura es una lucha íntima y personal que el escritor argentino comparte con su lector. El intento de detener lo que inevitablemente se desvanece a través de la escritura, y de especular filosóficamente sobre el ámbito ontológico que acompaña el tránsito terrestre de la humanidad, es el eje alrededor del cual gira todo. Es un esfuerzo constante por atrapar lo fragmentario, lo inasible, lo laberíntico. Cada esfuerzo creativo que se ramifica en palabras es un resiliente intento de detener y aferrarse a los instantes efímeros de la vida, contraviniendo las reglas del tiempo. La escritura, en este contexto, se convierte en una respuesta al vértigo de lo efímero y, al mismo tiempo, en un gesto de desafío frente a la transitoriedad de la vida, una búsqueda de sentido en un cosmos donde el tiempo se desintegra.

El narrador borgiano es evanescente, algo intangible, desprovisto de una figura física. Lejos de percibirse como una entidad corpórea y tangible, se presenta como una proyección de la imaginación cuya existencia se legitima a través del otro. Dentro de esta realidad metatextual, Borges se mueve planteando interrogantes profundos que tocan nuestra misma esencia como seres humanos: nuestra naturaleza, el tiempo y la dicotomía entre lo que es real y lo que pertenece al mundo de la imaginación y la ficción. Borges investiga la realidad, o lo que creemos que es real, a través del laberinto del lenguaje, sostenido por la memoria que se entrelaza con su propia creación literaria. Todo es una estratificación, capas que hay que desvelar, conceptos que necesitan encontrar su significación. La narración no es un fin en sí misma, sino un acto de exploración que intenta desvelar las mecánicas que rigen este mundo, desentrañar los arcanos que subyacen en cada palabra, en cada narración, en cada reminiscencia:

> No soy un hombre real, con huesos y músculos, generado por hombres. No soy más que la figura de un sueño. Una imagen de Shakespeare es, con respecto a mí, literal y trágicamente exacta: ¡yo soy de la misma sustancia que están hechos los sueños/ Existo porque hay uno que me sueña; hay uno que duerme y sueña y me ve obrar y vivir y moverme y en este momento sueña que digo todo esto. Cuando empezó a soñarme, empecé a existir: soy el huésped de sus largas fantasías nocturnas, tan intensas que me han hecho visible a los que están despiertos. Pero el mundo de la vigilia no es el mío. Mi verdadera vida es la que discurre en el alma de mi durmiente creador (Borges, Ocampo y Casares, 1977, p. 133).

Borges, recordando la célebre frase de Shakespeare en *La Tempestad*, «estamos hechos de la misma sustancia que los sueños», rompe la frontera entre lo real y lo imaginario y afirma una entidad que existe únicamente en el espacio mental de un soñador. Su ser no está compuesto de «huesos y músculos» como los hombres reales, sino que su realidad depende enteramente de la imaginación de alguien que duerme, sueña o recuerda. La identidad se compone, entonces, de fuerzas externas, invisibles e inconscientes, tal como un personaje ficticio depende del autor que lo crea.

Los espejos y los laberintos, donde lo real y lo irreal se reflejan mutuamente, confunden la certeza de lo que somos: «una figura de un sueño». Esta dualidad nos lleva a preguntarnos si nuestra propia existencia podría estar condicionada o incluso determinada por percepciones y sueños ajenos, lo que resuena con el solipsismo y la idea de que la realidad externa es una proyección de la mente.

El narrador, consciente de su naturaleza onírica, admite que su vida visible es solo una manifestación de las intensas fantasías de su creador. El creador y su creación son objeto de su especulación filosófica, concediendo la misma relevancia a lo irreal, a lo soñado y al recuerdo que a lo real. Este mundo se desdibuja, generando un efecto metafísico. ¿Qué es, en última instancia, esta «verdadera vida»? ¿En qué recóndito rincón de la existencia se constituye? ¿Acaso habitamos en los sueños de otros, entrelazados con recuerdos como sombras etéreas que flotan en la penumbra del pensamiento ajeno? ¿Somos meros reflejos de un sueño, ilusiones tejidas en la vasta tela de la imaginación y el recuerdo? Este enigma, cargado de profundidad y misterio, es el legado que nos deja Borges.

El tiempo, la creatividad y la memoria se entrelazan en las *Ficciones* de Borges. Allí se explora la posibilidad casi divina de la creación textual. En su obra, la mente, la realidad y la ficción son objeto de exploración semiótica; cada signo y su percepción, que se despliegan en un vasto espacio, concurren en la construcción del significante para, al final, llegar a conocer o, por lo menos, intentar alcanzar el significado auténtico de la vida. Borges da muestra de su agudeza intelectual y desafía lo tangible, va más allá de los confines de la mente, entra en un inframundo existencial vinculándose al onírico, recoge las vibraciones que transmiten los recuerdos y tonos que se encarnan en su escritura y caracterizan su creatividad. En cada palabra, en cada frase, está presente esta urgencia expresiva, donde los límites entre lo real y lo imaginario se disuelven en un flujo continuo de símbolos y significados. La memoria se pierde en la vastedad del tiempo.

En «Las ruinas circulares», la creación tiene una inmensa extensión sin límites. El sueño comparte con la creación un poder casi divino de engendrar realidades. En contraste, «El milagro secreto» nos ofrece otra perspectiva: aquí, el tiempo sufre limitaciones, se vuelve estricto y asfixiante, y el creador siente la imposibilidad de desahogar su creatividad por culpa del tiempo. Es evidente la tensión entre la libertad de la creación y las fronteras implacables del tiempo.

Por otro lado, y más cercano a lo que nos interesa, tenemos «Funes el memorioso», que aborda la creación y su estricta relación con la memoria, la cual es fundamental en el proceso creativo. En el caso de Funes, la memoria es absoluta y excesiva. Funes es incapaz de olvidar todos los detalles que se presentan a su vista o las sensaciones que percibe; esto inunda su mente sin que el más mínimo detalle se le escape. Sin la oportunidad de seleccionar y olvidar, su mente es un abismo lleno de fragmentos imposibles de ensamblar. La creación, que depende de la capacidad de olvidar y abstraer, se vuelve inaccesible para quien está atrapado en un laberinto de recuerdos incesantes:

> Lo recuerdo (yo no tengo derecho a pronunciar ese verbo sagrado, sólo un hombre en la tierra tuvo derecho y ese hombre ha muerto) con una oscura pasionaria en la mano, viéndola como nadie la ha visto, aunque la mirara desde el crepúsculo del día hasta el de la noche, toda una vida entera. Lo recuerdo, la cara taciturna y aindiada y singularmente remota, detrás del cigarrillo. Recuerdo (creo) sus manos afiladas de trenzador. Recuerdo cerca de esas manos un mate, con las armas de la Banda Oriental; recuerdo en la ventana de la casa una estera amarilla, con un vago paisaje lacustre. Recuerdo claramente su voz; la voz pausada, resentida y nasal del orillero antiguo, sin los silbidos italianos de ahora. Más de tres veces no lo vi; la última, en 1887... Me parece muy feliz el proyecto de que todos aquellos que lo trataron escriban sobre él; mi testimonio será acaso el más breve y sin duda el más pobre, pero no el menos imparcial del volumen que editarán ustedes (Borges, 1976, p. 121-122).

«Recordar», en palabras de Borges, comparte con la creación ese halo de divinidad. La memoria no es algo que se ejerza de forma libre ni es un derecho universal, sino una capacidad, un privilegio. La memoria es un don, algo divino, que no todos poseen ni dominan: «Era el solitario y lúcido espectador de un mundo multiforme, instantáneo y casi intolerablemente preciso» (Borges, 1976, p. 131). El narrador reconoce que ese poder casi sagrado, ese acceso a la memoria absoluta, no le pertenece ni a él ni a otros humanos: «sólo un hombre en la tierra tuvo derecho, y ese hombre ha muerto». El pasado declara su ambigüedad aparentemente accesible a todos, pero siempre roto en los recuerdos, fragmentario y fragmentado, nunca absoluto, siempre parcial. El recuerdo comparte con el acto de creación ese lábil confín entre lo real y lo imaginario, entre lo colectivo y lo subjetivo. La precariedad del recuerdo, la falibilidad de la memoria y la otra cara de la medalla, el olvido, se elevan a elementos de reflexión ontológica. Borges nos propone una visión casi mística de la realidad, capaz de ver el mundo desde su prisma de una manera singular e irrepetible que trasciende la percepción común, una «cara taciturna y aindiada» entre la imaginación y la proyección de la realidad.

«Creo», dice con incertidumbre el narrador, al reconocer la naturaleza borrosa de la memoria y su posibilidad de equivocarse, de ser imprecisa. Lo cotidiano se entremezcla y se desvanece en el tiempo. El recuerdo, el sueño y lo imaginado comparten una naturaleza afín; la incertidumbre de su propia existencia se confirma, pues solo se valida a través del otro, de la mirada que legitima su ser. Funes, tras el fatídico accidente que lo condena al reposo, se ve investido de una facultad tanto asombrosa como maldita, la capacidad de recordar con una precisión exquisita:

> Locke, en el siglo XVII, postuló (y reprobó) un idioma imposible en el que cada cosa individual, cada piedra, cada pájaro y cada rama tuviera un nombre propio; Funes proyectó alguna vez un idioma análogo, pero lo desechó por parecerle demasiado general, demasiado ambiguo. En efecto, Funes no sólo recordaba cada hoja de cada árbol, de cada monte, sino cada una de las veces que la había percibido o imaginado. Resolvió reducir cada una de sus jornadas pretéritas a unos setenta mil recuerdos, que definiría luego por cifras. Lo disuadieron dos consideraciones: la conciencia de que la tarea era interminable, la conciencia de que era inútil. Pensó que en la hora de la muerte no habría acabado aún de clasificar todos los recuerdos de la niñez (Borges, 1976, p. 129-130).

Esta memoria perfecta, que a simple vista parecería una dádiva celestial, se convierte pronto en su ruina, una maldición que le roba la posibilidad de pensar en términos de abstracción o de alcanzar las confortantes generalizaciones de la mente humana: «Había aprendido sin esfuerzo el inglés, el francés, el portugués, el latín.

Sospecho, sin embargo, que no era muy capaz de pensar. Pensar es olvidar diferencias, es generalizar, abstraer. En el abarrotado mundo de Funes no había sino detalles, casi inmediatos» (Borges, 1976, p. 131). Funes no puede dormir; ni siquiera en el sueño consolador encuentra alivio. El huracán sensorial que lo invade le impide distraerse del mundo y desconectarse de él es una quimera, tanto que el narrador afirma que: «Pensé que cada una de mis palabras (que cada uno de mis gestos) perduraría en su implacable memoria; me entorpeció el temor de multiplicar ademanes inútiles» (Borges, 1976, p. 131). Funes es un archivo confuso, un depósito donde todo se acumula en el mismo sitio, donde la memoria absoluta genera un olvido absoluto que Funes anhela: un lugar donde la memoria no pueda penetrar, el vacío:

> Le era muy difícil dormir. Dormir es distraerse del mundo; Funes, de espaldas en el catre, en la sombra, se figuraba cada grieta y cada moldura de las casas precisas que lo rodeaban. (Repito que el menos importante de sus recuerdos era más minucioso y más vivo que nuestra percepción de un goce físico o de un tormento físico). Hacia el Este, en un trecho no amanzanado, había casas nuevas, desconocidas. Funes las imaginaba negras, compactas, hechas de tiniebla homogénea; en esa dirección volvía la cara para dormir. También solía imaginarse en el tundo del río, mecido y anulado por la corriente (Borges, 1976, p. 131).

El olvido, entonces, se erige como una medicina que sana las heridas del alma. Este concepto, que ostenta una importancia equiparable a la muerte misma, se convierte en un refugio. Cuando no es absoluto, permite al espíritu defenderse del vértigo abrumador que emana de la memoria, proporcionando un soplo de alivio en medio del torbellino de recuerdos que asedian la mente. Es la única certeza en un mundo de cambios y transitoriedad. La memoria es el reino de los vivos y el olvido, el de los fantasmas; una dualidad que refleja la convivencia de fuerzas opuestas pero iguales, arcaicas y que trascienden la experiencia humana en el devenir de la vida, proyectándonos en una comprensión del cosmos que va más allá de nuestra pobre y complicada existencia como es claro en el poema *Everness*:

> Sólo una cosa no hay. Es el olvido.
> Dios, que salva el metal, salva la escoria
> Y cifra en Su profética memoria
> Las lunas que serán y que han sido.
>
> Ya todo está. Los miles de reflejos
> Que entre los dos crepúsculos del día
> Tu rostro fue dejando en los espejos
> Y los que irá dejando todavía.
>
> Y todo es una parte del diverso
> Cristal de esa memoria, el universo;
> No tienen fin sus arduos corredores
>
> Y las puertas se cierran a tu paso;
> Sólo del otro lado del ocaso
> Verás los Arquetipos y Esplendores
> (Borges, 1974, p. 927).

3.3. Mi obra soy yo: la metamorfosis de la experiencia en signos literarios en Caballero Bonald

Indudablemente, podemos afirmar que, en la prosa y en la poesía, Caballero Bonald brinda un férvido ejercicio de la memoria. Germen creador, materia poética, hija predilecta de su escritura que frecuentemente encontramos en varios textos y a lo largo de su producción literaria, donde se crea una velada tensión entre sueño y recuerdo, entre imaginación y memoria, en un continuo vaivén.

No cabe duda de que, entonces, la memoria es un elemento básico en la obra de Caballero Bonald, y su escritura no es solo una intuición o una forma de discernimiento, sino que es asimismo un modo de exploración, de indagación de su propio entorno y de autoconocimiento. Su literatura puede así componer o recomponer la memoria de una forma consustancial, y de esa manera la podemos entender como el acto creativo de entretejer redes de palabras que dibujan imágenes y símbolos, pero que, igualmente, como veremos, traen recuerdos que son funcionales para su escritura. Las palabras perdidas, la realidad andaluza y los acontecimientos históricos se entremezclan en su escritura, volviendo a brillar y llegando a ser patrimonio colectivo, porque frente al lenguaje hablado y una oralidad «huidiza», los momentos se enfrentan a palabras fijadas en la escritura.

En definitiva, quizás más que cualquier otra, su tarea literaria sea la de salvar, preservando y fijando, al menos intentándolo, los fotogramas del tiempo y lo vivido, que se escapan de forma más o menos lenta delante de nuestros ojos. Así, la memoria se pierde; se olvida todo lo que no se deja escrito:

> Hay un fondo borroso de papeles quemados, como una repentina combustión de residuos que se han ido esparciendo en las habitaciones. Casa sin nadie, ¿estuve alguna vez aquí, cuando la inercia consistía en un vago remedo de la felicidad y los incinerados restos de la memoria se aventaban por esos intramuros donde ya hasta la música era una estratagema del silencio? Se me ha olvidado todo lo que no dejé escrito (Caballero Bonald, 1997, p. 43).

Nos hallamos, a nuestro juicio, cuando hablamos de la literatura de Caballero Bonald, frente a una clara división entre el mundo ficcional y el mundo real. Sin embargo, estos recursos se yuxtaponen y, al mezclarse en una progresión dialéctica, fundan su recuerdo personal que es, en cierta medida, voluble como la memoria. Es por esta razón que el escritor plasma, inventa y reescribe de manera original el objeto mnemónico.

En este caso, la memoria entra en el campo del lenguaje: «una vez expresada y pronunciada, la memoria se convierte en una especie de discurso sostenido por el sujeto» (Ricoeur, 2004, p. 54). Lo mnemónico representa esa fuerza generadora que lo inunda, por una parte, de manera fortuita y, por otra, es deseada y por lo tanto buscada, como podemos extrapolar en el poema «Paréntesis», que describe claramente la dualidad conceptual entre «búsqueda» y «evocación»:

¿Sabes tú por ventura qué voz se contradice con la voz adversaria? La hostilidad persiste debido a sus treguas. O de esa fortuita agresión del recuerdo que arrasa filialmente tu sigilosa historia personal. Acúsate tan sólo de haberlo deseado: son los lastres, las rémoras que arrastras desde que miras, oyes, examinas a esos desconocidos con los que convives (Caballero Bonald, 2014, p. 242).

Este fragmento nos ofrece con fuerza la oportunidad de hacer una primera consideración sobre el fenómeno mnemónico en el escritor jerezano, ya que, de forma instintiva, parece representar lo que Ricoeur define como «memoria afectiva». Se trata de una memoria evocada sin esfuerzo, que irrumpe violentamente al rozar la flébil voz del alma, pero que también es deseada y esperada, pues se manifiesta de esta manera:

> La segunda pareja de opuestos está constituida por el binomio *evocación/búsqueda*. Entendemos por evocación el advenimiento actual de un recuerdo. A ella reservaba Aristóteles el termino mneme, mientras que con el de anamnesis designaba lo que nosotros llamamos más tarde búsqueda o rememoración. Caracterizaba la mneme como pathos, como afección percibimos entonces un recuerdo. Por lo tanto, la evocación es una afección por oposición a la búsqueda (Ricoeur, 2004, p. 46).

Teniendo en cuenta este concepto, podemos hacer una primera consideración al observar que, con certeza, las dos cosas no se separan netamente; de tal forma, la afección está siempre presente en la «búsqueda». Por tanto, como ocurre con cualquier otro esfuerzo intelectual, las dimensiones intelectual y emocional de la memoria se entrecruzan. Esto matiza, quizá, el esfuerzo de rememoración, que ofrece la oportunidad más significativa de hacer «memoria del olvido». La búsqueda del recuerdo revela, efectivamente, una de las finalidades principales del acto de memoria: luchar contra el olvido, rescatando algunos fragmentos de recuerdo de la «sepultura» del olvido y del ansia del tiempo (Ricoeur, 2004, p. 50). Al mismo tiempo, parece evocar aquellas palabras de San Agustín:

Grande y excelente potencia es la memoria. Su multiplicidad, Dios mío, tan profunda como inmensa, tiene un no sé qué que espanta; todo esto que es mi memoria lo es mi alma y lo soy también yo mismo. ¿Y qué soy yo, Dios mío?, ¿qué ser y naturaleza es la que tengo? Una naturaleza que se compone de varias y que vive con varios modos de vida, y que de varios modos es inmensa, como se ve en los espaciosos campos de mi memoria, en las innumerables y profundas cuevas y senos ocultísimos de que consta, que de innumerables modos están todos llenos de innumerables géneros de cosas, ya estén allí por medio de sus imágenes, como las cosas corpóreas; ya estén por sí mismas, como las artes y ciencias, ya por medio de no sé qué nociones y señales, como las afecciones o pasiones del alma, que las tiene la memoria aun cuando ya no las padece el alma; no obstante que todo cuanto está en la memoria está en el alma. Por todos estos campos, cavernas y senos de mi memoria corro y vuelo de una parte a otra, me insinúo y profundizo cuanto cedo, pero en parte alguna hallo el fin. Tan inmensa como esto es fuerza y virtud de la memoria; y tan grande y suma es la vivacidad humana, no obstante ser la vida del hombre mortal y perecedera (S. Agustín, 1983, p. 215).

Sin duda alguna, en el escritor andaluz y el filósofo cristiano, la fuerza y el ímpetu con los que el recuerdo se apodera de ambos parecen muy similares. Caballero Bonald recurre a la memoria, a su memoria personal y a sus recuerdos —según afirma el propio escritor—, supliendo en ciertos momentos la ausencia de imaginación. La memoria, por lo tanto, le ayuda a poblar sus novelas de verosimilitud, allí donde, por diversas razones, no interviene su imaginario. Es el aspecto mnemónico el que actúa para colmar estos huecos narrativos, convirtiéndose en un elemento fundamental en su invención: modos de memoria ficcional que operan tanto en su novelística como en su prosa. Por consiguiente, dependiendo del marco narrativo, la experiencia que el escritor usa para reforzar lo que escribe puede ser verídica o ficticia. Contar algo sobre su propia vida, fingir un estado de ánimo, o simplemente hacer pasar por experiencia propia un acontecimiento de la noche anterior, resulta irrelevante (Flores Requejo, 1999, p. 133).

En su poética, cualquier aspecto relacionado con él —vida, sueños, aspiraciones, inventos, recuerdos, paisajes y mitos— se sitúa al mismo nivel, con el mismo significado literario, la misma fuerza expresiva y evocadora. Sus obras reflejan la densidad de la vida transpuesta a la literatura. En su escritura, la continua oscilación entre la realidad y la ficción, entre la vida y lo literario, crean un cuerpo único, una entidad imposible de separar. La memoria y el sueño, lo real y lo ficticio, coexisten en la constante ambigüedad del escritor, fusionándose de manera entrañablemente primitiva e incorporando el enigma de la vida.

Una de las características definitorias del mundo creativo de José Manuel Caballero Bonald es que, de manera natural, emergen y se manifiestan constantemente elementos relacionados con su biografía. Sus experiencias más esenciales se transforman en senderos, modelos literarios, un *leitmotiv* que, por su aparición repetida, confiere a sus obras una clara unidad de significado que, de otro modo, sería difícil de clasificar. Caballero Bonald, en una entrevista con María Payeras Grau, declaró que, además de utilizar su memoria personal como soporte constante de su poética, comenzó a emplearla como un recurso terapéutico. Esta práctica puede asociarse con un fundamento teórico en la teoría del conocimiento: «La memoria, sobre todo el rastreo en la memoria, para mí supone a veces una obsesión. Intento recuperar datos y cosas que he ido viviendo y que se me han quedado enconadas en el recuerdo. Solo escribiéndolas o intentando expresarlas me libero de estas obsesiones» (Caballero Bonald, 1987, p. 244). Es decir, el autoconocimiento que, a través de la memoria y la escritura, se cruza naturalmente con los diversos matices de lo íntimo, tendiendo hacia una comprensión universal del alma humana:

> Las novelas de José Manuel Caballero Bonald constituyen un intento de aproximación crítica al conocimiento de la realidad a partir de las experiencias vividas que la memoria recuerda. Se puede afirmar que su literatura responde a los

principios de la poética del conocimiento, que sintetiza los fundamentos de su teoría literaria: el afán cognoscitivo, el compromiso moral de la literatura, la experiencia personal como origen de la creación artística, la obsesión por el lenguaje (García Morilla, 2013, p. 11).

Teniendo en cuenta que la propia percepción intelectual del yo profundo, aunque no permita extraer una definición clara de ese yo, puede valorarse en su magnitud como un rasgo universal, ya que pertenece anímicamente a la condición humana. Así, esa mirada es reconducible a una experiencia común para todos, aunque en sí misma no busque el conocimiento de ninguna verdad universal. Además, la comprensión de lo más profundo del ánimo implica que el conocimiento adquirido tiene un carácter universal, siempre que se aplique a la naturaleza de cada alma. Sin embargo, este conocimiento no se obtiene de manera inmediata, sino que es el resultado de una investigación filosófica y de una profunda búsqueda interior. No existe lo que podríamos definir como un «consenso universal».

Dado que el conocimiento básico es la percepción, la existencia del alma puede ser verificada por la inteligencia, lo que convierte dicho conocimiento en el reconocimiento de la existencia. Es el entendimiento que cada ser humano utiliza para «experimentar» su propia alma. En este sentido, el alma no es conceptualizable ni definible, por lo que no puede comunicarse de manera precisa. Es una «experiencia» personal: uno puede intentar comunicarla, pero no puede transmitirla a otras personas como si les perteneciera, ya que ellos pueden creer o no el testimonio que se les da.

Por otro lado, el segundo tipo de conocimiento proporciona una definición de la esencia o naturaleza del alma; por tanto, es un conocimiento fundamental. Ofrece una «definición» de lo que es el alma, que se extiende universalmente a todos los seres humanos y, por tanto, es transferible a otros, quienes pueden aceptarla o no. Tanto el conocimiento existencial como el esencial se basan en el «ver», es decir, en un acto cognitivo intelectual. Sin embargo, el conocimiento existencial es un ver en sí mismo; lo que se percibe en ese acto es algo propio, algo que se experimenta internamente, por lo cual es un conocimiento personal. En contraste, el conocimiento esencial es ver la verdad: hay una inteligencia del alma que la entiende como un algo, como una esencia, y precisamente por esto se le puede llamar conocimiento esencial.

De esta manera, para Caballero Bonald, la escritura contribuye en gran medida a alcanzar lo más profundo de la esencia humana. La memoria y el recuerdo no solo apoyan a la imaginación, sino que representan un medio para ir más allá, avanzando en una búsqueda continua que desnuda la realidad para llegar a lo esencial:

> Una voluntad de dignificación extrema del hecho literario, una poesía exigente, la de Caballero Bonald, pero siempre muy ligada a la vida, en toda su complejidad y con todos sus matices, y los impulsos de la memoria (sustancial en la obra poética de nuestro autor, sea como instrumento de conocimiento, de autoconocimiento y de evocación) (Flores Requejo, 1999, p. 1).

Aparte de todo eso, cabe subrayar cómo en sus inicios como escritor, la memoria es una forma de alejar la falta de estímulo que le ofrece el presente, lo cotidiano. Para el autor, escribir implica principalmente encontrar las palabras exactas en el dédalo mnemónico, el lenguaje para explicar los complicados enigmas de la vida vivida, el laberinto semántico de la existencia y todo lo que no ha sido tragado por la ávida voracidad del paso del tiempo:

> Yo me limito a transformar en literatura, en signos literarios, esos otros signos de la experiencia. Por mi obra anda pululando todo lo que he vivido o lo que me imagine que vivía. Mi obra es lo que yo soy, mejor o peor con perdón de los formalistas (Caballero Bonald, 2011, p. 193).

Más específicamente, según el escritor, es significativo hablar siempre de las cosas de la vida, y no importa «falsificar» las propias experiencias; lo esencial es que esas experiencias, de una manera u otra, pertenezcan a la vida real, independientemente de sus fuentes. Lo crucial, entonces, es que el principio del acto creativo, que sustenta su escritura, se extraiga de esa materia prima maleable formada por su vivencia y almacenada en su memoria. Sin embargo, recordar el pasado, traerlo a la vida cotidiana y convertir esta práctica o estado vital en una magnitud expresiva se establece como un fenómeno intenso de creatividad, pero también de ambigüedad, especialmente cuando esos recuerdos se mezclan con conceptos y se vuelven especulativos o filosóficos.

En la definición del concepto de «texto abierto» que caracteriza a los autores de la generación del 50, a la cual Caballero Bonald pertenece de manera «fronteriza», Debicki matiza que el texto no contiene estáticamente una serie de significados, sino que brinda al lector la oportunidad de continuar la indagación, destacando el papel de la poesía en el proceso de adquisición de conocimiento (Debicki, 1988, pp. 47-48). Ese viaje primigenio, que resalta el conocimiento innato, se adhiere a lo invisible, a los bordes de las múltiples formas de adivinación, como señala el propio escritor:

> [...] nunca ibas ya a poder sustraerte/ a tu más obstinada pretensión de trabar con palabras lo desprovisto de asideros tiempo no sucesivo espacio no matérico/ alcanzaste a saber después de tanto tiempo tantas habitaciones/que cuando se pretende no acordarse de nada de todo lo aprendido/ cuando progresa el tránsito a las fuentes el genital viaje a la semilla/ cuando ese afán suplanta a los trabajos más durables habidos hasta entonces/ se acentúa de facto el reencuentro platónico con los saberes prenatales/ se agrega a lo no visto las multiformes márgenes de la adivinación (Caballero Bonald, 2012, p. 148-149).

Al mismo tiempo, para alcanzar la belleza de la vida que se aleja, y que conlleva afanosas complejidades no hay que ser simples copistas, se tiene que buscar el sentido más íntimo de la vida y para conseguirlo se debería alcanzar una dimensión más profunda de la narración, la que Vincenzo Consolo definía «escribir» y que Caballero Bonald condensa magníficamente en este fragmento de *Entreguerras*:

> La belleza es hermética inconsútil esquiva y sus complejas potestades jamás serán holladas por los depositarios de la tradición, jamás podrán evaluarla los que ejercen de escribanos, grafómanos copistas aquellos que abominan largamen-

te de excéntricos y visionarios. En ningún caso admiten la profusión de la luz que cohabita en la sombra, ese imán que repele los condimentos vacuos de la imaginación (Caballero Bonald, 2012, pp. 150-151).

El escritor está convencido de que ninguna palabra podrá negar el silencio, así como ninguna anulará el valor de la invención, de la ficción: «Ninguna/ palabra será ya la palabra/ que desmienta el silencio,/ ninguna certidumbre/ anulará el valor de lo ficticio./ Evocar lo vivido equivale a inventarlo», afirmará en el poema titulado «Soliloquio», de *Diario de Argónida* (Caballero Bonald, 1997, p. 49). Naturalmente, la memoria en su estado primitivo no es suficiente para constituir una obra literaria, aunque provenga de esta. Por eso, posteriormente, a este almacenamiento de datos tiene que ser modificado por la estructuración de la obra literaria, su ficción.

Sin embargo, si faltara la memoria, que como hemos venido tratando es lo que fundamenta y estructura nuestra identidad, pues nos permite vivir todo lo necesario hasta darnos cuenta de nosotros mismos, todo se convertiría en un caos colosal que generaría desorden mental como ocurre en *Campo de Agramante*, una novela esencial en la exploración de la memoria, siendo quizás el texto más representativo de ello.

3.3.1. *La circularidad de la memoria y la imaginación: identidad y desorden en Campo de Agramante*

La novela *Campo de Agramante* deriva de una frase hecha de la obra de Cervantes, los *Persiles*[3], e indica un estado de desorden mental al igual que confusión. No solo el título hace alusión al mundo cervantino, sino porque, como afirma Antonio Ortega, se

---

3 «Y puesta la mira en aquella montaña, allí fueron adelantándose con los sentidos turbados, y se oía una gran copia de ruidos como juntada de muchos ruidos desparejos, con lo que más que al abrigo de la isla parecían llegar a la confusión de Campo de Agramante». Así recita la nota inicial de la edición Anagrama de la novela *Campo de Agramante* de 1992.

refiere asimismo a la fertilidad imaginativa, al encantamiento de ese ensueño ingenioso cervantino, que es asumido en la novela en la medida en que asistimos a una historia que se narra desde un presente que rechaza la realidad como ilusión y al mismo tiempo considera la ilusión como realidad, pues que la última aventura será el espacio y el origen recuperado por la imaginación (Ortega,1992, p. 55).

El escritor andaluz escribió la novela mientras sufría de trastornos derivados de un problema de circulación, una isquemia, lo que lo llevó a vivir momentos en los que alternaba entre estados confusionales y períodos de aparente normalidad. Esta situación le generaba recuerdos falsos y acúfenos. En este contexto, sus recuerdos se entremezclaban con los sueños, todo se volvía brumoso, y de repente los recuerdos se le ofuscaban, afectando su identidad, como si esta se desvaneciera, destrozada por ese vaivén que él mismo describe de manera perentoria: «como si te asomaras al espejo y no te reconocieses». Con esa frase, confirma cómo memoria e identidad están íntimamente entrelazadas, formando prácticamente un cuerpo indivisible.

El protagonista, narrador de la novela, cuyo nombre nunca se desvela, asume también la función de narratario. Lleva una vida aparentemente normal como heredero de una empresa familiar, al igual que el autor —uno de los datos autobiográficos más relevantes—. De manera similar, sufre trastornos, como problemas de memoria y alteraciones que lo conducen vertiginosamente a «una especie de reiterada trayectoria circular que nunca llevaba al mismo punto de partida» (Caballero Bonald, 1992, p. 149). Estas alteraciones le provocan incluso una prolepsis auditiva, con premoniciones acústicas que, sin duda, son un invento del escritor y con las que empieza la novela: «Cuando medio comprendí que podía oír los ruidos antes de que se produjesen, ni siquiera lo consideré una rareza. No sé por qué pensé eso entonces, pues tampoco en ese momento, y mucho menos, prever hasta qué punto iba a afectarme tan poco frecuente especialidad» (Caballero Bonald, 1992, p. 9).

Un episodio emblemático al final de la novela es el de la terraza, donde al protagonista se le bloquea la mano mientras se asoma al exterior para comprobar si llovía. En esa ocasión, el protagonista resume sus síntomas, que van más allá de los trastornos físicos, alcanzando un nivel psicótico. En ese punto, es cuando toma plena conciencia de su enfermedad:

> [...] fue en ese mismo instante que decidí sin más demoras buscar un remedio definitivo a tantas y tan intricadas desmesuras —imaginarias o no— como estaba asediándome. Hasta donde yo recuerdo, nunca me había sentido tan zarandeado por la incertidumbre, el miedo, las alarmas auditivas, los síndromes vertiginosos, la sensación ominosa de estar cada vez más perdido en un laberinto cuya salida había sido implacablemente condenada (Caballero Bonald, 1992, p. 232).

Ese desorden, esa falta de discernimiento, esa aparente inconsistencia, ese mundo deslumbrado donde los límites entre lo onírico y lo real se vuelven lábiles, es lo que intenta sugerir el título, destacando el trastorno fusionado con la angustia del protagonista por la falta de distinción entre recuerdo y espejismo.

Sin la posibilidad de evocar o buscar recuerdos, sin memoria, se pierde evidentemente el diálogo interior vital indispensable para conocernos y entendernos a nosotros mismos, rompiendo el lazo con nuestra alma. El olvido, entonces, anula completamente la memoria, destruyendo la identidad y nuestra profunda esencia, dejándonos sin apoyos. De manera trascendental, podemos decir que el ser humano está formado, en esencia, por experiencias que, con el tiempo, se transforman en recuerdos y configuran la red mnemónica, revelando lo que ya está en el fondo de nuestro espíritu.

El núcleo central de la novela se desarrolla en un espacio real localizable geográficamente en la Baja Andalucía, aunque se incluyen nombres ficticios como Alcaduz, donde se desarrolla la historia. Así, el escenario principal es una ciudad de la región bajo andaluza, en la que el personaje central enfrenta una serie de situaciones que, aunque están al borde de lo verosímil, no rompen el vínculo etéreo con la realidad subyacente. Por el contrario, el frenesí y la brutalidad deshumanizante de la urbe contrastan con el mito armónico de la naturaleza, que, con su equilibrio cadencioso, sirve como un contrapunto claro a la ciudad. Valls ve en ello un alegato a favor de la vida natural y una denuncia del desconcierto finisecular, donde imperan la desorientación y la banalidad de una sociedad y un individuo sin rumbo (Valls, 1993, pp. 27-28).

A través de la escritura, el protagonista intenta salir de la confusión, y el autor, paradójicamente, modula las etapas de su recuperación con eventos «telúricos», subrayándolos con episodios de evidente carácter simbólico. Por ejemplo, la librería que se le cae encima antes de forma premonitoria, como parte de sus alucinaciones visuales y auditivas: «Y fue justamente entonces cuando vi cómo la librería se venía abajo sin que esta caída estuviese acompañada de su correspondiente amontonamiento de ruidos» (Caballero Bonald, 1992, pp. 296). Y continuación, Caballero Bonald completa la descripción con gran intesidad poética: «Ahora sí se escucharon exclamaciones, gemidos de puertas, pasos imprecisos, rumores desvelados y confusos. Veía los libros esparcidos por el suelo, rotos, descabalados, inertes, confundidos uno con otros en un revoltijo de páginas sueltas y tapas arrancadas...» (Caballero Bonald, 1992, p. 297).

En este simbolismo irónico se encierra el afán del escritor y, presumiblemente, la síntesis de la poética de su obra. La escritura y los libros devuelven de manera atronadora «algo que había llegado a construir la reserva autosuficiente de mi imaginación y el gustoso reglamento de mi intimidad» (Caballero Bonald, 1992, p. 297), golpeando su estado alucinado, liberándolo y desmantelando su mundo imaginario para descubrir finalmente «lo que nunca se me había manifestado más que a través de indicios defectuosos» (Caballero Bonald, 1992, p. 297). En consecuencia, su mente empieza a despejarse, entreviendo los límites todavía nebulosos que separan lo «razonable» de lo «quimérico», los cuales son «un pronunciamiento» y «una emancipación» (Caballero Bonald, 1992, p. 186).

La escritura se convierte en un juego retrospectivo en el que el protagonista persigue la recreación mítica de los orígenes, ya que el final del camino está primordialmente conectado con el comienzo. Así, al final del proceso, la escritura se percibe como un mecanismo de defensa que lo libera de cualquier estímulo para seguir escribiendo:

Quizá sean esos datos los únicos que se me ocurre transcribir ahora con cierta lucidez. Porque todo posee ya el valor de una experiencia cuyo fin de trayecto conecta testamentariamente con su punto de partida. Es como si esa incontestable evidencia de que el pinar de Alcaduz era el bosque del sueño ahora ya realmente consumido por las llamas, viniese a zanjar de una vez por todas tantas anteriores incertidumbres mis vaticinios auditivos y mis intimas alianzas filiales. Pienso, en cualquier caso, que solo a partir de ahí puede alcanzar su exacto sentido la progresión fidedigna de esta historia. Esa sería también con toda probabilidad una solución de lo más remunerativa: algo así como el mecanismo de defensa que acabaría liberándome felizmente de cualquier estímulo para seguir escribiendo (Caballero Bonald, 1992, pp. 297-298).

Como señalamos, el protagonista convive con un desorden en una deformación irracional de signos. Además de sufrir desorden de la memoria, también enfrenta sueños recurrentes. En esta mezcla, se encuentra el otro componente cardinal de la novela. De hecho, es en la confusión de sonidos, colores y gentes donde se crea el humus necesario que da lugar a la quintaesencia del arte sureño en general y del sur de España en específico, parte esencial de la identidad andaluza. Esto, como hemos visto, constituye el pilar de la poética de Caballero Bonald.

Las perturbaciones físico-mentales comienzan en el preámbulo, donde se evoca el inicio de sus trastornos en el pinar de Alcaduz. El tiempo en la narración, hasta cierto punto, parece avanzar de manera lineal a lo largo de una franja de nueve años, con la incorporación de numerosos personajes que añaden profundidad y sugestión a la historia. Sin embargo, al final, después de una aparente calma de cinco meses, los síntomas de la enfermedad reaparecen, resaltando una estructura circular del tiempo propia de la naturaleza, y regresan aspectos introspectivos, como las dudas sobre la decisión de escribir. No hay un avance evidente en la historia; se puede hablar de una progresión lineal fragmentaria. Esto evidencia aún más, a nuestro juicio, la componente de exploración mnemónica de la novela, ya que, debido a los disturbios, no hay una completa adquisición de los recuerdos, que se disgregan en el caos mental del malestar, impidiendo alcanzar una trayectoria diacrónica propia de la acumulación mnemónica de los acontecimientos. Al mismo tiempo, la circularidad de la trama, donde pasado, presente y futuro conducen al mismo punto, retoma una de las prerrogativas del fenómeno mnemónico.

Porque, en cierta medida, el futuro está formulado en el pasado. Aunque el futuro es incierto, nuestra experiencia pasada, recuperada por la memoria, nos ayuda a prever qué puede ocurrir en un plazo más o menos largo. En este sentido, se pueden entender las siguientes palabras del protagonista: «solo a partir de los confusos síntomas de mi enfermedad me era posible conocer esos otros enfermizos síntomas del inmediato futuro» (García Morilla, 2013, pp. 42).

Se puede combinar textualmente el uso de un lenguaje específico con dos funciones principales: por un lado, vislumbrar el mundo interior, y por otro, describir el mundo exterior y la naturaleza. Su riqueza literaria proviene de una mezcla coherente de sonidos y modismos perdidos, alfabetizados, ecos idiomáticos de fuentes cervantinas. Esta plétora léxica implica la búsqueda de voces y modos culturales antiguos, actuando de manera «palimpséstica», en el sentido de preservar lo abolido, tratar de mantenerlo y renovarlo, aunque sea de manera simbólica.

No cabe duda de que esta supuesta unicidad no es tal. El protagonista se desdobla de manera sutil en narrador y destinatario de la obra, el narratario, dando a la trama un tenue corte prospectivo que coincide sutilmente con la dialéctica realidad/imaginación. No tenemos un punto de vista único, sino prospectivo y bidimensional. Por tanto, se enfatiza la digresión de la historia. La imaginación atrae al narrador, al igual que el alcohol: «el vino estaba un poco duro de boca, pero no entraba mal» y, junto a los evidentes trastornos mentales, lo convierte en una persona de baja credibilidad y poco fidedigna (Unzué, 2007, p. 290). Añade Ruiz Copete: «Todos los episodios que narra tienen la virtualidad de ser expuestos como derivados de una realidad ordinaria, pero, enseguida, reinterpretados desde su perspectiva peculiar» (Ruiz Copete, 2015, p. 224).

Ese narrador-protagonista, extraviado entre la equívoca memoria y el presente enfermizo, también se muestra como el intérprete de un mundo a la vez elemental y caótico, una suerte de parodia social donde el concepto de ficción adquiere su máxima relevancia imaginativa (Gutiérrez Carbajo, 2005, pp. 18-19). En la narrativa del escritor jerezano, varios factores sobresalientes definen su naturaleza, siempre apuntando a un equilibrio estructural en su obra: la pluralidad unida con precisión quirúrgica en su lenguaje literario y la profunda indagación sobre el uso del idioma de la imaginación. Así, la identidad literaria de su obra se basa en dos pilares fundamentales: la precisión semántica de su léxico y el desvelamiento de esa actitud, que podría considerarse el pentagrama de la vida, expresando nítidamente cada nota musical o accidente, que no son sino las circunstancias a las que nos enfrentamos. De ellos extraemos significados cristalinos en las historias contadas, ya sea en forma de cuento o narración, lo que da cuenta de la relevancia de la novela tanto como conocimiento y aprendizaje del *modus vivendi*. En este sentido, como medio casi epistemológico, la escritura asegura la asimilación y comprensión de los distintos niveles cognitivos:

> Conocer es, en cualquier caso, entrar en posesión de la forma de otra cosa en cuanto es de otra cosa; posesión ésta inmaterial y objetiva, pues la forma que se recibe material y subjetivamente no puede considerarse como ajena o de otra cosa, sino como propia y perteneciente a aquél que la recibe. Y si ésta es la esencia del conocimiento, se comprende perfectamente que los grados de éste se tomen de los distintos modos de inmaterialidad y objetividad con que las varias formas son poseídas por un sujeto cognoscente, grados y modos que se extienden desde la posesión particular y concreta del conocimiento sensible hasta la universalísima y; llenamente inmaterial del conocimiento divino futuro (García López, 1963, p. 12).

En la obra de Caballero Bonald el texto literario como la memoria parece entrar en el proceso de borrado con una estructura fuliginosa e indeterminada, donde la figuración trazada desenfocaría inevitablemente otras figuraciones en este proceso, el decurso de palabras no podría de manera precisa definir el objeto; sin embargo, esa imprecisión revela en sí misma un aspecto que solo puede aparecer en el lenguaje es decir su capacidad de incitar a cuestionarse, a hacerse pregunta, a encontrar respuestas, a solventar dudas...

Es pertinente recordar a Antonio Machado, quien nos presenta una memoria que acompaña en el viaje de la vida a cada paso; cada experiencia deja una huella, más o menos profunda, que se acumula como datos y recuerdos formando la senda de una larga estela de vivencias que, llevándolas con nosotros, buenas o malas son el bagaje imprescindible para seguir el camino: «Caminante, son tus huellas/el camino y nada más;/ caminante, no hay camino,/ se hace camino al andar,/ Al andar se hace el camino,/ y al volver la vista atrás/ se ve la senda que nunca/ se ha de volver a pisar./Caminante no hay camino sino estelas en la mar» (Machado, 1978, p. 146).

La voluntad de no dejar disipar lo que queda de las reminiscencias del pasado, se da en la novela de Caballero Bonald: entre memoria y literatura, entre la «huella» y el «camino», se dan los puentes que permiten, simbióticamente, que en su obra los recuerdos, lo pasado queden inmersos en su creatividad.

3.4. Los microcosmos de la memoria: Claudio Magris y las geografías del recuerdo

Claudio Magris enfrenta la Historia como un conjunto de fragmentos de cuentos individuales y colectivos, centrándose en los detalles mínimos. Una polifonía de voces, un coro donde cada uno de los elementos afirma su identidad a través de las experiencias y las vivencias, donde el cuento de la vida es un río, un confluir de emociones, de llantos, sugerencias y felicidades que desembocan en un mar común, una enorme cuenca que se configura como el depósito de la historia universal. Un enfoque que refleja una visión funcional de la literatura, que no es simplemente un acto expresivo y comunicativo, sino que se interpreta minimalistamente como guardiana de esos valores humanos esenciales que corren el riesgo de perderse dentro de ese océano indefinido que es el proceso de globalización. De hecho, la globalización tiende a nivelarlo todo y a todos en un vértigo uniformador, donde las diferencias se van perdiendo y desvaneciendo, dejando de lado todo lo que no encaja dentro de su flujo imparable. Magris eleva la literatura no solo a obra de creatividad expresiva, sino también a una contraposición al flujo tan violento y agotador de la globalización, que se vuelve casi invisible. En su obra, encuentra su voz todo aquello que no quiere desaparecer y que no se adapta al flujo demoledor de lo globalizado. Magris contrapone la literatura a la Historia, la narración a lo narrado, precisamente para dar voz a quienes no la tienen o no la han tenido, porque han sido marginados, borrados u olvidados en nombre de ese afán por el progreso. En este sentido, la literatura se convierte en un medio para recuperar y preservar lo que ha sido eliminado de la narrativa dominante de la Historia, ese violento huracán que desbarata y destruye, y que todo lo arrastra dentro de un gran contenedor amorfo.

Magris, en su obra, medita sobre el papel de la literatura, usándola como un vehículo para analizar cómo, en un mundo cada vez más fragmentado y disperso, el acto de recordar se convierte en una tarea casi sagrada. Este viaje por los rincones del pasado nos permite recuperar reliquias ocultas, rescatándolas del implacable olvido. A través de este ejercicio, «la letteratura contrappone ciò che è rimasto ai margini del divenire storico, dando voce e memoria a ciò che è stato rifiutato, rimosso, distrutto e cancellato dalla corsa al progresso»[4] (Magris, 1996, p. 26); con esta reconexión profunda con la esencia de la humanidad, mantenemos viva la percepción del ahora. Esa experiencia forja las visiones y sueños de mundos posibles y nos proyecta hacia escenarios futuros, conectando nuestras mentes con los hilos del destino.

La construcción o reconstrucción de la identidad y la restauración de lo perdido y de los valores universales se convierten en pilares fundamentales para el ser humano contemporáneo que está perdido en un mundo de continuos cambios. La exploración de Magris se desplaza de lo particular a lo global, abarcando esos micro-

---

4   «La literatura contrasta lo que ha quedado al margen del devenir histórico, dando voz y memoria a lo que ha sido rechazado, eliminado, destruido y borrado por la carrera del progreso».

cosmos que, al unirse, configuran el vasto escenario que habitamos. Su análisis se enfoca en los detalles más íntimos, en esas pequeñas cosas que diferencian el tiempo y el espacio que habitamos, pero que suelen ser ignoradas en los relatos históricos convencionales. Magris revela, a través de su búsqueda, los engranajes ocultos que subyacen a la realidad, permitiendo que tras este viaje literario surja una comprensión más profunda de la naturaleza humana.

En este proceso, no solo desafía la Historia, sino que asume un compromiso con la sociedad al devolver dignidad a aquellos que han desaparecidos en las fisuras del tiempo. Responde así a una creciente necesidad de autenticidad, de reconectar con valores esenciales que, en un mundo dominado por la homogenización, corren el riesgo de desvanecerse definitivamente.

La recuperación del recuerdo, entonces, surge en la mente a través de la literatura y la palabra. Esta palabra desgarra cada velo y rompe convenciones, resonando más allá de la historia. Traspasa horizontes y fragmenta los vínculos cronotópicos, permitiendo que en la memoria se conserve el recorrido humano a lo largo de los siglos. Así, se establece un camino para superar la vacuidad de la existencia y alcanzar la tierra prometida.

Es una narración que despoja lo trivial y desafía los límites espacio-temporales, llevándonos a un tiempo que avanza hacia el futuro sin perder de vista el punto de partida. Se manifiesta como una lucha entre fuerzas centrífugas y centrípetas, que desgarran nuestras carnes y penetran en lo más profundo de nuestro ser, llegando a las vísceras de la existencia misma. Allí, en este espacio sin tiempo, en ese limbo terrenal, se coloca la obra de Magris. Miramos cada grano de arena que fluye en la clepsidra de la vida.

El trágico final de la pobre Esperia, narrado en el cuento contenido en *Microcosmos* (1997), nos catapulta inexorablemente hacia una poderosa descripción de lo mnemónico, única e inigualable. Mujer ingenua que idealiza el amor por el General —así llama al hombre del cual se enamora—, quien no comparte ese amor, pero no quiere decepcionarla ni confesárselo. Esperia vive eternamente en su mundo; llega incluso a vender su casa para comprar el ajuar de boda en previsión de su matrimonio con el General. Finalmente,

Esperia se queda perpetuamente como novia y viuda cuando el General muere a manos de los partisanos al finalizar la Segunda Guerra Mundial, en la que había participado como soldado del régimen fascista. Así que: «Su Esperia scese la grande e benefica liberazione di un nobile dolore. Da quel momento non fu più una sposa mancata, bensì una vedova, una donna che aveva sofferto ma vissuto, che aveva perso il suo uomo in una crudele tragedia, ma l'aveva avuto[5]». Esperia reinterpreta su personal tragedia como una forma de haber vivido plenamente el amor, aunque solo en su imaginación. Esta resignificación del dolor le otorga una nueva dignidad que trasciende su sufrimiento, constituyendo una narrativa personal.

Su vida se concluye lacónicamente: «Doveva aver improvvisamente aperto gli occhi sul vuoto della sua vita, sull'equivoco nel quale era vissuta, e deciso di chiudere la partita. Un mese e mezzo dopo il ricovero, morì [...]»[6] (Magris, 1997, p. 50). Aquí, se evoca una profunda reflexión sobre la vida y la muerte, encapsulando momentos de revelación y decisión. La frase sugiere un despertar abrupto y doloroso ante la vacuidad que había caracterizado su existencia. Este vacío «vuoto» representa una vida sin experiencias dignas de ser así clasificadas, un vacío en la memoria experiencial, un hueco existencial donde se evidencia la falta de memoria de recuerdos que componen con sus matices el cuadro de nuestra vida que carece de propósito o de satisfacción, atrapada en una especie de engaño, ilusión o malentendido, tanto respecto a sí misma como a su entorno. «Dopo aver guardato in quel vuoto, Esperia non voleva, non poteva più vivere» (*ibidem*), esta revelación lleva a una crisis de identidad, sin memoria no hay identidad, en la que uno se enfrenta a la realidad de su vida y comienza a cuestionar las

---

5   «Su Esperia scese la grande e benefica liberazione di un nobile dolore. Da quel momento non fu più una sposa mancata, bensì una vedova, una donna che aveva sofferto ma vissuto, che aveva perso il suo uomo in una crudele tragedia, ma l'aveva avuto».

6   «De repente debió de abrir los ojos al vacío de su vida, a la incomprensión en la que había vivido, y decidió dejarlo. Mes y medio después de su hospitalización, murió».

elecciones pasadas. En fin, decisión consciente de poner fin a su sufrimiento, de colmar el vacío, lo que a su vez sugiere un alivio en medio de la angustia. El párrafo, como visto, culmina con su muerte un mes y medio después del ingreso en el hospital, esta sensación de la vida como vacío y «ausencia», magistralmente representada en la historia de Esperia y otros derrotados, que hemos llegado a apreciar en los relatos de Magris, toca de alguna manera a cada uno de nosotros. Más aún, en un tiempo y una sociedad donde el individuo parece desvanecerse, cada vez más frágil y desprovisto de su propio poder. La búsqueda de la verdad personal y las decisiones definen nuestro destino y la memoria.

El teatro y la memoria comparten una relación intrínseca y profundamente simbiótica, ya que ambos operan en el espacio de lo efímero, de lo recreado y lo mutable, pero también en lo que persiste en el tiempo y en el recuerdo. El teatro no solo es una representación del presente, sino también un medio que activa la memoria, tanto del actor como del espectador. Esta relación se puede observar desde múltiples perspectivas:

> Il teatro è quel luogo dove si è autorizzati a quell'inautenticità che contrassegnano l'individuo moderno e gli infondono, nella vita, l'angoscia dell'inconsistenza. Nel teatro l'indeterminazione del ruolo personale e la fluttuante incertezza fra essere e apparire, fra continuità individuale e incessante metamorfosi, non sono un motivo conturbante, bensì conferiscono la garanzia di uno status, conferiscono un'esistenza [...] Nel teatro l'uomo è scisso, sdoppiato e incerto di sé trasforma gli attentati alla sua identità in elementi costitutivi di quest'ultima: egli basa la sua identità sulla sua differenza radicale[7] (Magris, 2014, p. 125).

---

7   «El teatro es ese lugar donde se autoriza esa inautenticidad que marca al individuo moderno y le infunde, en vida, la angustia de la inconsistencia. En el teatro, la indeterminación del papel personal y la incertidumbre fluctuante entre el ser y el parecer, entre la continuidad individual y la metamorfosis incesante, no son un motivo perturbador, sino que confieren la garantía de un estatus, confieren una existencia [...] En el teatro, el hombre se desdobla, se duplica y se muestra insegu-

Magris, a través de una mirada existencial, explora el teatro como un espacio donde la inautenticidad y la ficcionalidad marcan la contemporaneidad legitimando la condición humana posmoderna. El teatro tiene una relación intrínseca con la identidad del individuo moderno. Lo efímero del recuerdo crea una conexión simbiótica entre teatro y memoria. Cada obra es única, al igual que cada recuerdo, ambos ocurriendo en un momento y lugar específicos para luego desaparecer, quedando solo en la memoria de quienes los experimentaron. Esta temporalidad compartida convierte al teatro en un arte íntimamente ligado a la memoria, ya que es a través del recuerdo que las experiencias teatrales perduran. Al igual que la memoria, el teatro posee una temporalidad que se desvanece y debe ser evocada o buscada, lo que refleja la fragilidad inherente a todo acto de recordar. Magris se opone a: «Un'omogeneizzazione gelatinosa, in cui le diversità e le individualità scompaiono, ogni cosa pare interscambiabile con qualsiasi altra e perde i propri connotati. Questo mondo – che sotto certi aspetti sembra essere il mondo del futuro, almeno per l'Occidente, un mondo in cui tutto e permesso»[8] (Magris, 1997, p. 260).

La sensación de angustia y de incomodidad que vivimos cotidianamente determina una especie de legitimación de la inestabilidad y la fragilidad de la identidad, que desemboca en una inconsistencia existencial inherente al vivir moderno. Sin embargo, en el teatro, lo inauténtico encuentra sentido y representa la existencia. El teatro permite la transformación, al igual que la memoria y la remembranza, donde los recuerdos fluctúan entre realidad y ficción, sentenciando la indeterminación del «yo», que oscila entre lo que se es y lo que se podría ser. Sin sentir un desarraigo, las tensiones se vuelven constructivas; el «yo» teatral se desplaza entre la

---

ro de sí mismo, transforma los ataques a su identidad en elementos constitutivos de ésta: basa su identidad en su diferencia radical».

8   «Una homogeneización gelatinosa, en la que la diversidad y la individualidad desaparecen, todo parece intercambiable con todo lo demás y pierde sus connotaciones. Este mundo —que en algunos aspectos parece ser el mundo del futuro, al menos para Occidente, un mundo en el que todo está permitido».

continuidad individual y la metamorfosis constante, corroborando su esencia. La dualidad, ambigüedad y multiplicidad de facetas se convierten en una fuente de valor y de identidad en ese espacio efímero. Tanto la fragmentación del «yo» como de lo mnémico en sí mismo constituyen su elemento constitutivo, volcando el concepto de autenticidad.

La identidad se constituye en el otro, en esa continua posibilidad de ser otro u otros. Esa fragmentación, ese eterno fluctuar que cada individuo acepta como parte de su esencia, se experimenta tanto en el teatro como en la memoria, donde cada recuerdo nos ofrece una realidad prismática. En su inconsistencia y su eterno oscilar entre sueño y realidad, el individuo y la sociedad edifican su identidad:

> Essa non è il passato, bensì l'eterno presente di tutto ciò che ha senso e valore: l'amore, la preghiera, l'amicizia, la sofferenza, la felicita. Tutto ciò che ha senso "fa parte della storia del cosmo", per citare un passo di Singer; ciò che è soltanto funzionale sparisce nell'oblio, appena esaurita la sua funzione, ma tutte le cose essenziali sono nell'eternità del loro presente. Shakespeare, non era, un poeta. Memoria significa pure rapporto con la propria identità e consapevolezza — ma non stolta e feroce idolatria— di quest'ultima[9] (Magris, 2011, p. 119).

Así, el teatro no solo refleja la crisis de identidad del sujeto moderno, sino que también ofrece una salida creativa: un espacio donde la incertidumbre identitaria se transforma en afirmación del yo individual y del conjunto de los "yoes" que fundamentan nuestra sociedad. La memoria individual, al igual de la colectiva y cultu-

---

9 «No es el pasado, sino el eterno presente de todo lo que tiene sentido y valor: el amor, la oración, la amistad, el sufrimiento, la felicidad. Todo lo que tiene sentido ‹forma parte de la historia del cosmos›, por citar un pasaje de Singer; lo que es meramente funcional desaparece en el olvido en cuanto se agota su función, pero todo lo esencial está en la eternidad de su presente». Shakespeare, no lo era, un poeta. Memoria significa también relación con la propia identidad y conciencia -pero no idolatría insensata y viciosa- de esta última».

ral es un continuo devenir, sufre una constante reconfiguración y se compone de una multitud de fragmentos. Es en el teatro y en la teatralidad, que se condensa ese mundo, donde el hombre moderno se redime adquiriendo conciencia de su identidad dinámica, multiforme y cambiante.

El teatro se erige como un escenario donde se invocan pasados, trayendo al presente recuerdos y experiencias que han quedado almacenados en la memoria, ya sean personales, históricos o colectivos. El teatro también es un espacio donde se representan recuerdos, a menudo fragmentados, distorsionados o reimaginados. Está en constante construcción y reconstrucción, convirtiéndose en un acto de creación donde las memorias se entrelazan con la ficción. A través de la corporalidad muscular y emocional de los actores, quienes, con gestos, movimientos y dinámicas emocionales, el teatro se convierte en un archivo viviente de recuerdos.

El teatro, como institución, actúa como guardián de la memoria cultural. Esta se transmite de generación en generación a través de la representación teatral, lo que convierte al teatro en un archivo dinámico de la memoria colectiva. Tanto el teatro como la memoria se encarnan en lo efímero, lo mutable y lo que permanece solo en los recuerdos, convirtiéndolos en parte de una misma pulsión humana: «Conoscere, vivere la verità. La vita vera, autentica, pervasa di significato; vissuta anche nel tempo, nel tempo illuminato da un valore che non può essere distrutto da niente e da nessuno né alterato dallo scorrere della sabbia nella clessidra, subito ribaltata e poi sempre di nuovo piena quando sembrava vuota»[10] (Magris, 2019, p. 52).

---

10 «Conocer, vivir la verdad. La vida verdadera, auténtica, impregnada de sentido; vivida también en el tiempo, en el tiempo iluminado por un valor que no puede ser destruido por nada ni por nadie ni alterado por el fluir de la arena en el reloj de arena, inmediatamente volcado y luego siempre de nuevo lleno cuando parecía vacío».

3.4.1. La búsqueda infinita: literatura, memoria y autenticidad (fragmentos y ecos)

Magris busca autenticidad a través de la literatura y la memoria. Su objetivo es indagar y adentrarse en la historia para descubrir e identificar interrogantes que permitan comprenderla, utilizando a los personajes y los relatos que cada uno de ellos produce: «Nella letteratura non contano le risposte date da uno scrittore, bensì le domande che egli pone e che sono sempre più ampie di ogni pur esauriente risposta»[11] (Magris, 1996, p. 28). La literatura abre espacios de reflexión y plantea interrogantes que desafían al lector. En sus obras, el escritor formula preguntas indagadoras con la esperanza de una revelación sobre el embrollo vital de la condición humana, los dilemas morales o existenciales, y los misterios de la vida. Al ser más vastas que cualquier respuesta, estas preguntas invitan a una búsqueda constante, que, a través de la memoria, se reafirma en nuestra vida, abriendo nuevas perspectivas de comprensión y ampliando los horizontes del pensamiento. Esto refleja que la esencia de la literatura radica en su capacidad para iluminar zonas inexploradas del pensamiento a través de la experiencia acumulada en los recuerdos. Todo ese largo camino que recorremos imprime hitos que, por un lado, nos ofrecen respuestas, pero por otro, estimulan una exploración más amplia que se pierde en la complejidad del universo.

Para Magris, la memoria es una manera de indagar en la vida. Los cuentos, los relatos que cada microcosmos, como bien lo define el escritor triestino, son pequeñas historias, cada una de ellas un complejo ecosistema literario que, por supuesto, se conecta con el macrocosmos que habitamos. En ese contexto, en la investigación contemporánea, el aliento de la memoria y de los recuerdos, trasladados a lo literario, nos permite penetrar aún más en la complejidad de la vida y del pensamiento humano, manifestando la necesidad de dar forma al tiempo, de plasmarlo y contenerlo, aunque sea solo

---

11 «En literatura, no son las respuestas que da un escritor las que cuentan de un escritor, sino las preguntas que formula, siempre más amplias que cualquier respuesta exhaustiva».

un simulacro, con la finalidad de preservar lo que, de otro modo, se evaporaría en el olvido: «Per contrastare l'irreversibilità del tempo e l'angoscia di morte, per ritrovare qualche istante di pienezza, si può provare a viaggiare nella memoria attraverso i luoghi della propria vita»[12] (Vianello, 1998, p. 174). Las imágenes del «otro», los sueños y los recuerdos que tejen el imaginario de culturas ajenas conforman un vasto y rico patrimonio narrativo y descriptivo. No solo representan un conjunto de historias y visiones, sino que también se erigen como una afirmación rotunda de la identidad, una identidad forjada en la intersección de múltiples culturas, estratos y ecos de la misma sociedad, donde cada lámina, contribuye a la maravillosa complejidad del ser colectivo:

> Le immagini dell'altro (di una cultura e degli individui che la compongono, di un altro luogo re delle sue coordinate spazio-temporali) sono rappresentazioni contenute nei testi letterari rivelatrici di un reale rapporto con l'alterità. Le immagini dei testi traducono in forma letteraria i rapporti tra le culture e in tal senso costituiscono una questione di rapporti letterari. [...] Ogni immagine è uno spazio letterario formato da rimandi al rapporto extraletterario con l'alterità. Alcuni rimandi si riferiscono alla sfera interiore dell'autore, al suo vissuto e ai suoi sentimenti, alla sua riflessione personale, Altri, invece, si riferiscono a una coscienza allargata, alla collettività di appartenenza dell'autore, nella quale sedimentano esperienze, mentalità e pregiudizi condivisi[13] (Lo Popolo, 2015, p. 45).

---

12   «Para contrarrestar la irreversibilidad del tiempo y la angustia de la muerte, para redescubrir algunos momentos de plenitud, se puede intentar viajar en la memoria por los lugares de la propia vida».

13   «Las imágenes del otro (de una cultura y de los individuos que la componen, de otro lugar rey de sus coordenadas espacio-temporales) son representaciones contenidas en textos literarios que revelan una relación real con la alteridad. Las imágenes de los textos traducen las relaciones entre culturas a la forma literaria y, en este sentido, constituyen una cuestión de relaciones literarias. [...] Cada imagen es un espacio literario formado por referencias a la relación extraliteraria con la alteridad. Algunas referencias cruzadas remiten a la esfera interior del autor, a su experiencia y sentimientos, a su reflexión personal. Otras, sin embargo, remiten a

La literatura representa la alteridad mediante imágenes que revelan las relaciones entre culturas. Estas imágenes reflejan tanto la subjetividad del autor, influenciada por sus experiencias personales, como las mentalidades colectivas de su sociedad, con sus prejuicios y patrones culturales compartidos. Así, la literatura no es neutral, sino un reflejo de las tensiones y diálogos entre culturas, revelando jerarquías y relaciones de poder. En este sentido, la obra de Claudio Magris, *Microcosmi* (1997), que ganó el Premio Strega, refleja este mismo proceso. Difícil de encasillar en un solo género, combina narrativa, ensayo, memorias y literatura de viajes. Un recorrido que ya había realizado en *Danubio* (1986), donde Magris presenta una particular mezcla de narración y reflexión, explorando a través de un largo recorrido mnemónico lugares y estados de ánimo. En esta ocasión, se enfoca en los espacios más íntimos y oriundos de su origen familiar. Cada capítulo representa un microcosmos aparentemente autónomo, pero conectado secretamente con los demás, siguiendo la memoria fragmentada y los recuerdos que se tiñen de un halo ficcional, como las imágenes literarias de la alteridad mencionadas.

El viaje en la memoria y en la narración comienza en la ciudad de Trieste, en el *Caffè San Marco*, un histórico café de Trieste, descrito como un refugio pluralista y acogedor, donde cualquier persona puede encontrar amparo y descanso, sin distinciones de clase o linaje social. Para el narrador, el café es un espacio de la memoria, un lugar que interrumpe el incesante fluir del tiempo y se convierte en un refugio que resiste la aceleración de la vida moderna, permitiendo disfrutar de un ritmo más pausado, natural y cíclico, que se repite alejándose de la inautenticidad de la vida diaria: «Nel caffè l'aria è velata, protege dalle lontananze; nessuna folata spalanca l'orizzonte e il rosso della sera è il vino nel bicchiere»[14] (Magris, 1997, p. 23). Los clientes habituales del café crean estrategias para defenderse de las durezas de la vida, buscando un alivio, aunque sea imaginario,

---

una conciencia más amplia, a la comunidad a la que pertenece el autor, en la que sedimentan experiencias, mentalidades y prejuicios compartidos».

14   «En el café, el aire se vela, protegiendo de las distancias; ninguna ráfaga abre el horizonte y el rojo de la tarde es el vino en la copa».

como el señor Crepaz: «Il signor Crepaz, ad esempio, non rimpiange certo la sua gioventù; anzi, la sta appena adesso ritoccando e mettendo a posto, come un quadro mal riuscito ma perfezionabile»[15] (Magris, 1997, p. 23). Él idealmente regresa al pasado para corregirlo en el presente, queriendo anular las frustraciones de su juventud al conquistar a las mujeres que antes lo rechazaron.

Se menciona también al escritor y ensayista triestino Giorgio Voghera, quien, siendo un asiduo frecuentador del *Caffè San Marco* y rodeado de amigos, documenta, como un «archivo» humano, las pérdidas y el dolor de la vida que acompañan la desaparición y el olvido en su libro *Nostra Signora Morte*:

> Ad un tavolo, in fondo a destra, per chi entra, siede da anni Giorgio Voghera [...]Accanto a Voghera miti cugine anch'esse scrittrici di qualità, vecchi amici che non chiedono nulla, aspiranti scrittori che si afferrano alla vecchia gloria letteraria, giornalisti che ripetono ogni due o tre mesi le stesse domande su Trieste, studenti in cerca di tesi, qualche studioso che arriva da lontano forse fiutando come per un prossimo banchetto d'inediti.[...]Dio continua a coprire Giobbe di piaghe e Voghera ne tiene il registro. *Nostra Signora Morte*, libro discutibile ma indimenticabile, è il diario delle dipartite cui egli ha assistito: di suo pare, di sua madre della zia Letizia, dello zio Giuseppe, della zia Olga, dell'amico Paolo, della cugina Cecilia. [...] L'archivista della fine non trascura nessun dettaglio ello sfacelo ne dello squallore che lo accompagna il vomito che soffoca il respiro e la sgarbata arroganza del centralinista del Pronto Soccorso[16] (Magris, 1997, pp. 25-26-27).

---

15   «El Señor Crepaz, por ejemplo, no se arrepiente ciertamente de su juventud; al contrario, acaba de retocarla y de colocarla en su sitio, como un cuadro mal ajustado pero perfectible».

16   «Desde hace años, Giorgio Voghera está sentado en una mesa, en el extremo derecho, para los que llegan. [...] Junto a Voghera, primos apacibles que también son escritores de calidad, viejos amigos que no hacen preguntas, aspirantes a escritores que se aferran a viejas glorias literarias, periodistas que repiten cada dos por tres las mismas preguntas sobre Trieste, estudiantes en busca de su tesis, algunos eruditos que llegan de lejos, quizá husmeando un próximo banquete de

La ironía trágica en la representación de la miseria humana se manifiesta cuando los eventos dolorosos, como los decesos y los infortunios, adquieren un matiz cómico. La comedia surge de la acumulación de desgracias que, en su exceso, termina por provocar humor involuntario. Esta comicidad desemboca en una paradoja: cuanto más trágica se presenta la vida, más evidente se hace la fragilidad de la existencia. El individuo, solo y sin consuelo ante la muerte, es despojado de su dignidad y relegado a los márgenes, como un «descarte» o un «residuo»:

> Quei ricoveri e quei decessi, che si susseguono di capitolo in capitolo, finiscono per avere pure involontario effetto comico. [...] Questa irresistibile comicità delle sventure fa emergere l'estrema debolezza ella condizione umana, che sotto un sovraccarico di miseria viene derubata perfino del decoro, esposta al ridicolo e ricondotta a scarto e rifiuto[17] (Magris, 1997, p. 27).

Magris explora la naturaleza cíclica y repetitiva de la vida, así como su inevitable fragmentación. Al igual que las páginas de un libro, cada existencia se repite en sus pasiones, gestos y obsesiones, sin lograr una coherencia total. La autobiografía, como la vida misma, es fragmentaria y no pretende tener un final definitivo, ya que la realidad siempre es incompleta. La pluma del escritor, que aspira a narrarlo todo, se ve interrumpida en medio de su tarea, reflejando la imposibilidad de captar la totalidad de la vida. Sin embargo,

---

inéditos. [...] Dios sigue cubriendo a Job de heridas y Voghera lleva un registro de ellas. *Nuestra Señora Muerte*, libro cuestionable pero inolvidable, es el diario de las partidas de las que fue testigo: de su pare, de su madre, de su tía Letizia, de su tío Giuseppe, de su tía Olga, de su amigo Paolo, de su prima Cecilia. [...] El archivero del final no descuida ningún detalle de los destrozos ni de la miseria que acompaña a los vómitos que cortan la respiración y a la grosera arrogancia de la recepcionista de Urgencias».

17 «Esas hospitalizaciones y muertes, que se suceden de capítulo en capítulo, acaban por tener también un involuntario efecto cómico. [...] Esta irresistible comedia de desgracias pone de manifiesto la extrema debilidad de la condición humana, que bajo una sobrecarga de miseria se ve despojada incluso de decoro, expuesta al ridículo y reducida al descarte y al rechazo».

permanece inquebrantable el respeto por los demás y por las cosas, un valor constante a pesar de la fragmentación y la incompletitud:

> Ogni vita, come le sue pagine, si ripete tante volte, nelle proprie passioni, nei propri gesti e nelle proprie ubbie. La sua autobiografia ha la coerenza della frammentarietà, non finge una conclusione e s'interrompe in ossequio alla realtà, che rimane incompiuta e inconclusiva, anche per la penna che vorrebbe raccontarla tutta e viene spezzata mentre attende a questo compito eroicomico. Qualunque cosa accada, resta, incrollabile, il rispetto per gli altri e per le cose[18] (Magris, 1997, p. 33).

El enfoque de Claudio Magris revela una postura literaria humilde y profundamente reflexiva. Escruta con una mirada curiosa del discente que quiere aprender, formulando preguntas y reflexionando para evitar la tentación de ofrecer conclusiones definitivas o juicios absolutos sobre la realidad. En lugar de proclamar verdades, su literatura prefiere mostrar los múltiples reflejos de la vida. Indaga estableciendo una conexión entre la literatura y las enseñanzas espirituales en perspectiva escolástica, trascendiendo el dogma que quiere imponer la verdad a través de relatos que la encarnan en experiencias de vida concretas. La naturaleza moral de la literatura, según Magris, no está en predicar, sino en mostrar la complejidad de la existencia. La verdad se materializa en el espacio literario donde se nutre de la experiencia humana, y, se manifiesta en las contradicciones, los dilemas y las emociones que los personajes. La literatura es un trasunto de la vida y, en este sentido, cumple el compromiso político de ofrecer al lector una muestra, una ilustra-

---

18 «Toda vida, como sus páginas, se repite muchas veces, en sus pasiones, sus gestos y sus divagaciones. Su autobiografía tiene la coherencia de lo fragmentario, no pretende una conclusión y se interrumpe en deferencia de la realidad, que queda inacabada e inconclusa, incluso para la pluma que quisiera contarlo todo y se rompe mientras espera esta tarea heroica. Pase lo que pase, queda, inquebrantable, el respeto a los demás y a las cosas».

ción de lo vivencial, para que puedan reflexionar y, después de una profunda inmersión en lo sagrado, saquen sus propias conclusiones.

El enfoque de Magris se aleja de lo dogmático e interpreta la realidad en su autenticidad multifacética, sin buscar respuestas definitivas, observando cada tesela, rincón y hendidura del mundo. Desde allí formula varias interpretaciones de ello que ni siquiera la sabiduría puede alcanzar. La literatura, siendo búsqueda, fragmento e interrogante, abre un espacio de ambigüedad y continua exploración, donde la verdad no representa necesariamente un punto de llegada, sino más bien un punto en una línea en continua evolución. Magris realiza un recorrido literario y cívico adoptando actitud de curiosidad y aprendizaje. No hace juicios apresurados ni busca una verdad absoluta; su literatura muestra los reflejos de la vida (Carciaghi, 2021, p. 381). Afirma Magris que los grandes fundadores de religiones, como Jesús y Buda, han proclamado verdades, pero para hacerlas comprensibles y sentidas por las personas, han utilizado la literatura, a través de parábolas donde la verdad se encarna en la vida y la doctrina se convierte en relato. Esta es la verdadera dimensión moral de la literatura, que no predica, sino que muestra (Magris y Xinjian, 2019, p. 49).

La literatura y la memoria representan estrellas en el universo de la comprensión de la vida, un proceso continuo de descubrimiento. Fragmentada y dentada, recoge la herencia de los mil rostros, de los millones de existencias que han transitado, transitan y transitarán en este planeta.

Bibliografía

ALBERTI, R. (2000). *Prosas encontradas*, ed. Robert Marrast, Barcelona, Seix Barral.

ALMEIDA, I. (1999). «Borges, o los laberintos de la inmanencia», en *Borges: desesperaciones aparentes y consuelos secretos*, pp. 35-59.

ALONSO LERA, J. A. (2006). «Un enfoque polidimensional del espacio literario», *Epos*: Revista de filología, (22): 237-252.

ARISTÓTELES (1987). *Acerca de la generación y de la corrupción, Tratados breves de historia natural*, introducciones, traducciones y notas por Ernesto La Croce y Alberto Bernabé Pajares, Madrid, Gredos.

ASSMANN, A. (2002). *Ricordare*, traducción de Simona Paparelli, Bologna, Mulino.

___. (2008). «Canon and Archive» en Astrid Erll, Ansgar Nünning (Hg.), *Cultural Memory Studies*, An International and Interdisciplinary Handbook, Berlin, New York, De Gruyter:97-108.

___. (2008). «Communicative and cultural memory» en Astrid Erll, Ansgar Nünning (eds.), *Cultural Memory Studies*, An International and Interdisciplinary Handbook, Berlin, New York, 109-118.

AUGÉ, M. (1998). *Las formas del olvido*. Barcelona: Gedisa.

BACHELARD, G. (2000). *La poética del espacio*, traducción de Ernestina De Champourcín, Buenos Aires, Fondo de Cultura Económica. 4.ª reimpresión.

BAENA, E. (2010). *Umbrales del imaginario,* Barcelona, Anthropos.

___. (2016). *Estudios de Teoría y Literatura Comparada:de Goethe a Machado y de las vanguardias a la poética actual*, Barcelona, Anthropos.

___. (2019). *Visiones literarias y lingüísticas del paisaje urbano*, Madrid, Marcial Pons.

BAENA, J. A. DE. (1986). *Prologus Baenenssis*. En A. Alonso (Ed.), *Poesía de cancionero*. Madrid, Cátedra.

BAJTÍN, M. (1979) 1986. *Problemas de la poética de Dostoievski*, traducción de Tatiana Bubnova México, Fondo de Cultura Económica.

BAJTÍN, M. (1981). «Discourse in the novel», en *The Dialogic Imagination*: Four essays by M. M. Bakhtin, ed M. Holquist, trans. C. Emerson and M. Holquist. Austin, Texas: University of Texas Press.

___. (1989). *Teoría y estética de la novela: trabajos de investigación*. Traducción de Helena S. Kriúkova, Vicente Cazcarra, Madrid: Taurus.

___. (1999). *Estética de la creación verbal*, traducción de Tatiana Bubnova, México: siglo veintiuno editores.

BALZA GARCÍA, R. (2004). «De Wittgenstein a Ricoeur. La visión de aspectos y la mirada historiográfica», *Revista de Filosofía, 22*(48), 43-71. Recuperado en 10 de marzo de 2020, de http://ve.scielo.org/scielo.php?script=sci_arttext&pid=S0798-11712004000300002&lng=es&tlng=es

BARBOUR, J. (2003). *La fine del tempo*. Torino: Enaudi.

BENJAMIN, W. (1929). *Hacia la imagen de Proust*. En J. Navarro (Trad.), *Obra completa* (Vol. II, 1, pp. 317-330). Madrid:Abada. (Versión citada: «Una imagen de Proust», Trad. J. Aguirre, 2007).

___. (1986). *Sobre el programa de la filosofía futura*. De Agostini-Planeta.

___. (1996). *Escritos autobiográficos*, traducción T. Rocha Marco. Madrid: Alianza Editorial.

BERGSON, H.(1977). *Memoria y vida: Textos escogidos por Gilles Deluze*, traducción de Mauro Armiño, Madrid, Alianza Editorial.

___. (2006). *Materia y memoria: Ensayo sobre la relación del cuerpo sobre el espíritu*, Traducción de Pablo Ires, Buenos Aires, Editorial Cactus.

BOBES, C. (1985). *Una teoría semiótica del texto narrativo, Teoría General de la Novela. Semiología de «La Regenta»*, Madrid, Gredos.

BORGES, J. L. (1974). *Obras Completas*. 4 vol. Barcelona: Emecé.

___, OCAMPO, S. Y CASARES, A. B. (1977). *Antología de la literatura fantástica*. Barcelona: Edhasa.

___. (1997). «La poesía». *Siete noches.* Buenos Aires, EMECÉ.

___. (1976). *Ficciones*. Madrid, Alianza Editorial.

CABALLERO BONALD, J. M. (2011). *Regresos a Argónida*, en 33 entrevistas de Antonio Francisco Pedrós-Gascón (selección, edición e introducción), Zaragoza, Prensas Universitarias de Zaragoza.

___. (1992). *Campo de Agramante*, Anagrama, Barcelona.

___. (1997). *Diario de Argónida*, Barcelona, Tusquets Editores.

___. (2012). *Entreguerra*, Barcelona, Seix Barral.

___. (2014). *Fabula y memoria: Antología en prosa en verso*, Madrid, Alianza.

CABRUJA I UBACH, T., ÍÑIGUEZ RUEDA, L., VÁZQUEZ, F. (2000). Cómo construimos el mundo: relativismo, espacios de relación y narratividad, en *Anàlisi: Quaderns de comunicació i cultura*, (25), 0061-94.

CARCIAGHI, F. (2021). «Un manifesto per la modernità: venti anni di Utopia e disincanto», en *Firenze per Claudio Magris*, Firenze University Press. pp. 373-383.

CARNEVALE, S. (2013). Historiografía, memoria, conciencia histórica, y enseñanza de la historia: Un vínculo situacional y relacional en permanente movimiento, en *Primeras jornadas de historia reciente del conurbano bonaerense norte y noroeste*. pp. 1-15.

CERNUDA, L. (1975). *Prosa Completa*, ed. Harris, D. y Maristany. Barcelona, Barral Editores.

___. (1977). *Poesía Completa*, ed. Harris, D. y Maristany. Barcelona, Barral Editores.

___. (1994). «Palabras antes de una lectura», en *Obra completa*, vol.II. *Prosa I*, ed. de Derek Harris y Luis Maristany. Madrid: Siruela.

___. (1964). *La realidad y el deseo (1924-1962)*, México, Fondo de Cultura Económica.

COLINAS, A. (2004). La literatura de la memoria. en *Domenico Antonio Cusato, Loretta Frattale, Gabriele Morelli, Pietro Taravacci y Belén Tejerina (coords.) Atti del XXI Convegno Associazione Ispanisti Italiani. Messina, Andrea Lippolis Editore, 1*, pp. 71-84.

CONSOLO, V. (1993). *Fuga dall'Etna: la Sicilia e Milano, la memora e la storia*, Roma, Donzelli editore.

CORTÉS HERNÁNDEZ, S. (2006). El blog como un tipo de literatura popular: problemas y perspectivas para el estudio de un género electrónico.

DE JUAN GINÉS, L. J. (2004). El espacio en la novela española contemporánea [Tesis doctoral, Universidad Complutense de Madrid]. Repositorio Institucional UCM. https://docta.ucm.es/entities/publication/a164d099-cb97-4f98-ba8f-fb657d9e8196

DELGADO, A. (1975). *La poética de Luis Cernuda*, Madrid, Alfar.

DERRIDA, J. (1997). *La diseminación*, traducción de José Martín Arancibia. Fundamentos.

___. (2007). El aforismo a contratiempo. En C. de Peretti & E. Velasco (Eds.), *Conjunciones. Derrida y compañía* (pp. 381-396). Madrid: Dykinson.

DIDI-HUBERMAN, G. (2006). *Lo que vemos, lo que nos mira* (H. Pons, Trad.). Buenos Aires: Manantial.

DOMÍNGUEZ, O. (2008). «Poesía, memoria y crónica en Ocnos, de Luis Cernuda», en *Actas del Simposio Internacional de poesía española e hispanoamericana*. pp. 34-41.

ECO, U. (2006). «Piccola lezione sull'arte di dimenticare» en *La Repubblica*, 22 de mayo de 2006. https://www.didaweb.net/fuoriregistro/leggi.php?a=9079

ECHEVERRY BETANCOURT, D. (2004). «Memoria individual, memoria colectiva y memoria histórica», *La práctica investigativa en ciencias sociales*, *123*:125-134.

ERLL, A. (2012). *Memoria colectiva y tras del recuerdo: Estudio introductorio*, traducción de Johanna Córdoba y Tatjana Louis. Universidad de los Andes, Facultad de Ciencias Sociales, Departamento de Lenguajes y Estudios Socioculturales, Centro de Estudios Socioculturales e Internacionales, Ediciones Uniandes.

ESTEINOU MADRID, J. (2010). «Los medios de información colectivos y la reproducción de la memoria social». *Polis*, *6*(1), 71-95.

FLORES REQUEJO, M. J. (1999). *La obra poética de José Manuel Caballero Bonald y sus variantes*, Mérida, Departamento de Publicaciones de la Junta de Extremadura/ Departamento de Publicaciones de la Universidad de Extremadura.

GARCÍA LÓPEZ, J. (1963). *Historia de la literatura española*, Barcelona, Teide.

GARCÍA MORILLA, F. (2013). *De memorias y ficciones: las novelas de José Manuel Caballero Bonald*, Sevilla, Alfar.

GAULEJAC, V., & OCHOA, H. S. (2002). Memoria e historicidad. Revista mexicana de sociología, 31-46.

GOYTISOLO, J. (1981). «Prólogo» a Cernuda y Sevilla (Albanio en el Edén). Notas para una introducción a la lectura de «Ocnos», Julio M. de la Rosa. Sevilla: Edisur, colección Cuadernos de cultura popular.

GULLÓN, R. (1974). «Espacios novelescos», en Germán Gullón y Agnés Gullón, *Teoría de la novela*, Taurus, Madrid, 1974, pp.249-250.

GUTIÉRREZ CARBAJO, F. (2005). Introducción en *Dos días de septiembre*, Caballero Bonald José Manuel, Barcelona, Castalia, pp. 7-44.

HALBWACHS, M. (2004). *La memoria colectiva*, traducción de Inés Sachos-Arroyo, Zaragoza, Prensas Universitarias de Zaragoza.

HALBWACHS, M. & DÍAZ, A. L. (1995). «Memoria colectiva y memoria histórica», *Reis*, (69):209-219.

HO TAI, H. T. (2001). Remembered realms: Pierre Nora and French national memory. *The American Historical Review*, *106*(3), 906-922.

HUSSERL, E. (1949). *Ideas relativas a una fenomenología pura y una filosofía fenomenológica*. México, Fondo de Cultura Económica.

___. (1986). *Meditaciones Cartesianas* (§ 34). Madrid, Tecnos.

___. (1992). *Invitación a la fenomenología*. Barcelona, Paidós.

LACAPRA, D. (2009). Historia y Memoria después de Auschwitz, Buenos Aires, Prometeo.

LEOPARDI, G. (2022). *Lo Zibaldone dei pensieri*. Milano, Feltrinelli.

LO POPOLO, M. (2012) Che cos'è la letteratura comparata, Roma, Carocci.

LOCKE, J. (1984). *An essay concerning human understanding*. Oxford, Clarendon Press.

LURIA, A. R. (1968). *The mind of a mnemomist*, traducción de Lynn Sorotaroff, Basic.

LLOVET, J. (2019). *Teoría Literaria y Literatura Comparada*, Barcelona, Ariel. 4.ª edición.

MACHADO, A. (1978). *Campos de Castilla*, Madrid, Cátedra. 5.ª edición

MAGRIS, C. (1997). *Microcosmi*. Milano, Garzanti.

___. (2019). *Tempo curvo a Krems*. Milano, Garzanti.

___, XINJIAN G. (2012). *Letteratura e ideologia*, trad. di Simona Polvani, Bompiani, Milano.

MANNHEIM, K., & DE LA YNCERA, I. S. (1993). El problema de las generaciones. *Reis*, (62), 193-242.

MAYER, A. (1988). «Why Did the Heavens Not Darken? The 'Final Solution'», en *History* . Nueva York, Pantheon.

MERCADAL, S. (2016). *La relación literatura/medios de comunicación.* Villa María, Universidad.

MONTESPERELLI, P. (2004) [2003]. *Sociología de la memoria*. Buenos Aires, Nueva Visión.

NEIRA, J. (2014). *Memorial de disidencias: vida y obra de José Manuel Caballero Bonald*, Sevilla, Fundación José Manuel Lara.

NIELS, B. (1964). *Física atómica y conocimiento humano*. Madrid, Aguilar.

___. (1988). *Teoría atómica y descripción de la naturaleza*. Madrid, Alianza.

NORA, P. (1978). «Mémoire collective» en Jacques Le Goff, Roger Chartier, Jacques Revel, *La nouvelle histoire*, Paris, Retz, pp. 398-401.

___. (2008). Les lieux de mémoire, traducción Laura Masello, Montevideo, Trilce.

ORTEGA, A. (1992). «Ocupación de la memoria», *El Urogallo,* Madrid.

OTERO, S. (2022). *Edmund Husserl: el análisis fenomenológico de la memoria* 1.ª ed. - Río Cuarto. Ediciones del ICALA.

PANERO, L. (1949). «Ocnos, o la nostalgia contemplativa», Cuadernos Hispanoamericanos, n.10. pp.183-187.

PAVEL, T. (1995). *Mundos de ficción*. Caracas, Monte Ávila Editores Latinoamericana.

PAYERAS GRAU, M. (1987). «Entrevista con J. M. Caballero Bonald», *Caligrama*, revista insular de Filología, 2: 235-246.

PETRUCCI, A. (1999). *Alfabetismo, escritura, sociedad*. Juan Carlos Gentile Vitale tr. Barcelona, Gedisa.

PIMENTEL, L. A. (1993). «Tematología y transtextualidad», *Nueva revista de filología hispánica*, 41(1), pp. 215-229. DOI: https://doi.org/10.24201/nrfh.v41i1.931

PIMENTEL, M. (2003). Recuperación e indagación de la memoria: la novela histórica. *América. Cahiers du CRICCAL*, *30*(1), pp. 187-194.

PLATÓN (1975). El Banquete, Fedón, Fedro (L. Gil, Ed.). Labor.

___. (1988). *Diálogos V*, Madrid, Gredos.

RICOEUR, P. (1999). *La lectura del tiempo pasado: Memoria y olvido*. Madrid, Universidad Autónoma de Madrid.

___. (2004a). *La memoria, la historia, el olvido*, traducción de Agustín Neira, Buenos Aires, Fondo de Cultura Económica.

___. (2004b). *Tiempo y narración I. Configuración del tiempo en el relato histórico*. Traducción de Agustín Neira. México, Fondo de Cultura Económica. Quinta edición española.

RODRÍGUEZ DE LAS HERAS, A. (2011). Nuevos espacios para la escritura digital. *Literatura e Internet: Nuevos textos, nuevos lectores* (pp. 101-108). Publicaciones del Congreso de Literatura Española Contemporánea.

RODRÍGUEZ NEIRA, T. (1971). Sentido gnoseológico de la memoria según San Agustín. En *Estudio Agustiniano*, 6, 371-407. Recuperado el 10 de septiembre de 2020 de https://www.agustinosvalladolid.es/estu-

dio/investigacion/estudioagustiniano/estudiofondos/estudio1971/estu-
dio_1971_3_01.pdf

RUIZ-COPETE, J. DE D. (2015). *Formula Sur: casi una teoría dos asedios críticos (Alfonso Grosso y José Caballero Bonald)*. Sevilla: Diputación de Sevilla, Servicio de Archivo y Publicaciones.

S. AGUSTÍN (1983). *Confesiones*, Madrid, Espasa Calpe. 10.ª edición.

SALAS, L. M. (2020). Memoria social y literatura: escenas y personajes de la Venezuela contemporánea. *Athenea Digital. Revista de pensamiento e investigación social, 20*(1).

SÁNCHEZ ROSILLO, E. (1992). *La fuerza del destino, Vida y poesía de Luis Cernuda*, Murcia, Universidad de Murcia.

SAVA, M. (2013). *Ciudades reales, ciudades imaginarias a través de la ficción (Bucarest y Madrid)*, Madrid, Universidad Complutense.

SCHWEPPENHÄUSER, H. (2015). «El arte como memoria social e historiografía inconsciente». Sobre la iconología del Círculo Warburg y la teoría de la cultura de la Escuela de Fráncfort. Constelaciones: *Revista de Teoría Crítica*, 7, pp. 3-19.

SÉNECA. (2008). *Diálogos*. J. Mariné Isidro, Introd., Trad. y Notas. Madrid, Gredos.

SOBEJANO, G. (2006). «Aspectos del olvido en la poesía de Quevedo», en *Homenaje a José Manuel Blecua*, Madrid, Gredos, 1983, pp. 631-645. Texto recuperado en la red por la Biblioteca Virtual Universal, pp. 1-17.

SYMONS, S. (2012). *Walter Benjamin: presence of mind, failure to comprehend* (Vol. 14). Brill.

TEOBALDI, D. (2008). «Borges: entre la memoria y la melancolía, el olvido». *Revista de Culturas y Literaturas Comparadas, 2*.

TÓDOROV, T. (2000). *Los abusos de la memoria*, traducción de Miguel Salazar, Barcelona, Paidós Ibérica.

TRAVERSO, E. (2007). El pasado, instrucciones de uso: Historia, memoria, política. Madrid: Marcial Pons.

TRUEBA, T. G. (2011). La tecnovela del siglo XXI: internet como modelo inspirador de nuevas estructuras narrativas de la novela impresa. *Literatura e Internet: Nuevos textos, nuevos lectores* (pp. 67-100). Publicaciones del Congreso de Literatura Española Contemporánea.

UNZUÉ UNZUÉ, A. (2007). *La novela de Jose Manuel Caballero Bonald. Ficcion y auto ficción. Una aproximación Semiótica*, (Disertación Doctoral, UNED. Universidad Nacional de Educación a Distancia (España).

VALLS, F. (1993). «La enigmática vida soñada de Caballero Bonald». En *Ínsula: revista de letras y ciencias humanas*: 27-28.

VANSINA, J. (1967). *Tradición oral*, traducción de Miguel María Llongueras, Barcelona, Editorial Labor.

VERANO, L. (2016). «La idea de un tiempo salvaje en Merleau-Ponty». *Eidos*, (24), 49-67.

VERNANT, J. P. (2002). Historia de la memoria y memoria histórica. En F. Barret-Ducrocq (Ed.), *¿Por qué recordar?* (pp. 20-24). Barcelona, Granica.

VIANELLO, M. (1998). «Viaggio per fuggire altro viaggio...» Microcosmi di Claudio Magris. *Italies. Littérature-Civilisation-Société*, (2), pp. 173-193.

VILLENA, L. A. (1977). «La rebeldía del Dandy», 3, Luis Cernuda, Sevilla, Publicaciones de la Universidad de Sevilla, pp.109-155.

WARBURG, A. [2003] (2010). *Atlas Mnemosyne, traducción de Joaquín Chamorro Mielke*, edición de Martin Warnke, colaboración de Claudia Brink, edición española de Fernando Checa Cremades, Madrid, Akal.

WEINRICH, H. (1999). *Leteo: arte y crítica del olvido* (Vol. 13). Siruela.

WEISGERBER, J. (1978). *L'espace Romanesque*, Lausanne, L.Age d.Homme.

ZIPPEL, N. (2011). «Fenomenologia e sogno», *Mente e Cura*, 1:33-54.

ZORAN, G. (1984). «Towards a theory of space in narrative», *Poetics today*, 5(2), pp. 309-335.